홍범연의

洪 範 衍 義

일러두기

단행본과 학술지, 잡지 등은 『 』로, 논문과 단편, 시조, 그림은 「 」로 표기했다.

국학자료 심층연구 총서 24

홍범연의

洪 範 衍 義

성리학적 이상국가론을 집대성한
200여 년의 여정

한국국학진흥원 연구사업팀 기획
이근호 송치욱 김정철 김방울 임성수 지음

은행나무

책머리에 • 006

1장

『홍범연의』의 이상국가론 이근호 • 009

머리말 | 현실 인식과 유신론 | 『홍범연의』의 편찬과 구성 | 『홍범연의』의 국가론 | 맺음말

2장

『홍범연의』의 사상사적 특징에 대한 연구 -「황극」편과 「삼덕」편을 중심으로 송치욱 • 059

서론 | 정치사상의 한 분석틀로서 수기/치인 | 『홍범연의』「황극」편과 「삼덕」편의 구성과 특징 | 17세기 경세사상의 지형과 『홍범연의』 | 「황극」편의 내용적 특징 | 결론

3장

『홍범연의』의 구성과 주자학적 특징 -「계의」를 중심으로- 김정철 • 111

들어가며 | 저술 의도와 존고적 성격 | 주자학적 관점이 반영된 주석-「계의」를 중심으로 | 결론

4장

『홍범연의』의 찬집과 교정 그리고 간행 -212년의 여정- 김방울 • 149

서론 | 존재와 갈암의 찬집 | 밀암의 교감 | 냉천과 대산의 교감 | 갈암의 관작 회복과
『홍범연의』간행 | 결론

5장

17세기 화폐 유통 시도와『홍범연의』의 화폐론 임성수 • 181

머리말 |『홍범연의』속 화폐의 유용성 | 17세기 조선의 화폐 발행 논의와 한계 | 상평통
보의 발행과 성공 요인 | 화폐 정책의 문제와『홍범연의』의 논의 | 맺음말

『홍범연의(洪範衍義)』는 조선 후기 영남의 대표적인 유학자였던 존재(存齋) 이휘일(李徽逸, 1619~1672), 갈암(葛庵) 이현일(李玄逸, 1627~1704) 형제가 저술한 책자로, 중국의 대표적인 경전인 『서경(書經)』 「홍범(洪範)」의 내용을 자세히 덧붙여 설명한 글이다. 형인 이휘일이 저술에 착수했다가 중단된 것을 동생인 이현일이 완성했다. 『홍범연의』는 2017년 한국국학진흥원에서 번역을 완성하고 대대적인 학술행사를 통해 그 의미를 밝힌 바 있다. 이후 번역 성과에 힘입어 여러 연구가 배출되기도 했다.

『홍범연의』는 17세기 후반 영남의 대표적인 학자이자 산림의 거두인 이휘일, 이현일 두 형제가 남긴 거작이다. 「홍범」은 동양 고대의 정치, 경제, 문화가 집합된 대표적 서적이지만 그 내용은 간결한 문장으로 되어 있다. 두 형제는 이러한 간결한 글자를 방대하게 풀이하여서 '연의'의 형식으로 소개하였다. 여기에 소개된 각주와 원용된 문헌도 방대하여서 개인이 풀이하였다고는 믿기 어려운 작업이기도 했다. 이는 두 저자의 학문적 역량을 보여주는 것이기도 하다. 이후 영남의 대표적인 학자들이 교정을 보면서, 이 책은 조선후기 영남 남인을 대표하는 경세서로 자리매김할 수 있었다.

『홍범연의』는 현존 28권의 거질인 데다가 영남학자의 경세론과 정치론을 담은 의미가 크기 때문에 지속적이면서도 공동의 연구를 필요로 하였다. 이에 따라 금년도 심층연구의 주제로 삼아『홍범연의』의 가치를 재음미하였다. 이를 위해 각 연구자들은『홍범연의』의 핵심 편명을 보다 세밀히 검토했다. 주로 다수를 차지했던「황극(皇極)」을 중심에 두긴 했으나, 이 외에도「팔정(八政)」,「삼덕(三德)」,「계의(稽疑)」등을 세밀히 살폈다. 또한『홍범연의』의 집필과 교정, 간행의 지난한 과정을 추적해 정리하기도 했다.

이근호 교수는 '『홍범연의』의 이상국가론'을 주제로,『홍범연의』에서 제시하는 전체적인 국가상이 무엇인지 파악하였다. 특히 여기서는『홍범연의』의「황극」과「팔정」에 집중하여서 저자의 국가론을 파악하였다. 우선 저술의 배경으로서, 저자의 현실 진단을 파악하고 이를 기반으로 국가론을 검증하였다. 송치욱 박사는 '『홍범연의』의 사상사적 특징에 대한 연구'를 주제로, 주로「황극」과「삼덕」을 밀도 있게 분석하였다. 이를 통해 유학의 수기치인론이 가진 의미에 대해 살펴보고 그것이 정치사상이나 경세서를 분석하는 하나의 방법이 될 수 있음을 제시하였다. 김정철 박사는 '『홍범연의』의 구성과 주자학적 특징'을 주제로, 주로「계의」를 중심으로 분석하였다. 특히 그간 많은 연구에서 경세서로서『홍범연의』를 주목했다면, 필자는 주자학적 관점에서 파악하고자 했다. 이를 위해 저술 의도를 살펴보고,「계의」를 중심으로 파악하여 이 편이 거의 주자의 견해만을 수록했다는 점을 확인하였다. 김방울 박사는 '『홍범연의』의 찬집과 교정 그리고 간행'을 주제로, 특히 서지학적 관점에서 간행 시기를 집중하여 살펴보았다. 여러 논쟁의 여지가 있는 간행 시점을 필자는 1863년으로 추정하고, 1652년 작성을 시작으로 212년간의 여정을 정리하였다. 임성수 교수는 '17세기 화폐 유통 시도와 『홍범연의』의 화폐론'에서 17세기 화폐 유통과 맞물린 『홍범연의』속 화폐론을 탐구하였다. 특히 『홍범연의』의 저자들은 화폐 유통을 긍정적으로 생각했고, 그러한 생각은 당대 조선 조정의 화폐론과도 간접적 영향을 주고받았던 것으로 보았다. 『홍범연의』는 조선 화폐 정책이 갖는 독자성을 드러내고 18세기 이후 사회적 문제를 예견했다는 점에서 중요한 저술이라 평가했다.

　심층연구포럼은 한국국학진흥원이 10년이 넘는 기간 동안 소장한 자료를 중심으로 관련 연구자를 모아 다양한 성과를 배출하는 대표적인 연구 사업이다. 올해까지 63만 점이 넘는 자료를 기탁받아 관리하고 있으며 중요한 자료는 학술연구를 지속하고 있다. 앞으로도 기탁된 자료에 대한 심층적인 연구를 지속할 예정이다. 뜻있는 전문가와 연구자의 관심을 기다린다.

2023년 11월
한국국학진흥원 연구사업팀

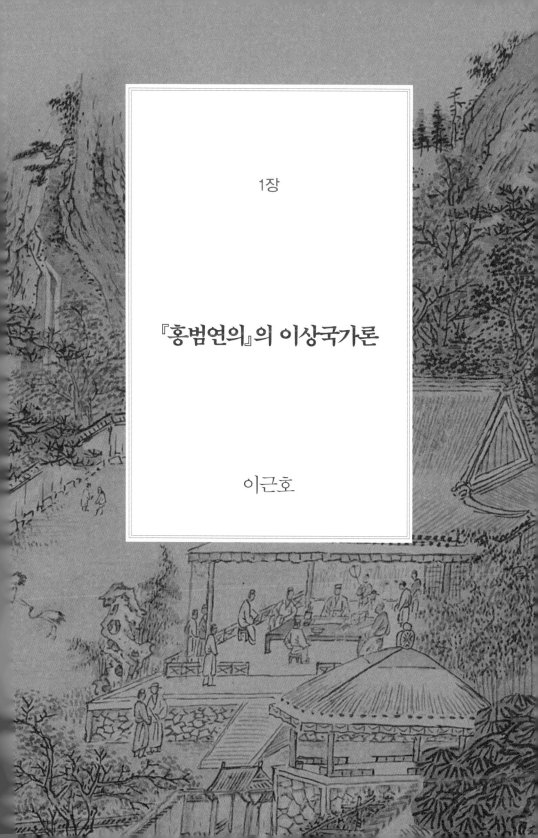

1장

『홍범연의』의 이상국가론

이근호

1. 머리말

「홍범洪範」은 『서경書經』의 편명 중 하나다. 「홍범」은 중국 한대漢代 이후 주목받기 시작하였는데, 이때는 주로 "종교와 같은 음양오행설의 주요한 경전"으로 인식되었다. 이 같은 인식은 수隋·당대唐代로 이어지다가 송대宋代에 이르러 "군주의 공구수성恐懼修省을 일깨워서 천의天意에 따라 인사人事를 잘 마무리하게 하려는 것"이 본래의 뜻이라 하며 통치의 대법大法으로 인식되기 시작하였다.[1]

우리의 경우, 「홍범」은 이미 고려시대에도 정론서政論書로 활용되었으며,[2] 조선 초기에 "성인의 도道를 전한 글"[3]로 "만세萬世 인주人主의 귀감龜鑑"[4]이며 "제왕帝王의 모범模範"[5]으로 인식되었다. 이런 이유 때문인지 다수 지식인들이 경연에서 강講할 것을 요청하거나, 이를 모델로 국왕의 정치를 비판하기도 하였다. 16세기 후반에는 「홍범」을 전문적으로 교육하는 학관學官이 설치되거나 방대한 분량의 해설서와 연구서가 등장하였다.[6] 이는 기자箕子에 대한 연구가 본격화되는 것과 궤를 같이할 뿐만 아니라, 지식인들이 국가를 재설계하려는 거대한 목적의식하에 이루어졌다. 특히 17세기 후반에는 조선을 둘러싼 국제 환경의 변화, 즉 명·청의 교체라는 상황을 목도하고 위기의식이 고조되는 가운데 더욱 홍범에 대한 연구가 본격화되었다.[7] 박세채朴世采의『범학전편範學全篇』과 이휘일李徽逸·이현일李玄逸이 편찬을 시작한『홍범연의洪範衍義』등이 대표적이다. 특히 후자는 17세기 후반 이휘일·이현일이 편찬하기 시작한 이후 후손과 학파의 문인들에 의해서 지속적으로 교감과 산삭刪削 등을 통해서 완성한 저술이라는 점에서 주목된다. 아래에서는 이 점을 의식하고『홍범연의』에서 제시하는 17세기 후반 영남 남인의 문제의식과 국가론을 해명하고자 한다.

『홍범연의』는 1980년대 영인본 자료로 소개되었으며, 이때 송찬식의 해제적인 글이 작성되었다. 송찬식은『홍범연의』를 "경륜천하經綸天下의 취지에서 편찬"된 것으로 유형원柳馨遠이나 이익李瀷의 실학사상과 근본적으로 다를 바가 없다고 하면서 홍범의 치천하지대경대법治天下之大經大法을 유감없이 천명한 성리학적 경세서라 평가하였다.[8] 『홍범연의』의 내용에 대한 검토는 2000년대 이후 본격화되었다. 김성윤은『홍범연의』의 내용을 토지개혁론, 상업론, 정치론, 군제개혁론 등으로 나누어 고찰하였다. 이에 따르면,『홍범연의』는『주례周禮』를 국가 체제 개혁의 이념형으로 삼아 국왕, 관료를 거쳐 말단의 백성에 이르는 제일적齊一的 통치체제의 수립을 지향했다고 하면서, 한전제限田制와 농農·공工·상商의 균형적인 발전을 보이는 삼업병중론三業竝重論, 화권재상貨權在上의 달성을 위한 적극적인 동전유통론, 군신공치론

君臣共治論을 부정하고 '일상전임'론—相專任論을 통해 권력 분산을 막고 책임 소재를 분명하게 하여 관료제의 효율을 제고하였다고 하였다. 『홍범연의』가 지향하는 바가 주자학 절대주의와는 배치되는 새로운 국가 체제였음을 강조하였다.[9]

이후『홍범연의』에 대해서는 역사학계나 철학계의 학문적 관심하에 여러 성과가 제출되었다. 김흥수는『홍범연의』의 편찬과 간행 과정을 검토하였다.[10] 김낙진은『홍범연의』를 개혁적인 관점에서 추적한 연구를 제출하였는데, 이에 따르면『홍범연의』의 서술은 경전에 근거를 두고 시대적 상황을 고려한 인시제의因時制宜 또는 인시순리因時循理의 방법론에 입각한 것으로 파악하였다. 이어『홍범연의』에서는 이륜彝倫의 정치, 쓸모의 정치와 명분 질서의 재정비를 제시했다고 하면서, 강렬한 천인합일天人合一의 정신을 드러내고 자연 재이를 군주의 도덕성 내지 정치 행위에 연결시키는 전래의 관점을 견지한 것이라고 평가하였다. 그러면서『홍범연의』는 성리학의 심법心法 중심 경세론에서 실학의 시무책 중심의 경세론으로 넘어가던 과도기에 출현한 것으로 평가하였다.[11]

최영성은『홍범연의』를 통해 이휘일과 이현일의 학문 경향을 추적하였다. 최영성은 17, 18세기는 국가 시스템을 전반적으로 다시 짜야 하는 시대로, 변통 정도로 할 것이냐 아니면 개혁 수준으로 할 것이냐 하는 점에서 차이를 보였는데, 후자는 주로 비집권 세력이나 재야 지식인의 시각으로『홍범연의』가 이를 대표하는 저술이라고 하였다. 그러면서 비집권 남인 중 기호남인 계열의 학자들이『주례』에 기반을 두고 전면 개혁안을 제시한 것과는 달리 영남 출신인 이휘일이나 이현일은 홍범을 중심으로 '대경대법大經大法으로서의 경세학'으로 방향을 제시하였다고 평가하였다.[12] 이영호는 『홍범연의』를 경세학의 측면에서 분석하였다. 이에 따르면, 『홍범연의』에 담겨 있는 경세론은 기존 연구에서 평가한 도학파道學派와 실학파實學派의 경세론은 아니고, 점복적占卜的 경세학이라고 평가하였다. 점복적 경세학이란 『서경』 단계에서 '미신적 요소'라고 할 수 있는 점복이 경세학의 핵심축이 되는 경향의 경세학을 말한다.[13]

정재훈은 제왕학의 차원에서 『홍범연의』를 분석한 바, 『홍범연의』는 철저하게 제왕의 입장을 중심으로 논의를 전개한 것으로 제왕이 주체가 되어 정치를 하고, 예를 실천하고 집안을 다스리고 관직을 두고 제후를 봉하며 사방을 순시하고 제도를 살피며 작위와 명칭을 살피는 것이 주된 내용이라고 하였다. 그러면서 『대학연의大學衍義』와 비교할 때 『대학연의』에서 파악하는 군주상은 군주의 존엄을 높이는 방향에서 군주 주도의 측면이 있는 반면 『홍범연의』의 제왕상은 성리학 성립 이전에 원칙적으로 강력한 군주상을 드러낸 것이라 하였다. 이는 현실적으로, 붕당정치를 넘어서 새로운 정치 중심으로 국왕의 존재를 드러내는 것이 근본적인 의도였다고 하였다.[14] 이상의 연구 이외에도 홍범구주 중 특정인 오행五行,[15] 황극皇極[16] 등과 함께 국가 제사[17] 등에 대한 검토가 진행되었다.

이상에서 살펴본 바와 같이, 『홍범연의』의 각론에 대한 연구가 진행되는 가운데 『홍범연의』에 대한 평가는 연구자에 따라 사뭇 차이를 보이고 있음을 알 수 있다. 『홍범연의』를 일방一方은 성리학적(혹은 주자학적) 경세서로, 일방은 실학적 경세서로 평가하는 가운데, 일부는 성리학적 경세서에서 실학적 경세서로 이행하는 중간적 경세서로 평가한 연구가 제출되었다. 또한 성리학 이전의 경세론 내지 군주상을 드러내려는 것으로 평가하였다. 다양한 측면에서의 연구가 진행되기는 하였으나『홍범연의』에서 제시하는 전체적인 국가상에 대해서 충분히 드러나지 않았다.『홍범연의』는 기존 연구에서 일부 해명되었듯이, 천인관계론天人關係論뿐 아니라 정체政體 등을 포함해 찬자가 구상한 국가론의 관점에서 파악해야 한다.

이 글에서는 먼저,『홍범연의』저술의 배경이 된 저자의 현실 진단이나 인식을 검토할 것이다. 주로『홍범연의』편찬을 시작한 이휘일과 이현일의 인식을 중심으로 다룰 것이다.『홍범연의』가 이휘일·이현일에 의해 1차 편집된 뒤 자손이나 학파 문인들에 의해 교감이나 산삭이 추진되었다고 하지만 그 근본적인 취지를 바꾸지는 않았을 것으로 판단된다. 이에 먼저 이휘일과 이현일을 중심으로,『홍범연의』저술의 배경으로 현실 진단과 인식을 검토할 것이다. 이어 이를 기반으로『홍범연의』에서 제시하고 있는 국가론을 추적할 것이다. 단, 방대한『홍범연의』를 전체적으로 분석하기에는 필자의 역량이 부족하여,『홍범연의』저술 분량의 상당 부분을 차지하는 황극과 팔정八政에 한정해서 설명한다는 한계를 밝혀 둔다.

2. 현실 인식과 유신론

조선은 임진왜란이라는 미증유의 전쟁을 경험한 뒤 17세기를 맞이

하였다. 17세기 조선은 벽두부터 대내외적 정세가 불안정하였다. 정치적으로는 광해군의 '폐정廢政'을 정상화시킨다는 명분하에 반정反正이라는 격변을 경험하였다. 이어지는 두 차례의 호란은 국가와 사회를 혼돈 속에 빠트렸다. 그토록 믿고 따르던 중화中華 문명의 담지자擔持者인 명나라의 멸망은 새로운 국제 질서의 도래를 예고하였다. 이런 상황에서 조선은 북벌北伐을 표방하며 국가와 사회의 안정을 추진하였다.

권시權諰(1604~1672)는 당대 사회를 "지금 천하가 크게 어지러워 서로 뺐지 않고는 만족하지 아니하여 걷잡을 수 없는"[18] 사회가 되었다고 평하였다. 매우 혼돈스러운 국가와 사회를 함축적으로 표현한 것으로 이해된다. 당대 사회에 대한 평가는 많은 사람들이 이와 유사하다. 예를 들어 권시와 교류했던 송시열宋時烈(1607~1689)은 국가와 사회를 중병을 앓고 난 것과 같다고 평하였는데, "대개 중병을 앓는 사람이 독한 약을 과용하면 역시 죽게 되므로 이를 염려하지 않을 수 없다. 그러나 병이 중한데 약을 쓰지 않으면 죽게 된다"며 국가와 사회에 대한 경장更張을 요구하였다.

권시가 당대 사회를 어떻게 인식하였는가와 관련해서는 많은 기록을 참고할 수 있으나, 특히 주목되는 것은 「팔음八吟」이라는 시詩다. 그중 현실적으로 겪고 있는 어려움을 표현한 병란[亂]·배고픔[飢]·질병[疾疫] 등은 다음과 같다.[19]

천하의 대륙은 바로 삼천계三千界

해동의 병란이 육십 년이 되었도다

집을 옮기고 땅을 피하여도 참으로 계책이 없구나

만 가지 근심이 다 공허하고 일이 온전치 않도다(이상은 병란)

먹을 것이 모자라도 분수를 지키나 마음속은 근심이 가득하다

온 집안이 배고프다 소리 질러도 하늘에만 맡기니

어찌해야 사방의 이웃이 다 같이 배불리 먹을 수 있으며

살아서 만방萬邦이 풍년을 거듭하는 때를 만날 수 있을까?(이상은 배고픔)

병을 끌어안고 여러 해를 거듭하다 보니 죽음과 더불어 이웃했는데

눈 (결缺) 그 많은 병들이 이 몸을 괴롭힌다

해마다 있는 역려疫癘 배고픔을 따라 오는데

어떻게 하면 백성들이 대지의 봄을 얻을 수 있을까?(이상은 질병)[20]

위에서 권시는 60년간의 병란으로 인한 피난 생활의 고단함과 굶주림 그리고 이에 따른 질병의 문제 등을 거론하였다. 이 같은 어려움은 "집을 옮기고 땅을 피하여도" 도망갈 수 없었다. 배가 고프다고 소리칠 뿐이며, 주변에서 질병으로 죽어 가는 이웃을 그저 볼 수밖에 없었다.

17세기 후반에도 이런 인식은 크게 변하지 않았다. 『홍범연의』 편찬을 시작한 이현일은 17세기 후반의 조선 사회를 큰 병을 앓고 있는 상태로 표현하였다.

지금 나라 형세는 비유하자면 한기寒氣에 상하고 큰 병을 앓은 나머지 근골筋骨과 기혈氣血이 모두 완전히 회복되지 않은 것과 같으니, 기운을 다스리고 심신을 보양하여 옛 상태를 회복해야 합니다.[21]

즉 조선의 상황을 큰 병을 앓는 사회로 진단하고 이제는 기운을 다스리고 심신을 보양하여 옛 상태를 회복해야 한다고 하였다. 다른 기록에서도 이현일은 "오늘날의 사세事勢는 사람에게 있어서 깊은 고질병이 심복心腹으로부터 사지四肢에 퍼져서 터럭 하나까지도 병이 들지 않은 것이 없는 것과 같다"라고 하였으며,[22] "사람이 극도로 쇠약해져서 모발 하나까지도 병들지 않음이 없는 것과 같다"[23]고 하였다.

이현일의 이 같은 인식은 현실 정세에 대한 판단에 근거한 것이었다. 먼저 이현일은 명·청 교체라는 상황을 하늘이 무너지는 것으로 인식하였다. 이현일은 청국의 정세를 "아주 위태하여 장차 자립할 수도 없을 것"[24]이라고 판단하였다. 이 같은 지적은 1678년(숙종 4) 3월에 제출한 상소 가운데 등장하는 인식으로,[25] 당시에 인조반정과 관련한 『명사明史』의 기록에 문제가 있어 변무사辨誣使를 파견하여 이를 수정하려고 하였다. 이에 1676년(숙종 2) 복선군福善君 남枏과 정석鄭晳 등을 변무사로 보내 시정하고자 하였으나 성공하지 못하자, 그 이후에 다시 변무사 파견이 논의되었다. 변무사 파견 논의가 제기되자, 이현일은 변무사를 파견하지 말 것을 요청하면서 청국은 자립하지 못할 것이라는 인식을 보였다. 그러면서 지금 변무사를 보내 『명사』의 내용을 변무한다고 하더라도, 뒷날 역사를 기록하는 자들이 "우리나라가 오랑캐가 망해 가는 때를 기회로 부탁을 해서 개정해서는 안 되는 것을 개정하였다"고 의심할 것이며 이는 결국 종묘와 사직에 거듭 치욕을 끼치는 것이라고 하였다. 당시 변무사의 파견에 대해서는 허목[26]은 동의했고 허적은 사은 겸 변무사로 차임되었으나, 윤휴는 이를 반대하였다.[27] 이현일도 이를 반대한 것이었다.

이현일의 청국에 대한 인식은 명에 대한 존주尊周 의식이 그 바탕이
되었다.

아, 북로北虜는 우리에게 종묘사직의 원수이며, 우리 명나라 300년의 국
운을 끊었으니, 이는 참으로 만세토록 반드시 보복해야 할 원수여서, 그
들에게 빌며 요청하여 그들이 따라 주느냐 아니냐에 따라 우리가 기뻐하
거나 슬퍼해서는 안 되는 것은 의리로 보아 분명한 것입니다. 겉으로 우
호를 가탁하고 기미羈縻를 끊어 버리지 아니하는 까닭은 단지 급박한 형
세 때문일 뿐입니다. 명나라가 천하를 다스린 지 300년 동안 만방萬邦의
부모가 되고 사이四夷를 신하로 삼아 다스렸으니, 해와 달이 비추는 곳과
서리와 이슬이 내리는 곳이라면 그곳에 사는 사람이 누군들 높이고 친애
하며 떠받들기를 원하지 않겠습니까? 하물며 우리나라는 그 은혜를 가
장 많이 입었으니 형邢나라를 보존시켜 준 군대도 그 공을 견주기에 부족
하고 초구楚丘의 성곽도 그 덕을 견주기에 부족합니다. 초야의 하찮은 사
람들일지라도 일찍이 소경대왕昭敬大王(즉 선조宣祖)의 만절필동萬折必東이
라는 말씀에 탄식하며 눈물을 흘리지 않은 사람이 없었습니다. 그러다가
하늘의 운수가 순탄하지 못하고 나라의 형세가 전도되어 인조대왕仁祖大
王께서 잠시 종사宗社와 생령生靈을 위해서 몸을 굽히셨으니 후손을 위한
계책을 남겨 뒷날의 임금에게 기대한 뜻이 또한 절실하였습니다. 이에
우리 효종대왕孝宗大王께서는 선왕의 뜻을 조술하고 선왕의 공렬을 넓히
시어 10년 동안 밤낮으로 근심하고 부지런히 하여 와신상담臥薪嘗膽을 하
지 않으신 적이 없었는데 불행히도 공업功業을 다 이루지 못하시고 갑자
기 승하하셨으니 어찌 신민들의 지극한 원통함이 아니겠으며 만세에 여

한을 남기신 것이 아니겠습니까.[28]

위에서 이현일은 청국을 조선의 입장에서 종묘사직의 원수라 하였으며, 명국의 입장에서도 만세의 원수라 하면서 명국이 청국을 끊어버리지 못한 것은 급박한 상황 때문이라고 하였다. 이어 명나라는 만방의 부모이고 사이四夷를 신하로 삼아 그곳에 사는 사람 모두가 높이고 친애하고 떠받드는 존재라 하였다. 조선에서는 선조의 만절필동 발언에 탄식하며 눈물을 흘렸고, 인조 때에는 운수가 순탄하지 못해 몸을 굽혔으나 후손을 위한 계책을 남겼다고 하였다. 효종은 와신상담하였으나 끝내 공업을 이루지 못했음을 한탄하였다. 이현일은 이러한 인식하에 말년에는 복수설치復讐雪恥와 존화양이尊華攘夷에 대한 어릴 때부터의 기록인 시詩, 격서檄書, 서한書翰, 소차疏箚 등을 묶어 『존주록尊周錄』을 편찬하였다.[29]

국내의 상황도 만만치 않았다. 이현일은 국내 상황이 "음양이 질서를 잃고 어그러져" 각종의 재변을 일으키고 있다고 하면서, "원기를 조화시키며 섭리燮理하는 방도"가 부끄러울 따름이라고 하였다.[30] 이런 상황에 대해 당시 조선의 현실을 구체적으로 지적하였다.

대개 물난리와 가뭄이 해마다 잇달아 곡식이 완전히 절단이 되었는데도 실지 상황이 위에 아뢰어지지 않고, 곤궁한 백성들이 들판에 가득하고 굶어죽은 자들이 길에 널렸는데도 실지의 혜택이 아래에 더해지지 않습니다. 세금을 독촉하고 과중하게 긁어 들여 백성들이 고통을 당하고 침탈이 각박하여 피해가 군오軍伍에게까지 미칩니다. 위의 은택은 백성들에게 미치지 못하고 백성들의 뜻은 성상께 들어가지 못하여 막혀 답답한 심정들을 어디에도 하소연할 곳이 없습니다. 인하여 근심과 괴로움의 기운이 음양의 조화를 어그러지게 하고 천지의 마음을 흔들어 그 때문에 재변이 잇달아 생기고, 또 원망하고 저주하는 마음이 서로 속이고 서로 해쳐서 그 때문에 위아래가 막히게 되었습니다.[31]

즉 물난리와 가뭄이 계속되는 상황에서 곡식이 절단되고, 곤궁한 백성이 들판에 가득한 상황인데다, 세금의 독촉으로 백성이 고통을 받으며 그 피해가 군오에게까지 미쳤다. 또한, 저축이 바닥나서 책응責應할 길이 없으며 전제田制가 마땅함을 잃어 부역賦役이 고르지 못하며 군정軍政이 어그러져 유사시에도 믿을 수가 없습니다. 아래로는 서리胥吏들이 정사에 간여하는 잘못과 방납防納에 농간을 부리는 폐단 및 기타 연줄을 대어 청탁을 하는 등 "정치를 잘못되게 하고 백성을 해치는 폐해[紕政蠹民之害]"[32]도 치료할 수 없는 모습이라고 하였다. 계속된 기근으로 식량이 바닥나 경황이 없고, 나라의 경용經用을 위해 세금을 부과하여 다그쳐 재촉하고 닥치는 대로 거두는 상황이었다. 결국 위의 혜택이 백성에 미치지 못하고, 백성의 뜻이 위에 들어가지 않는 상황이었다. 여기서 그치지 않고 신하들은 직무를 합당하게 행하지 못하고, 군사들도 원망하여 항상 떠날 생각을 품었다.

이로 인해 세도世道가 혼탁한 상황이었다.

몰래 나쁜 짓을 하는 더러운 자를 보고도 당연한 것으로 여기고 몸을 닦아 행실을 깨끗하게 하는 자를 가리켜 거짓으로 꾸민다고 손가락질합니다. 심지어 성인聖人의 말씀을 업신여기고 하늘의 이치를 거스르는데도 괴이하게 여기지 않고, 신하가 신하답지 않고 아들이 아들답지 않은데도 그르게 여기지 않습니다. 이익이 있는 곳을 보면 달려가서 요행으로 구차스럽게 얻으려고 하고 어려운 일을 보면 멈추어서 어물어물 절조節操가 없습니다. 마침내는 임금을 버리고 어버이를 뒤로 하는 논의가 번갈아 일어나고 인仁을 해치고 의義를 해치는 논설이 멋대로 횡행하여, 그 말류의 폐단이 조정에 있어서는 청탁을 공공연히 행하고 관직을 팔고 옥사를 팔면서도 부끄럽게 여기지 않고, 고을 수령들과 장수들에게 있어서는 법망을 무릅쓰고 뇌물을 받으며 권세가를 섬기고 돈놀이를 하면서도 기탄하는 바가 없으며, 사림士林에 있어서는 분주히 권세를 다투며 오직 벼슬 얻는 것을 귀히 여기면서 염치를 내버리고, 세속世俗에 있어서는 금법을 무릅쓰고 다시 자신의 몸을 아끼지 않으면서 법을 경솔히 범합니다. 이것들은 모두 위망危亡의 조짐이 이미 나타난 것이고 쇠퇴한 세상의 통상적인 우환입니다. 지금 신은 새로 초야에서 나왔으므로 조정의 기강에 대해서는 참으로 미처 상세히 알지 못하는 바가 있습니다. 그러나 지방의 수령들과 장수들의 끝없는 탐욕에 대해서는 여항에 이미 소문이 자자하게 흘러 다닙니다. 선비들은 염치가 없어지는 징후가 이미 나타났고 백성들은 방탕하고 사치스러운 것이 또한 심하다 하겠습니다. 이같이 하기를 마지않는다면 서로들 이끌고 타락의 구렁텅이로 떨어질 날이 얼마나 남았겠습니까. 이 때문에 예로부터 식견이 있는 선비가 먼 앞날을 생각하고 깊이 걱정하며 길이 탄식한 것이 재화財貨와 공부貢賦가 판출辦出되지 아니함과 장부대로 기한 안에 거둬들여지지 아니함을 걱정한 것이 아니라 항상 풍속이 무너지고 세태가 퇴폐해지는 것을 절실한 근심으로

삼았습니다.[33]

　즉 ① 조정에서는 청탁을 공공연히 행하고 관직을 팔고 옥사를 팔면 서도 부끄럽게 여기지 않고, 고을 수령들과 장수들에게 있어서는 법망을 무릅쓰고 뇌물을 받으며 권세가를 섬기고 돈놀이를 하면서도 기탄하는 바가 없었다. ② 사림은 분주히 권세를 다투며 오직 벼슬 얻는 것을 귀히 여기면서 염치를 내버리는 상황이었다. ③ 세속에 있어서는 금법을 무릅쓰고 다시 자신의 몸을 아끼지 않으면서 법을 경솔히 범한다는 것이다. 이에 따라 신신자자臣臣子子와 같은 명분이 허물어졌으며, "하늘의 이치와 백성들의 이륜彛倫"이 민멸泯滅될 것이라고 하였다. 이를 위망의 조짐으로 판단하였다.

　이현일의 이런 인식은 개선이나 시정을 위해 '유신維新'론을 제기하는 것으로 이어졌다. 이현일은 유신 논의의 연원인 『시경詩經』의 "주수구방周雖舊邦 기명유신其命維新"을 지적하며, "만약 문왕文王이 그저 옛것을 지키기만 하고 쇠해진 것을 진작시키고 지나친 것을 쳐서 분발하여 큰일을 행함이 없었다면, 또한 어떻게 그 명을 새롭게 하고 그 복을 돈독하게 하였겠는가?"라며 주 문왕이 유신을 통해 그 복을 돈독하게 했음을 말하였다.[34] 이어 조선의 경우도 천운을 받아 나라를 세운 지 수백 년이 되었으므로 공기公器가 오래되어 폐단이 생기고 있으므로 마땅히 변통해야 한다고 강조하였다.

　이현일은 국왕과의 경연 자리에서도 유신을 역설하였다. 일례로, 기사환국己巳換局 뒤인 1671년(숙종 14) 출사한 이현일은 소대召對에서 『자치통감강목資治通鑑綱目』을 강講한 뒤 유신이 필요함을 역설하였다.

강론이 끝난 뒤 이현일은, 먼저 국왕 숙종이 뛰어난 자질과 치적을 이루기를 원하는 마음이 있는데도 즉위 이후 17년 동안 폐단이 제거되지 않았다고 하였다. 그러면서 『설원說苑』에서 제시된 "한 촌寸 한 촌寸 재더라도 한 장丈에 이르면 어긋나게 되고 한 수銖 한 수銖 달아도 한 일鎰에 이르면 반드시 차이가 있다"는 구절을 언급하며 요순堯舜의 법이라도 오래되면 폐단이 생기게 된다고 하였다. 그런데 이렇게 폐단이 생겼으나 주나라는 문왕이 인정人政을 실시하여 천명을 유신하였음을 언급하였다. 초나라의 사례까지 들어 유신하여 부흥할 것을 강조하였다. 조선에서도 고질적인 폐단이 이미 극에 달하였기에 국왕은 지금이라도 "유위지지有爲之志"를 가지고 정사를 개혁하고 병폐를 다스려 형통함을 이룩한다면 중흥中興의 업적을 이루어 유신維新의 명을 받을 수 있다고 하였다.[35] 이를 통해 "혈맥이 통하게 된 뒤에 혈기가 화평해지고 천지가 교류한 뒤라야 생물이 삶을 이룬다"고 하였다.[36]

3. 『홍범연의』의 편찬과 구성

『홍범연의』의 편찬 과정에 대해서는 훗날 이현일이 「홍범연의서洪範衍義序」에서 밝혀 놓았다. 이에 따르면, 『홍범연의』는 1652년(효종 3) 이휘일이 편찬을 시작하였으나, 편찬이 진행되던 1672년(현종 13) 편찬을 주도하던 이휘일이 사망하고, 1685년(숙종 11) 초사역抄寫役을 맡았던 이의李檥가 사망하면서 답보 상태를 보였다. 이의는 이현일의 아들로, 이휘일에게 양자로 들어간 인물이다. 이휘일과 이의가 사망한 뒤

제자 몇 사람이 이현일에게 그것을 이루도록 간절하게 요청[37]함으로써, 이현일이 오롯이 『홍범연의』의 편찬을 맡게 되었다. 결국 이현일은 "지금 이 책을 완성하지 않는다면 잘못은 실로 나에게 있는 것이 된다"는 생각을 가지고 집중적으로 『홍범연의』를 편찬하였다. 1686년(숙종 12) "조목에 따라 더하기도 하고 빼기도 하고 교정도 해서" 초본을 완성하였으며, 1688년(숙종 14)에 「홍범연의서」를 찬술하였다.

「홍범연의서」를 보면, 이현일은 이휘일이 사망한 뒤에 비로소 참여한 것으로 확인된다. 이현일이 스스로 밝히고 있어 이상의 내용을 그대로 이해해 보는 것이 타당하겠다. 다만, 이와 달리 이현일이 처음부터 참여하였다는 기록이 있어, 이현일의 역할에 대해 의문이 든다. 이현일의 연보에는 이휘일과 이현일이 "홍범연의를 찬집할 것을 논의하였다"는 기록이나, 이재李栽가 찬술한 부친 이현일의 전기인 『선부군가전先父君家傳』에는 이휘일과 이현일이 함께 상의하였다는 기록이 있다. 이상을 참고해 보면 『홍범연의』는 이휘일과 이현일이 처음부터 공동으로 시작하였으며, 이현일이 마지막으로 완성한 것으로 이해하는 것이 타당하다.[38]

한편 이현일이 『홍범연의』를 편찬하는 것에 대해 이론異論이 있었다. 즉 "논자들이 어지럽게 일어나 말하기를, 홍범은 신명神明이 내린 책으로 그 글은 간략하고 그 뜻은 은미隱微하니 이치에 맞지 않는 말을 억지로 끌어당겨 그 크고 깊으며 오묘하고 고아高雅한 체제를 손상해서는 안 된다"[39]는 의견이 있었다. 아마도 이런 지적은 이현일의 가까운 곳에서 제기된 듯한데, 『홍범연의』를 편찬하던 이현일에게 "시로 규계規戒의 뜻을 보였다[以詩見規]"고 한 동생 이숭일李崇逸이 그 가운데 한 명이다.[40] 이현일은 이 같은 지적에 대해 "하나만 얻고 둘은 잃은"[41] 것이라 하며 다음과 같은 시로 응답하였다.

하늘이 낙서의 상서 우 임금과 기자에게 내리니	洛瑞天敎錫禹箕
마침내 밝힌 오묘한 이치 흉중의 이치와 계합契合했지	終開妙蘊契胸奇
명징明徵과 극수極數는 도무지 지엽적인 것일 뿐이니	明徵極數渾枝葉
이 이치를 설명해 낼 사람 없어 홀로 슬퍼하노라	翼贊無人竊自悲
저곡의 남은 자취 아직 완연하건만	楮谷遺蹤尙宛然
끼치신 학문은 유독 전수하는 이 없구나	經營舊業獨無傳
제군들 힘으로 부지하려니 여겼는데	扶持準擬諸君力
스승 된 이 마음 스스로 편벽될까 걱정일세	只怕師心自作偏[42]

즉 「홍범」은 오묘한데 그 이치를 설명해 줄 사람이 없는 현실이 슬프다고 하면서 저곡楮谷(즉 이휘일)이 남긴 자취를 전수하는 이가 없어 결국 자신이 『홍범연의』 편찬에 나섰다고 항변하였다. 이현일이 완성한 『홍범연의』 초본은 이의의 손자인 이유원李猷遠(1695~1773)과 이상정 李象靖이 교정과 산삭刪削 등을 진행하였다. 이후 1852년(철종 3) 갈암의 신원을 거친 뒤 학파 내 문인들이 교정을 거쳐서 고종 대에 간행된 것으로 추정된다.[43]

『홍범연의』의 편찬은 이휘일·이현일의 경세의식經世意識에서 출발하였다. 이에 대해서는 이현일이 찬술한 「서문」에서 다음과 같이 기록하였다.

돌아가신 형님 존재存齋 선생先生께서 독실하게 공부하고 힘써 행한 끝에 개연히 경세지무經世之務에 뜻을 두었다. 그래서 일찍이 구정부세丘井賦稅의 법과 예악禮樂으로 나라를 다스리는 논리를 찾아 연구하여, 저작들을 정리하고 가려 뽑은 것들을 헤아려 밝히니 일가의 학설을 이루게 되었다.[44]

즉 이휘일은 경세에 뜻을 두고 이전 저작에서 구정부세의 법과 예악으로 나라를 다스리는 논리를 찾아 정리하고 가려 뽑아 일가를 이루었다는 것이다. 그러나 편찬 과정에서 공자의 술이부작述而不作 정신과 주자朱子의 자기 저서를 남기는 것에 혐의가 있었다는 정신을 본받아 저술을 멈추었다.

단, 이휘일은 홍범을 대경대법大經大法으로 평가하면서 그 중요성을 언급하였다. 즉 홍범은 "하늘과 땅 사이를 가득 채우는 모든 사물을 포괄하는 것이니, 실제로 몸을 닦아 부여받은 본래의 도리를 실천하고, 신을 섬기며 사람을 다스리고, 음양을 조화롭게 하여 지나친 것을 억제하고 모자란 것을 보충할 수 있게 하는 대경대법이 들어 있다"[45]라고 평가하였다. 그리고 그 내용은 심오하여 쉽게 이해할 수 없다고 하면서도, 채침蔡沉의 『서집전書集傳』은 문자를 따라 뜻을 새기고 풀이해서 명백하고 간단하며 명료하다고 하며 "실제에 적용하는 구체적인 방법에 대해서는 미처 언급해 두지 않았다"고 평하였다. 이런 인식을 바탕으로, 논저를 찬술하기보다는 홍범의 구주九疇에 따라 각종 경전經傳이나 사서史書 등에서 발췌하여 "유찬휘집類纂彙集"하고 "조진리석條陳釐析"하며 뜻을 미루어 부연함으로써 혐의를 벗어나고자 하였다.

특히 이휘일은 이 작업을 통해서 기자箕子 정신이 회복될 수 있을 것으로 장담하였다. 이현일 역시 "「홍범」이란 책은 원래 하늘이 우 임금에게 내렸던 것을 기자가 부연하여 무왕에게 말해 준 것으로, 그 글이 참으로 간략하고 심오하여 쉽게 말할 수 없다"[46]고 하여 기자의 정신을 보여 주는 것으로 인식하였다. 「홍범」의 부연과 기자를 연결시키는 부분이 주목된다. 주지하듯이 조선에서는 일찍부터 기자에 대한 강조가 있었다. 다만, 시기적으로 기자를 소환하는 의도는 달랐다. 조선 전기에는 "조선의 문화가 중국에 버금간다는 주장 속에서 역사적 근거"로 기자를 소환하였다. 그러나 17세기 후반 명나라의 회복 가능성이 사라지면서 기자에 대한 인식이 한층 강화되었는데, 이는 중화의 유일한 계승자로서 자리매김하기 위한 고민의 결과였다. 즉 "기자로부터 이어지는 중화성의 계보를 확인해서 조선의 정체성과 연결하기 위한 노력의 일환"이었다.[47]

이상의 목적에 따라 이휘일은 옛 전적들에서 긴요한 부분을 찾아서 참작하고 취사取捨하여 유편類編을 정하였다. 특히 구주九疇 가운데 오행五行·오사五事·팔정八政은 이휘일이 생전에 손수 찬록纂錄하였으나, 나머지 6주는 대강의 취지와 조목, 차서次序를 밝히는 선에서 작업이 되었다. 이에 이현일이 주도하여 편찬하면서 6주에 대해 "조목에 따라 더하기도 하고 빼기도 하고 교정"하여 책을 편찬하였다. 이현일은 편찬 원칙에 대해서 대략 4가지를 제시하였는데, ① 경문에 근거하여 그 법도를 세우고[本之經文以立其綱], ② 경서의 주석을 참조하여 그 기율을 늘어놓고[參之傳記以張其紀], ③ 증거를 제시하여 그 사실을 입증하고[著之事證以徵其實], ④ 평론을 덧붙여 그 뜻을 밝혔다[附之議論以明其義]는 것이다.

『홍범연의』의 편제나 구성에 대해서, 이현일은 다음과 같이 파악하였다.

> 저 오행에는 막힌 곳을 틔워서 화기和氣를 이끌어 오며 기물을 만들어 편리하게 쓸 수 있도록 하는 도가 있으며, 오사에는 방비하고 조지操持하며 공경히 지켜서 잃지 말라는 경계가 있으며, 팔정에는 농사에 힘쓰고 재화財貨를 유통시키며 경건히 자신을 닦고 재화의 사용을 신중히 한다는 뜻이 있으며, 오기五紀에는 기후를 점쳐서 하늘에 합하며 때를 정하여 해[歲]를 이루는 공이 있다. 그리고 저 황극皇極으로 말하자면 임금의 마음이 비고 고요한 무위無爲의 상태로 중정中正을 지켜서 탕탕평평蕩蕩平平한 도를 이루게 하는 것이다. 삼덕三德, 계의稽疑, 서징庶徵, 복극福極(즉 오복五福)에 이르러서는, 또 이를 말미암아 더욱 삼감을 다하여 조종操縱·저앙低昂하여 저울질하고 의의擬議·점도占度하여 살피며 천시天時의 휴구休咎를 보아서 징험하고 인사人事의 화복禍福을 보아서 고찰하는 것이다.[48]

즉 9주 각각이 지향하는 바를 소개하면서, 그 의미를 부연해 설명한 것이다. 구체적인 내용은 다음에 제시하겠다.

『홍범연의』의 편제는 〈표1〉과 같다.

권수	제목	세부내용	비율	
			글자수(字)⁴⁹	비율(%)
	洪範衍義序		4,105	0.92
	洪範總論			
권1	五行	論五行之質 有定體而效其功用 論五行之氣 播於四時而爲流行	17,705	3.96
권2	五事	叙五事之用 五事通論 論敬爲五事之主	13,864	3.10
권3	八政·食	論勤農作貢之法 論時使節用之道 論廣儲蓄 論備災救荒之要 論興水利	20,733	
권4	八政·貨	論造幣 論通有無權輕重 論斂貨 論節儉 論抑末利 論不與民爭利	15,581	
권5	八政·祀一	祭法總要	3,953	
권6	八政·祀二	天神之祀	11,034	
권7	八政·祀三	地示之祀	7,970	
권8	八政·祀四	百神之祀	6,162	
권9	八政·祀五	宗廟之祀	25,437	
권10	八政·祀六	因事之祭	21,234	
권11	八政·祀七	大夫士饋食儐尸之禮	19,658	
권12	八政·祀八	總論祭祀之義	11,607	

권수	제목	세부내용	비율	
			글자수(字)[49]	비율(%)
권13	八政·司空上	論均田定居之法 明戶口民數之法 總論制國居民之法 明分士封建之制	15,916	
권14	八政·司空下	宮室之制 器服度量之制	20,918	
권15	八政·司徒上	學制 學義 明倫	31,455	
권16	八政·司徒下	敎學通法	19,863	
권17	八政·司寇	典刑 設禁 飭憲 聽訟 議辟 司民 和難 有司 愼刑 明辟	13,861	72.42
권18	八政·賓上	士相見禮 諸侯相朝禮 朝見總紀 覲禮	17,122	
권19	八政·賓下	聘禮	27,470	
권20	八政·師上	軍制 敎閱 戰陳	15,812	
권21	八政·師下	軍禮 軍令 將道 征伐 城池 禦夷狄 車戰	17,758	

권수	제목	세부내용	비율	
			글자수(字)[49]	비율(%)
권22	五紀	曆法 日月星辰 二十八宿 水火金土木五星爲緯 明日月所會爲辰之義	15,580	3.48
권23	皇極上	敍二帝三王繼天立極之道 明王者建極出治之道 天子之禮 王者內治之法 建儲輔養之法 明天子尊師重道之義 明天子視學養老之義	26,092	11.95
권24	皇極下	論設官 論建侯 省方考制之義 名器	27,317	
권25	三德	高明柔克 作福作威玉食 三德總論	3,845	0.86
권26	稽疑	卜筮總紀 明蓍策 考變占	8,172	1.82
권27	庶徵	休徵 咎徵 庶徵總論	4,492	1.00
권28	五福六極		1,112	0.24
	洪範衍義辨		927	0.20
총계			446,755	

『홍범연의』는 서序와 총론總論, 변辨을 제외하면, 권1은 오행, 권2는 오사, 권3~권21은 팔정, 권22는 오기, 권23~권24는 황극, 권25는 삼

덕, 권26은 계의, 권27은 서징, 권28은 오복육극으로 구성되었다.

이러한 편제에서 주목되는 것은 9주 중 특정 주의 글자수가 상대적으로 많은 비중을 차지한다는 점이다. 이 같은 글자수의 차이는 찬자의 관심을 대변한다고 하겠다.『홍범연의』의 전체 글자수는 446,755자다. 글자수로만 본다면 팔정＞황극＞오행＞오기＞오사＞계의＞서징＞삼덕＞오복육극 순서다. 팔정은 323,544자로 전체 100퍼센트 중 72.42퍼센트다. 이 중 팔정은 앞서 언급한 바와 같이『홍범연의』편찬을 주도한 이휘일이 강조한 부분이다. 이휘일이 경세의식을 가지고 "일찍이 구정부세의 법과 예악으로 나라를 다스리는 논리를 찾아 연구"한 것이 그대로 반영된 것이다. 황극은 아마도 이현일의 관심이 반영된 것으로 보이는데, 이현일은 평소 황극에 대해서 다수의 기회에 이를 강조한 바 있으며, 이를 반영한 것이었다.

팔정의 세부적인 주제로서는 제사를 설명한 사1祀~사8祀이 팔정 중 33퍼센트에 육박하며, 사도司徒(15.8퍼센트)＞빈賓(13.7퍼센트)＞사공司空(11.3퍼센트)＞사師(10.3퍼센트)＞식食(6.4퍼센트)＞화貨(4.8퍼센트)＞사구司寇 순서로 비중을 차지한다. 다음 황극은 53,409자로 전체 100퍼센트에서 11.95퍼센트의 비중을 차지한다. 팔정과 황극을 합하면 전체 100퍼센트 중 84.37퍼센트에 육박한다. 찬자撰者들이 특히 중요하게 인식한 부분이 무엇인지를 바로 알 수 있다.

4.『홍범연의』의 국가론

이상의 편제로 구성된『홍범연의』에서 제시하는 이상사회는 어떠한 모습일까? 유교문화권에서 이상사회를 대변하는 것이『예기』「예운편禮運篇」의 대동사회론大同社會論이다.『예기』에서 제시한 대동사회의 모습은 다음과 같다.

> 대도大道가 행해진 세상에는 천하가 모두 만인의 것으로 되어 있다[天下爲公]. 현능자賢能者를 선출하여 관직에 임하게 하고, 온갖 수단을 다하여 상호간의 신뢰친목을 두텁게 하였다. 그러므로 사람들은 각자의 부모만 부모로 여기지 않았고, 각자 자기 자식만을 자식으로 여기지 아니하여 노인에게는 그의 생애를 편안히 마치게 하였으며 장정에게는 충분한 일을 시켰고, 어린이에게는 마음껏 성장할 수 있게 하였으며, 과부·고아·불구자 등에게는 고생 없는 생활을 시켰고, 성년 남자에게는 직분을 주었으며, 여자에게는 그에 합당한 남편을 갖게 하였다. 재화라는 것은 헛되이 낭비되는 것을 미워하였지만 반드시 자기에게만 사사로이 독점하지 않았으며 힘이란 것은 사람의 몸에서 나오지 않으면 안 되는 것이지만 그 노력을 반드시 자기 자신의 사리私利를 위해서만 쓰지는 않았다. 모두가 이러한 마음가짐이었기 때문에 사리사욕에 따르는 모략이 있을 수 없었고, 절도나 폭력도 없었으며 아무도 문을 잠그는 일이 없었다. 이것을 대동大同이라고 한다.[50]

위에서 제시하는 대동사회론의 전제는 '천하위공天下爲公'으로, 공유제를 전제로 한다. 모든 재부財富는 전체 사회 구성원의 공유이고 이는 대동사회의 경제적 기초다. 생산 성과도 사회 구성원이 공동으로 향유하는 것이기 때문에 모든 구성원도 사회를 위해 진력을 한다. 즉 사회 구성원은 모두 사회의 공동 이익을 위하여 역량을 발휘한다는 것이다. 사회 구성원은 성별이나 연령과 사회의 수요에 따라 분업을 하며, 피선출된 현능자는 온갖 수단을 다하여 공동체의 이익을 위해 일해야 한다. 이상을 바탕으로 하여 대동사회가 되면, 전체 사회 구성원이 단결하고 사랑하며 성실하고 속이는 일 없이 각자 자신의 위치를 확보하며 아름답고 행복이 충만한 생활을 한다는 것이다.[51]

　『예기』「예운편」에서 제시한 대동사회론은 "외관상 유가의 주장으로 제시되었으나, 실제 선진先秦 제자諸子의 사회이상을 한 용광로에서 융합시킨 것"[52]이다. 그런 때문인지 조선의 사회에서는 도가道家나 묵가墨家의 견해가 반영되어 적극적으로 수용되지는 못하였다. 예를 들어, 율곡 이이는 자신의 대동사회론을 설명하면서 『예기』의 대동사회론을 논거로 제시하면서도 도가사상의 영향으로 보이는 몇 구절을 생략하였다. 예를 들어, 이이는 『예기』의 대동사회론 출발인 "대도가 행해진"을 삭제하고 대신 다음과 같이 태초의 원시적인 상황을 진술하였다.

　　신이 가만히 생각해 보니, 태초의 생민들은 기풍氣風이 처음으로 열리자 새처럼 거처하고 날고기를 먹으며 살아 생활해 가는 방법을 갖추지 못하였습니다. 머리를 풀어헤친 채 발가벗고 살았으며, 인문人文이 구비되지 못하여 임금도 없이 모여 살면서 물어뜯고 손톱으로 할퀴며 싸워 대 순박한 생활은 흐트러지고 대란이 일어나려고 하였습니다. 이때 성인이 무리 가운데서 가장 뛰어나, 총명과 지혜로써 그 성품을 온건하게 하니, 억조의 백성들이 자연히 그를 향해 귀의했습니다. 다툼이 있으면 해결해 주기를 구하고, 의문이 있으면 가르쳐 주기를 구하여 받들어 임금으로 삼았으니, 민심이 향하는 바가 바로 천명天命의 돌아보는 바입니다. 성인은 억조의 백성이 귀의함을 스스로 알고 군사君師의 직책을 맡지 않을 수 없었습니다.[53]

즉 이이는 원시에 임금이 없어 대란大亂이 일어났으나 성현이 출현해 군사君師로서 이를 해결하면서 대동사회가 출현한다고 하였다. 앞서 제시한『예기』「예운편」에서 "대도가 행해진"세상과는 달리 '태초'라 하여 역사의 출발을 이야기한다.

대신 이이는『서경』이나『맹자』등에서 제시한 원시 유가적 입장, 성리학적 세계관 및 자신의 입장을 가미하여 대동사회론을 설명하였다. 이이는 자신이 구상한 대동사회에서 유가의 최고 덕목인 윤리와 기강을 확립할 것을 제시한다. 즉『예기』에서 강조한 바가 없는 오륜五倫의 윤리를 정식으로 도입하였다. 이는『예기』에서 제시하는 소강小康 사회의 모습인 "군신 관계를 바르게, 부자 관계를 돈독하게, 형제 관계를 화목하게, 부부 관계를 화목하게"정비된 모습에 부합한다. 이이는 대동사회에서 백성 사이에 다툼과 갈등이 있는데, 군사君師가 된 성인이 다툼이 있으면 해결해 주고 의문이 있으면 가르쳐 주었다고 하였다. 이점도 역시『예기』의 대동사회론에서 분쟁이 없는 사회로 묘사한 것과 다른 것이다. 또한 이이의 대동사회에서는 양민養民과 교민敎民을 위해 다양한 법제를 정비하였다. 변통과 경장을 중시하는 이이가 제시하는 경세론의 특징을 반영한 것이다. 이 같은 내용은 이이의 대동사회론이『예기』에서 제시하는 소강 사회에 부합하고 있음을 말해 준다.[54]

이이는 당시의 시기를 중쇠中衰의 시기로 규정하고, 법과 같은 제도 변화를 기반으로 경장과 변통을 통한 대동사회를 강조하였다. 변통과 경장은 공공성의 확보를 위한 것으로, 이를 위해서는 먼저 마음의 공공성을 확보해야 하고, 왕도정치를 위한 민본적 의미로 다양한 분야에서의 공공성 확보를 주장하였다.[55] 이이의 경세론은 군君·신臣·민民으로 구분된다. 다만, 민보다는 국가 권력의 주체라는 면에서 그들의 실천 행위에 집중하여 설명하였다. 군은 입지를 중심으로 한 수기修己와 왕실과 관련된 정가正家를 중시하였다. 신은 기강의 문제로 주목하여 관료사회의 태만함과 비윤리성을 경계하였고 이를 바탕으로 '선안민후교화先安民後敎化'라는 방향을 제시하였다. 이에 따라 공납제 개혁론이나 군정개혁론을 비롯해 지방제도, 왕실 재정 등의 개혁론을 제시하였다.[56]

이현일 등 영남 남인의 경세론에 많은 영향을 끼친 유형원의 경우 『반계수록磻溪隨錄』에서 또 다른 모습의 이상사회론을 제시하였다.[57] 유형원은 사私가 만연된 현실에 대신해 공公의 이념이 구현된 제도와 국가를 상정하였다. 유형원의 구상에서 '공'은 보편적, 도덕적 원리를 바탕으로 삼대의 이상사회를 모델로 한 국가 운영의 제도론으로서 위상을 가진다. 국가는 이 같은 '공' 이념을 바탕으로 다양한 공동체 조직의 상위에서 균산적均産的 재분배再分配와 사회의 도덕적 통합을 실현하는 주체이자 운영 원리였다.

유형원은 토지를 공공재의 형태로 재분배 체계의 중심에 올려놓고 이를 바탕으로 인적, 물적 자원을 징발하는 호혜적 재분배 체계의 구축을 통해 민생의 안정과 재정, 군비의 강화를 도모했다. 유형원은 공전제公田制를 기축으로 한 분배의 공정성을 국가 운영의 가장 핵심적 요소로 헤서 직역별, 신분별로 민에게 분배하여 생활 기반을 제공한 후 조세를 수취하고 군역을 부과하는, 모든 제도 개혁의 토대였다. 유형원의 또 다른 개혁의 한 축은 공거제貢擧制로, '향당공공지론鄕黨公共之論'을 통해 사적인 요소를 최대한 배제하여 선발 과정의 공정성을 보장하였다. 공거제를 통해 선발된 관료들은 능력에 따른 직무 부여라는 원칙을 통해 적재적소에 배치하여 조직의 효율성을 극대화 하고자 하였다. 병제의 개혁과 함께 군현제를 합리적으로 재편하여 경비를 절감하고 향촌 사회 내부의 자율적 영역까지 국가의 통치 영역에 포섭할 것을 기도하였다. 유형원은 민의 항산을 보장해 주고 이를 바탕으로 균산과 균부를 실현하여 일원적 지배를 관철함으로써 공공성을 담보한 도덕국가의 실현을 이상으로 하였다.[58]

그렇다면 『홍범연의』에서 제시한 이상사회론은 어떤 모습일까? 9주로 구성된 『홍범연의』의 중심에는 제5주 황극이 위치한다. 『홍범연의』 총론에서는 황극의 위치에 대해 주자의 언설을 인용하며 황극 앞에 네 가지인 오행, 오사, 팔정, 오기는 건극建極을 위한 것이고, 삼덕, 계의, 서징, 오복육극은 황극에서 나온 것들이라고 하였다.[59] 오행부터 오기까지 4주는 황극을 세우기 위한 것이고, 삼덕부터 오복육극까지 4주는 황극이 세워진 뒤 효과라는 것이다. 그런 만큼 『홍범연의』는 제5주 황극을 중심으로 놓고 설명해야 한다.

『홍범연의』에서 황극은 임금의 몸이 근본이라는 것을 말한 것으로, "임금이 위에서 표준의 모습을 보여서 천하의 사람들이 그것을 법으로 해서 본받도록 한 것"으로 이해하였다. 그러면서 임금의 근본은 "자기의 몸을 수양하는 것일 뿐"이라고 하였다. 황극을 중심으로, 오행은 발원하는 곳이고, 오사는 오행의 원리를 총체적으로 유지하는 곳이며, 팔정은 곧 백성을 다스리는 일이고, 오기는 하늘의 운행에 맞추는 것이라고 하였다. 황극 뒤의 삼덕은 시행하기를 알맞게 하는 것이고, 계의는 인간으로서 할 일은 이미 다하고서 신神이 그 덕德을 드러내는 것이며, 서징은 하늘의 때가 징조로 나타나는 것이고, 오복과 육극은 인간의 일에 징조로 나타나는 것이었다.[60]

여기서 황극을 표준으로 이해한 점이 주목된다. 황극을 포함한 홍범구주에 대한 이해를 놓고 시대에 따라, 혹은 논자에 따라 그 이해를 다르게 하고 있으며, 이를 규명하는 학문 체계가 '범학範學' 혹은 '범수학範數學'이라는 독립된 하나의 학문 분야로 정립되었다. 『서경』에서 제시된 홍범구주는 한漢나라 초기 복생伏生의 『홍범오행전洪範五行傳』을 통해서 재구성되었다. 복생의 『홍범오행전』은 이후 『한서漢書』 오행지五行志에 반영되면서 중국 정사 오행지의 전범이 되었다. 주목되는 것은 『한서』 오행지 마지막에 『홍범오행전』을 인용하여 '황지불극皇之不極'을 설명하고 있다는 점이다. '황지불극' 내용의 핵심은 군주가 바른 도를 행하지 못하면 일월난행日月亂行 하고 성신역행星辰逆行 한다는 것이다.[61] 기본적으로 『한서』 오행지는 유교적 덕치주의에 근본을 두고 군주나 제후들의 비리와 부도덕을 비판하였다. 그리고 여기서 황극은 군주의 통치행위와 관련되어 거론되고 있음이 주목된다.

이와 관련해 전한前漢 시기 고문학파古文學派의 성립에 중요한 역할을 하였던 공안국孔安國은 홍범구주에 대해 처음으로 체계적인 연구를 한 학자로 알려져 있다. 그는 홍범구주에 대한 연구 속에서 황皇 = 대大, 극極 = 중中이라고 하여 황극의 의미를 "무릇 사업을 수립하고자 한다면 마땅히 대중지도大中之道를 써야 한다"[62]라 하여 "대중지도"로 이해하였다. "대중지도"는 군주를 주체로 한 지적으로, 이를 통해 군주는 "무편무당無偏無黨 왕도탕탕王道蕩蕩"하여 개벽해야 하며, "무당무편無黨無偏 왕도평평王道平平"하여 변치辨治해야 하였다. 군주의 권능을 설명한 것으로 이해된다.

공안국의 이상과 같은 논리는 송대宋代에 이르러 비판의 대상이 되었는데 주자는 『황극변皇極辯』이라는 별도의 저술을 통해 이를 비판하였다. 주자는 공안국의 '대중지도설大中之道說'은 '중中'에 대한 이해부터 정확하지 못하여 모호하고 구차한 것으로 이해했다고 하였으며, 황극에 대해서도 엄밀한 체體에 힘쓰지 않고 아량에만 힘을 기울여 그 폐단이 임금으로 하여금 수신修身하여 입정立政함을 알지 못하게 하였다고 하였다. 이로 인해 시비가 전도되고 현부賢否가 혼란스럽게 됨을 면치 못하게 되었다고 하였다. 주자는 공안국의 논리로 인한 폐단을 이처럼 지적한 후 자신의 견해를 피력하여, 황극을 해석하기를, 황皇은 군君이라 이해하였고, 극極은 중中 그 자체가 아니라 "재중지표준在中之標準"으로 이해하였다. 주자와 같은 인식은 채침蔡沈에게서도 보이며, 이들은 극極을 선악적 관점에서 이해하였다. 즉 채침의 경우 건극은 극이 중앙에 세워져 사방이 그 올바름을 취하는 것으로, 구체적으로는 인군이 인륜의 지극함을 다하며, 부자父子로 말하면 그 친함을 다하여 천하의 부자 된 자가 이에서 준칙을 취하며 부부·형제의 경우도 마찬가지여서 일체의 언동과 그 의리의 당연함을 다하는 것이라 하였다.

양자의 입장은 홍범구주에서 언급한 삼덕三德과 오사五事의 이해에 차이를 보였다. 주자나 채침의 경우는 홍범구주 가운데 오사를 특히 강조하여, 오사로 수신하는 것이 황극을 세우는 근본이라 하였다. 반면 군주권의 절대성을 강조하던 삼덕의 경우는 해석이 매우 소략하거나 주자의 경우는 아예 해석을 첨가하지 않았다. 이 점은 결국 주자나 채침의 황극설이 의리와 시비를 중시하면서 이를 위해 군주의 수신을 강조한 인식이었음을 반영하는 것이라 하겠다.63『홍범연의』에서는 주자의 황극에 대한 이해를 수용하여 수록하였다.

『홍범연의』 권23~권24에 수록된 「황극」편 구성은 〈표2〉와 같다.

〈표2〉『홍범연의』「황극」편의 구성

제목	세부내용
皇極上	두 황제와 세 임금이 하늘의 뜻을 계승하여 표준을 세운 방법[敍二帝三王繼天立極之道]
	임금이 정치의 기준을 세우고 나라를 다스리는 도리[明王者建極出治之道]
	천자의 예[天子之禮]
	제왕이 집안을 다스리는 법도[王者內治之法]
	세자를 세우고 보좌하고 교육하는 법도[建儲輔養之法]
	천자가 스승을 높이고 도를 숭상하는 도리[明天子尊師重道之義]
	천자가 태학을 시찰하고, 노인을 봉양하는 도리[明天子視學養老之義]
皇極下	관청의 설립[論設官]
	제후를 봉함[論建侯]
	사방을 순시하고 제도를 고찰함[省方考制之義]
	작위의 명칭과 기물[名器]

먼저 임금이 허늘의 뜻을 받아 표준[立極]을 세우는 방법으로, "임금이 인간으로서의 도리가 되는 표준"을 제시하였다. 이어 정치하는 기준과 도리를 세운 뒤에 집안, 세자, 스승, 태학, 관청, 제후, 순시, 작위 등으로 나아가는 구조로 설명하였다. 이는 전통적인 유가의 사유 체계인 수기 修己에서 치인治人으로 나아가는 과정이다. "자신의 덕을 닦는 것과 그 것이 드러나는 예는 수기의 내용이고, 왕실을 다스리는 것, 세자를 세우는 것은 제가齊家의 영역이며, 임금의 스승, 태학 시찰, 관청 설립 이후의 것은 치인의 영역에 해당"되는 것이다.[64]

표준을 세우고 백성들에게 나누어 주는 방법은 다음과 같다.

> 무릇 그 표준을 세우는 방법은 진실로 오행을 따르고, 오사를 신중하게 행사하고, 팔정을 풍족하게 하고, 오기와 조화를 이루는 것에서 벗어나지 않는 것이다. 그러나 옛날의 어진 임금은 그 표준을 세우는 방법[立極 之道]과 그 표준을 온전히 준수하게 하는 데 있어서[保極之具] 모두 명확한 법률을 두고, 또 그것을 관장하는 직책을 만들고 지도자를 세워서 백성들에게 이 표준에 대해 설명하였다[民極之說].[65]

즉 입극立極과 보극保極과 그 표준을 온전히 준수하게 하는 데 있어서 중요한 것은 명확한 법률과 관장하는 직책을 만들어 민극民極을 이루어야 하였다. 황극에 대한 설명에서 군주의 개인적 차원인 수기를 강조하는 것과는 달리 제도적 차원을 강조한 것이다. 이를 바탕으로 군주의 직접적이고 적극적인 통치행위를 강조하면서, 표준으로서 군주를 내세우며, 제도적 장치를 통해 통치행위를 할 것 등을 강조하였다.[66]

제도적 측면에 대한 강조가 9주疇 중 3주인 팔정의 강조로 이어졌다.『홍범연의』에서는『서경』「홍범」편의 팔정조의 순서에 맞추어 내용을 배치하면서도 내용을 보면 분량에서 편차를 보인다.『홍범연의』「팔정」편 중 가장 많은 분량을 차지하는 내용은 제사 관련 내용을 수록한 '사祀'조條 항목이다. 이는『홍범연의』찬자撰者들이 제사를 강조하기 위한 것으로, "교제郊祭와 사제社祭의 예와 체제禘祭와 상제嘗祭의 의의에 밝으면, 나라를 다스리는 일은 손바닥을 들여다보듯 쉬울 것이다"라는 공자의 언설을 통해 군주의 치국治國을 들여다볼 수 있는 조건으로 제시하였다. '사祀'조의 내용은 주자의 제자인 황간黃榦이 편찬한『의례경전통해속편儀禮經傳通解續編』에 자세하게 서술하였으므로『홍범연의』편찬자가 따로 찬집하지 않고 교정만하여 수록하였다고 한다.

「팔정」편 '사祀'조의 구성은 〈표3〉과 같다. 천자天子-제후諸侯-대부

〈표3〉『홍범연의』「팔정」편 '사祀'조의 구성

제목	세부내용
祀一	제법총요祭法總要
祀二	천신의 제사[天神之祀]
祀三	지신의 제사[地示之祀]
祀四	백신의 제사[百神之祀]
祀五	종묘의 제사[宗廟之祀]
祀六	일에 따른 제사[因事之祭]
祀七	대부와 사가 궤사하고 빈시하는 예[大夫士饋食儐尸之禮]
祀八	제사 의미의 총론[總論祭祀之義]

大夫-사士 등급에 맞는 제사의 실천을 역설하면서, 등급에 맞는 제사를 제시하였다. 구체적인 내용은 천자의 제사 등급에 따라 천신의 제사부터 시작해서, 지신과 사직, 종묘에 대한 제사를 수록하고 이어 입군봉국立君封國, 순수巡狩, 천자출정天子出征, 조회朝會, 전田 기양祈禳, 육려六沴 등 사안에 따른 제사를 수록하였다. 계속해서 대부와 사의 제사를 수록하고, 마지막으로 제사의 의미를 총론적으로 설명하였다. 『홍범연의』에 수록된 국가에서 행하는 제사의 모습은 우리의 고려나 조선에 그대로 시행한 것과 시행되지 않은 것을 함께 수록하였다.[67]

'사'조에 이어 분량상 그다음을 차지하는 조항이 '사도司徒'조條다. '사도'조의 구성은 〈표4〉와 같다.

'사도'조는 "옛날 성왕聖王이 학교를 세운 규정과 교육을 베푼 법도를 취하고 소학小學·대학大學 및 후세 제현諸賢의 설을 취하여 백성을 교화하고 풍속을 이룬 뜻을 드러내기"[68] 위한 것이었다. 백성의 교화와 관련된 내용으로 구성하였는데, 먼저 학제를 제시하고 학문의 이치를 설명한 뒤 삼강오륜을 밝혔다. 옛 성왕의 건학建學과 설교設敎의 법

〈표4〉『홍범연의』「팔정」편 '사도'조의 구성

제목	세부 내용
司徒上	학문의 제도[學制]
	학문의 이치[學義]
	인륜을 밝힘[明倫]
司徒下	교학의 공통된 법[敎學通法]

을 복구하기 위한 것으로, "사람은 도리가 있는데, 배불리 먹고 따뜻이 옷을 입고서 편안히 살면서 가르침이 없으면 금수禽獸에 가까워진다"라는 『맹자』의 말을 인용하며 교학의 중요성을 언급하였다. 아울러 사도하司徒下의 "교학통법"에서는 정호程顥의 「청수학교의請修學校議」, 정이程頤의 「간상삼학조제看詳三學條制」, 주자의 「학교공거의學校貢舉議」와 「증손여씨향약增損呂氏鄕約」, 「백록동규白鹿洞規」 등을 인용하며, 옛 성현들이 사람들에게 학문을 하게 한 것은 의리를 강론하며 "자신을 닦은 뒤에 이를 미루어 남에게 미쳐 가도록" 하고자 하였음을 지적하였다.

〈표5〉는 「팔정」 편 '빈賓'조條에 수록된 내용이다. '빈'조는 국가 의례인 오례五禮 중 빈례賓禮를 대상으로 한 구성이다. '빈'조는 『의례』나

<표5> 『홍범연의』 「팔정」 편 '빈'조의 구성

제목	세부 내용	참고
賓上	사상견례士相見禮	請見, 復見, 士見大夫, 嘗爲臣子見, 大夫相見, 言, 視, 請退, 長子請見
	제후가 조근하는 예[諸侯相朝禮]	諸侯相朝禮
	조현총기朝見總紀	
	근례覲禮	至郊, 郊勞, 賜舍, 戒日, 受舍, 釋幣于禰, 行覲禮, 行享禮, 請事, 王勞, 賜車服, 饗, 祀方明
賓下	빙례聘禮	圖事命使介, 具齎幣, 授使幣, 釋幣于禰及行, 受命于朝, 遂行, 過他國, 習儀, 三展幣, 郊勞, 至朝, 致館, 設飧, 行聘禮, 享禮, 聘享夫人, 有言, 禮賓, 私覿, 介私覿, 公送賓問君勞賓介, 卿大夫勞, 歸饔餼, 問卿, 賓私面於卿, 介私面於卿, 賓問眚使者, 主國大夫有故, 夫人歸禮於賓, 大夫餼賓介, 食饗燕羞獻, 大夫饗食賓介, 還玉報享, 主君就賓館, 賓拜賜遂行, 贈送, 歸反命, 禮門及禰, 遭主國喪, 聘君薨, 私喪, 小聘

『춘추』,『주례』를 참고하여 빈례를 소개하였다. 사士가 대부大夫, 대부가 대부를 상견相見하는 예를 시작으로 제후가 천자를 조근朝覲하는 예를 비롯해 제후 사이에 사신을 보내는 빙례 등을 소개하였다. '빈'조는 "귀천의 신분을 구별하고 존비의 질서를 확정하고 상하의 체통을 차등"화하기 위한 것이었다. 이를 통해 "백성들이 임금을 존숭하고 윗사람을 공경할 줄 알게 되어 충순한 행실을 갖추"기 위한 것이었다. 이를 통해 "예절을 이루고 군신의 사이를 바루고, 부자의 사이를 친밀하게 하고, 장유의 사이를 화합하게" 하기 위한 장치였다.[69]

이렇게 본다면『홍범연의』「팔정」편에서 편자의 관심은 제사나 빈례의 정비와 같은 예치禮治 사회社會의 건설이 목표였다. 그 과정에서 교육 등을 통해 백성들의 교화를 추진해야 하였다. 그리고 여기서 빠질 수 없는 것이 백성의 항산恒産을 보장하는 것이었다. 이를 담은 것이「팔정」편의 '사공司空'조, '식食'조, '화貨'조다.

'사공司空'조는『주례』와『예기』를 중심으로, 유자儒者들이 제기한 궁실宮室과 기복器服의 제도를 논의한 것이다. '사공'조에서는 균전과 호구, 봉건, 궁실 등의 제도를 논하였는데, 특히 주목되는 것은 이상적인 토지제도로 정전井田을 상정한 점이다.『맹자』나『논어』,『예기』를 비롯해 특히 하휴何休의「공양삼세설公羊三世說」과「정전설井田說」을 인용하며, 성인은 정전법을 제정하여 계구분전計口分田하였음을 강조하였다. 단, 이례적으로 조선의 지식인인 한백겸韓百謙의「기전유제설箕田遺制說」을 인용하여 고대 이래로 제시한 정전을 그대로 구현할 수 없음도 지적하였다. 이는 "정전제의 원형을 복구하지는 않더라도 균분의 취지를 살리는 방향으로 토지 개혁"을 해야 한다는 주장이었다.

즉 소농층의 항산과 균분을 항구적으로 뒷받침할 토지 분급을 필수적으로 요청하였다.[70]

'식'조에서는 왕도정치에서 우선시하는 먹을 것을 논하였다. '식'조에서는 역시『주례』와『예기』를 활용하여, 전지田地와 집터의 법을 제정하고, 행정 구역을 나누고, 절제하며 먹고 제때에 일하도록 하는 것 등의 말을 취하여 전체를 한 편으로 만들었다.『홍범연의』의 찬자는 이것으로 이후의 학자들이 식량 비축을 늘리고, 수리 공사를 일으키는 방법 등을 논하기에 충분할 것이라고 자부하였다. '식'조에서는 "먹을 것을 넉넉하게 하는 방법은 또한 농사에 힘쓰고 씀씀이를 절약하며, 백성을 부리는 것을 때에 맞게 하는 것에 지나지 않을 뿐"이었다.[71] '화'조에서는 "백성의 생활을 넉넉하게 하는 것은 중요한 것과 그렇지 않은 것을 헤아려서 재화를 유통하게 하여 이로움을 베풀"어서 "백성들과 더불어 이익을 두고 다투지 않게 하려는" 내용을 진술하였다.[72]

「팔정」편 '사師'조에서는 군사제도를 비롯해 훈련이나 관방 등에 대한 내용을 수록하였다. 〈표6〉은「팔정」편 '사師'조의 내용 구성이다.

『홍범연의』의 찬자들이 역점을 둔 것은 군사제도와 관련된 것으로, 본격적인 서술에 앞서 제시한 내용에서 "전부출병田賦出兵"[73]을 강조한 것은 이를 반영한다. '사師'조에서 지향하는 바는 병농일치兵農一致적인 부병제府兵制였다.[74] '사'조의 군제에 대한 서술은『주례』를 시작으로『전한서』,『국어』등과 주자나 두목杜牧 등의 언설을 활용하였다. 해당 조목에서 부병제에 대해 두목의 언설을 인용해, "고금을 통틀어 법술이 가장 좋은 것은 부병府兵일 것이다"[75]라 하거나, 구양수의 언설을 제시하며 "처음에는 병兵을 농農에 기탁하여 병사들의 거처하는 곳

<표6>『홍범연의』「팔정」편 '사師'조의 구성

제목	세부내용
師上	군제軍制
	교열敎閱
	전진戰陳
師下	군례軍禮
	군령軍令
	장수의 도리[將道]
	정벌征伐
	성지城池
	이적의 방어[禦夷狄]
	거전車戰

과 훈련하는 방법, 재물을 비축해 유사시를 대비하는 방법, 병사들이 동작하고 휴식하는 방법에 모두 절목節目를 두었으니, 비록 고법古法에 다 부합하지는 않지만 대체로 그 대의大意에는 맞다 할 수 있다"[76]고 하였다. 반면, 소식蘇軾의 언설 중 "지금 천하의 병졸들은 농사를 짓지 않고 기보畿輔에 모인 자들이 수십만 명으로 헤아릴 정도인데 모두 현관縣官에게 양식을 지급받아 살고 있다. 이는 한당漢唐의 우환은 있고 한당의 이익은 없는 것"이라면서 급료병 양성의 한계를 지적하였다. 이는 『홍범연의』의 찬자가 부병제적인 군사제도의 운영을 고려한 것임을 보여 준다.

그리고 「팔정」편 '사구司寇'조에서는 법률이나 형법의 운영 등을 설

<표7> 『홍범연의』 「팔정」편 '사구'조의 구성

제목	세부 내용
司寇	형의 관장[典刑]
	금법의 설치[設禁]
	나라의 법을 신칙함[飭憲]
	송사의 처결[聽訟]
	형법의 의론[議辟]
	백성의 관리[司民]
	난의 화해[和難]
	유사有司
	형의 신중[愼刑]
	법률을 엄명히 세움[明辟]

명하였다. '사구'조는 "형벌을 신중하게 쓰고 법률을 엄명嚴明하게 세우는 뜻"77을 제시한 부분이다. 구성은 <표7>과 같다.

　'사구'조는 『주례』를 근본으로 삼고, 제가諸家의 설을 참고하여 내용을 기술한 것으로 주로 법률과 치안의 문제와 관련된 내용을 수록하였다. 동중서의 언설인 "정치를 하면서 형刑에 맡기면 하늘의 뜻에 순응하는 것이 아니므로 선왕先王은 하지 않았던 것"78이라는 내용을 통해서 형벌을 통한 정치가 주된 방향은 아니다. 그럼에도 "정치가 관대하면 백성들이 태만해지니 태만해지면 준엄한 정치로 바로잡아야 한다"는 공자의 언설을 통해서 준엄한 정치, 즉 형벌이 필요함을 역설하였다. 따라서 형刑을 제정한 근본은 장차 포악함을 금지하고 미연에 징계하고자 하는 뜻을 살려 "한 사람을 징벌하여 백 사람을 경계하자"는 주자朱子의 주장처럼 엄격하게 형벌을 만들고 시행해야 할 것을 강조하였다.

5. 맺음말

『홍범연의』는 편찬을 시작한 이휘일과 이현일의 경세의식에서 출발하였다. 이현일은 당시 조선 사회를 큰 병을 앓는 상황으로 규정하고, 이를 개선하기 위해 『시경』에서 유래한 유신론維新論을 제기하였다. 『홍범연의』는 『서경』의 홍범구주 순서에 따라 경문에 근거하고 경서의 주석을 참고하여 증거를 제시하고 평론을 덧붙여 간행하였다. 구성에서 주목되는 것은 각 주疇에 따라 글자수가 현저한 차이를 보인다는 점이다. 9주 중 황극과 팔정이 전체의 약 85퍼센트선에 육박한다. 이는 찬자들이 중요하게 인식한 부분을 짐작케 한다.

『홍범연의』서술의 중심은 제5주 황극이다. 황극 앞에 네 가지인 오행, 오사, 팔정, 오기는 건극建極을 위한 것이고, 삼덕, 계의, 서징, 오복육극은 황극에서 나온 것들이라고 하였다. 그런 만큼 『홍범연의』의 황극을 중심에 놓고 이해해야 한다. 황극은 임금이 인간으로서의 도리가 되는 표준으로, 표준을 세우는 것은 개인적 차원인 수기가 아닌 제도적 장치를 통해 통치행위를 할 것을 강조하였다. 이런 제도적 장치를 담고 있는 것이 3주 팔정이다. 팔정에서는 먼저 제사와 빈례 등을 통해 예치사회를 이루고, 학교 등을 통해 교화를 이루어야 할 것이라고 하였다. 이어 왕도정치에 중요한 먹을거리의 문제를 제기하며, 정전井田을 행할 수는 없으나 이에 준하는 균분均分과 항산恒産을 추진하였다. 농사를 권장하면서 식량 비축을 늘리고 수리 공사를 일으키며 절약하는 사회를 제기하였고, 백성들과 이익을 다투지 않아야 한다고 하였다. 이를 바탕으로 군사제도는 병농일치적인 부병제를 이상적으로 제시하였다.

이상과 같은『홍범연의』의 이상국가론은, 현재로서는 그 위상을 점검하기가 쉽지는 않다. 아직 국가론에 대한 연구가 많지 않기 때문이다. 앞으로 국가론에 대한 연구가 활성화되길 기대한다. 또한 필자는 이 글에서『홍범연의』의 황극과 팔정을 중심으로 분석하였는데, 이후 주제를 확대해서 추적하여 종합적인 모습을 추구할 것이다.

참고문헌

『태조실록』,『성종실록』,『숙종실록』.

『簡易集』(최립),『葛庵集』(이현일),『古文尙書』,『栗谷全書』,『炭翁集』(權諰),『洪範衍義』.

『(新完譯)禮記』(중),「禮運」, 명문당.

강정인,「율곡 이이의 경장론과 개념의 혁신: 대동大同·소강小康 개념을 중심으로」,『율

  곡학연구』1, 2005(『넘나듦[通涉]의 정치사상』, 후마니타스, 2013 재수록).

김낙진,「『홍범연의』의 개혁사상」,『국학연구』35, 2018.

김성윤,「『홍범연의』의 정치론과 군제개혁론」,『대구사학』83, 2006.

_____,「『홍범연의』의 토지개혁론과 상업론」,『퇴계학보』119, 2006.

김정철,『남계 박세채의『範學全篇』연구』, 한국학중앙연구원 박사학위논문, 2021.

김학수,「葛庵 李玄逸의 學問과 經世論 硏究」,『청계사학』19, 2004.

김형수,「갈암 이현일의 理學과 현실인식-반계 유형원과의 관련 및 비교를 중심으로-」,

  『국학연구』9, 2006.

김홍수,「『홍범연의』의 皇極 중심의 經世論」,『철학논총』99, 2020.

_____,「『홍범연의』의 편찬과 간행」,『민족문화논총』57, 2014.

류기우, 이은호 옮김,『상서학사,『상서』에 관한 2천여 년의 해석사』, 예문서원, 2016.

송양섭,「반계 유형원의 '公' 이념과 이상국가론」,『조선시대사학보』64, 2013.

송찬식,「『홍범연의』해제」,『한국학논총』5, 1982.

송치욱,「『홍범연의』의 사상사적 특징에 대한 연구-황극 편을 중심으로」,『국학연구』

  50, 2023.

이경동,『조선 후기 정치·사상계의 栗谷 李珥 인식 변화 연구』, 고려대 박사학위논문, 2019.

이근호,「탄옹炭翁 권시權諰의 경세론-절용節用과 박렴薄斂의 지향-」,『道山書院誌』, 도산학술연구원, 2018.

_____,『조선 후기 탕평파와 국정운영』, 민속원, 2016.

이영호,「『서경』「홍범」해석의 두 시각」,『퇴계학보』143, 2018.

이종성,「율곡 대동사회론의 철학적 지향과 해석의 전환」,『동서철학연구』81, 2016.

이희덕,『고려시대 天文思想과 五行說 연구』, 일조각, 2000.

임병학,「「洪範」五行의 본질적 의미」,『퇴계학보』150, 2021.

정재훈,「홍범연의와 제왕학」,『국학연구』35, 2018.

陳正炎·林其錟, 李成珪 역,『중국의 유토피아 사상』, 지식산업사, 1990.

최영성,「『홍범연의』를 통해 본 존재·갈암의 학문」,『국학연구』35, 2018.

한형주,「홍범연의에 보이는 국가제사」,『국학연구』35, 2018.

허태용,『조선 후기 중화론과 역사인식』, 아카넷, 2009.

현수진,「고려 전기『상서尙書』의 정치적 활용과 그 성격」,『인문과학』66, 성균관대학교 인문학연구원, 2017.

_____,「고려 후기『尙書』의 정치적 활용과 그 성격」,『사림』71, 2020.

한국고전번역원 https://db.itkc.or.kr

조선왕조실록 https://sillok.history.go.kr

1 중국에서 「홍범洪範」의 인식 변화에 대해서는 류기우, 이은호 옮김, 『상서학사, 『상서』에 관한 2천여 년의 해석사』, 예문서원, 2016을 참고하였다.

2 현수진, 「고려 전기 『尙書』의 정치적 활용과 그 성격」, 『인문과학』 66, 성균관대학교 인문학연구원, 2017; 현수진, 「고려 후기 『尙書』의 정치적 활용과 그 성격」, 『사림』 71, 2020 참조.

3 『성종실록』 권223, 성종 19년 12월 24일(계축).

4 『성종실록』 권293, 성종 25년 8월 26일(임오).

5 『태조실록』 권6, 태조 3년 8월 2일(기사).

6 崔岦, 『簡易集』 권9, 稀年錄, 「洪範學記」; 최영성, 「『홍범연의』를 통해 본 존재·갈암의 학문」, 『국학연구』 35, 2018, 21~22쪽.

7 김정철, 『남계 박세채의 『範學全篇』 연구』, 한국학중앙연구원 박사학위논문, 2021.

8 송찬식, 「『홍범연의』 해제」, 『한국학논총』 5, 1982.

9 김성윤, 「『홍범연의』의 토지개혁론과 상업론」, 『퇴계학보』 119, 2006; 김성윤, 「『홍범연의』의 정치론과 군세개혁론」, 『대구사학』 83, 2006.

10 김홍수, 「『홍범연의』의 편찬과 간행」, 『민족문화논총』 57, 2014.

11 김낙진, 「『홍범연의』의 개혁사상」, 『국학연구』 35, 2018.

12 최영성, 「홍범연의를 통해 본 존재·갈암의 학문」, 『국학연구』 35, 2018.

13 이영호, 「『서경』 「홍범」 해석의 두 시각」, 『퇴계학보』 143, 2018.

14 정재훈, 「홍범연의』와 제왕학」, 『국학연구』 35, 2018.

15 임병학, 「「洪範」 五行의 본질적 의미」, 『퇴계학보』 150, 2021.

16 김홍수, 「『홍범연의』의 皇極 중심의 經世論」, 『철학논총』 99, 2020.

17 한형주, 「『홍범연의』에 보이는 국가제사」, 『국학연구』 35, 2018.

18 權諰, 『炭翁集』 卷3, 疏, 「工曹佐郞謝 恩後疏 己丑八月初三日」, "今天下大亂 不奪不饜 滔滔者天下皆是."

19 이상 권시의 현실 인식에 대해서는, 이근호, 「탄옹炭翁 권시權諰의 경세론-절용節用과 박렴薄斂의 지향-」, 『道山書院誌』, 도산학술연구원, 2018 참고.

20 權諰, 『炭翁集』 卷1, 詩, 「八吟」.

21 李玄逸, 『葛庵集』 권3, 疏, 「將下鄕辭給馬兼陳所懷疏」. 이하 『갈암집』은 한국고전번역원 번역본을 참고하였음을 밝혀둔다(한국고전번역원, https://db.itkc.or.kr).

22 李玄逸, 『葛庵集』 권4, 疏, 「三辭吏曹參判及兼帶仍陳大本急務疏 庚午六月」.

23 李玄逸, 『葛庵集』 권4, 疏, 「再辭大司憲兼陳所懷疏 辛未正月」.

24 李玄逸, 『葛庵集』 권2, 疏, 「請勿受陳賀及勿遣辨誣使疏 戊午」.

25 『숙종실록』 권7, 숙종 4년 3월 11일(임오).

26 『숙종실록』 권5, 숙종 2년 12월 12일(경신).

27 『숙종실록』 권6, 숙종 3년 2월 15일(임술).

28 李玄逸, 『葛庵集』 권2, 疏, 「請勿受陳賀及勿遣辨誣使疏 戊午」, "北虜於我 有宗廟社稷之讎 而勤絶我有明三百年之命 此誠萬世必報之讎 而不可有所祈請 視其從違 以爲忻戚 義理明矣 其

所以外托交好 羈縻不絶者 特迫於勢耳 明有天下三百年 父母萬邦 臣妾四夷 日月所照 霜露所
墜 孰不尊親而願戴 矧惟我東最被恩私 存邢之師 不足較功 楚丘之城 不足比德 雖以草茅螻蟻
之賤 未嘗不歔息流涕於昭敬大王萬折必東之語也 乃者天運艱難 國勢顚倒 仁祖大王暫爲宗社
生靈屈 其所以貽謀燕翼 俟後聖於將來者 志亦切矣 肆惟我孝宗大王聿追先志 規恢前烈 十年
之內 宵旰憂勤 未嘗不在於薪膽之間 不幸功業未究 弓劍遽遺 豈非臣民之至痛而萬世之遺恨
乎."

29 김학수,「葛庵 李玄逸의 學問과 經世論 硏究」,『청계사학』19, 2004, 123~125쪽.
30 李玄逸,『葛庵集』권2, 疏,「爲家君應旨進言疏 壬子」.
31 李玄逸,『葛庵集』권2, 疏,「爲家君應旨進言疏 壬子」, "蓋水旱連年 民天永絶 而實事不聞于上
    顚連滿野 道殣相望 而實惠不加於下 急征重斂 橫被齊民 侵漁椎剝 虐及軍伍 上澤不究 民志不
    入 而壅滯湮鬱 無所告愬 因以愁苦之氣 薄陰陽感天地 而災沴爲之荐降 又以怨詛之心 胥禱張
    相賊害 而上下爲之否隔也."
32 李玄逸,『葛庵集』권2, 疏,「爲家君應旨進言疏 壬子」.
33 李玄逸,『葛庵集』권2, 疏,「辭免持平兼陳五條疏」,"暗黮汚濁者 視以爲當然 修身潔行者 指以
    爲矯僞 甚至於侮聖言逆天理而不以爲怪 臣不臣子不子而不以爲非 見利則趨 僥倖而苟得 見
    難則止 瑣詬而無節 畢竟遺君後親之論交作 賊仁害義之說肆行 其流之弊在於朝廷 則公行請
    托 賣官鬻獄而不以爲恥 在於州閭 則冒法貪贓 善事行貨而無所忌憚 在於士林 則奔趨躁競 惟
    得爲貴而毀棄廉隅 在於謠俗 則抵冒殊扞 不復自愛而輕犯憲網 此皆危亡之已迹 衰世之例患.
    暗黮汚濁者 視以爲當然 修身潔行者 指以爲矯僞 甚至於侮聖言逆天理而不以爲怪 臣不臣子
    不子而不以爲非 見利則趨 僥倖而苟得 見難則止 瑣詬而無節 畢竟遺君後親之論交作 賊仁害
    義之說肆行 其流之弊在於朝廷 則公行請托 賣官鬻獄而不以爲恥 在於州閭 則冒法貪贓 善事
    行貨而無所忌憚 在於士林 則奔趨躁競 惟得爲貴而毀棄廉隅 在於謠俗 則抵冒殊扞 不復自愛
    而輕犯憲網 此皆危亡之已迹 衰世之例患 今臣新從草野來 其於朝廷之紀綱 固有所未及詳知
    者 然至於州縣帥閭之貪黷無厭 則閭巷遊談已不勝其藉藉矣 士子之寡廉鮮恥 旣有徵矣 民俗
    之放僻邪侈 亦云甚矣 若此不已 幾何其不胥而沈淪也 是故自古有識之士 長慮却顧 深憂永歎
    不在於財賦之不辦簿書之不及期會 而常以俗流失世壞敗 爲切急之患."
34 李玄逸,『葛庵集』권4, 疏,「進君德時務六條疏 十二月」,"詩曰 周雖舊邦 其命維新 若使文王徒
    守故常 不能推衰激極奮發有爲 則亦何以新其命而篤其祜哉."
35 李玄逸,『葛庵集』권6,「經筵講義」, 辛未十一月二十一日辛未.
36 李玄逸,『葛庵集』권2,「疏, 爲家君應旨進言疏 壬子」,"夫血脈通而後榮衛和 天地交而後生物
    遂."
37 『洪範衍義』「洪範衍義序」; 李玄逸,『葛庵集』권20, 序,「洪範衍義序」.
38 김홍수, 앞의 논문, 2014, 39~42쪽.
39 李玄逸『葛庵集』권19, 잡저,「愁州管窺錄」,"論者紛然以爲洪範是神明之書 其文簡其義微 不
    可牽合傅會 以傷其宏深奧雅之體."
40 李玄逸,『葛庵集』권1, 詩. 김홍수, 위의 논문, 2014, 38쪽.
41 李玄逸,『葛庵集』권19, 잡저,「愁州管窺錄」.
42 李玄逸,『葛庵集』권1, 詩.
43 『홍범연의』의 간행 시기에 대해서, 송찬식은 고종 대로 추정하였고(송찬식, 앞의 논문,
    1982), 김홍수는 1855~1864년경에 간행된 것으로 추정하였다(김홍수, 위의 논문, 2014).
44 『洪範衍義』「洪範衍義序」,"先兄存齋先生篤學力行之餘 慨然有意於經世之務 嘗欲講究丘井

出賦之法 禮樂爲邦之說 定著論撰 成一家言."

45 『洪範衍義』「洪範衍義序」.

46 이현일, 『葛庵集』 권19, 잡저, 「愁州管窺錄」.

47 허태용, 『조선 후기 중화론과 역사인식』, 아카넷, 2009, 145~149쪽.

48 이현일, 『葛庵集』 권19, 잡저, 「愁州管窺錄」, "夫五行則有宣滯導和 制器致用之道焉 五事則有防範操持 敬守愼無失之戒焉 八政則有農力通貨 祇修愼用之義焉 五紀則有占候協齊 定時成歲之功焉 若夫皇極則使人主之心 虛靜無爲守其中正 以致蕩蕩平平之道焉 至於三德稽疑庶徵福極則又由是而更致謹焉 操縱低昂以權之 擬議占度以審之 察天時之休咎以驗之 觀人事之禍福以考之."

49 글자수는 김홍수, 위의 논문, 2014, 42쪽에서 제시한 내용을 반영한 것이다.

50 『(新完譯)禮記』(중), 「禮運」, 명문당, 617~618쪽.

51 陳正炎·林其錟, 李成珪 역, 『중국의 유토피아 사상』, 지식산업사, 1990, 122~130쪽 참고.

52 陳正炎·林其錟, 李成珪 역, 위의 책, 1990, 130쪽.

53 이이, 『율곡전서』, 권26, 성학집요, 「성현도통」.

54 이상 이이의 대동사회론에 대해서는 강정인, 「율곡 이이의 경장론과 개념의 혁신 : 대동大同·소강小康 개념을 중심으로」, 『율곡학연구』 1, 2005(『넘나듦[通涉]의 정치사상』, 후마니타스, 2013 재수록, 240~244쪽)를 참고하였다.

55 이종성, 「율곡 대동사회론의 철학적 지향과 해석의 전환」, 『동서철학연구』 81, 2016, 77쪽.

56 이경동, 『조선 후기 정치·사상계의 栗谷 李珥 인식 변화 연구』, 고려대 박사학위논문, 2019, 77~96쪽.

57 김형수, 「갈암 이현일의 理學과 현실인식-반계 유형원과의 관련 및 비교를 중심으로-」, 『국학연구』 9, 2006. 한편 유형원이 『반계수록』에서 제시한 이상사회론의 일부분은 율곡 이이의 영향이 있었다(이경동, 위의 논문, 2019, 174~193쪽).

58 유형원의 이상국가론에 대해서는 송양섭, 「반계 유형원의 '公' 이념과 이상국가론」, 『조선시대사학보』 64, 2013을 참고하였다.

59 『홍범연의』 총론.

60 『홍범연의』 총론.

61 『漢書』 五行志에서 대해서는, 이희덕, 『고려시대 天文思想과 五行說 연구』, 일조각, 2000을 참고.

62 『古文尙書』 洪範第六 周書.

63 이근호, 『조선 후기 탕평파와 국정운영』, 민속원, 2016, 148~150쪽.

64 송치욱, 「『홍범연의』의 사상사적 특징에 대한 연구-황극 편을 중심으로」, 『국학연구』 50, 2023, 271쪽.

65 『홍범연의』 「황극상」.

66 송치욱, 위의 글, 2023 참고.

67 한형주, 「『홍범연의』에 보이는 국가제사」, 『국학연구』 35, 2018.

68 『홍범연의』 「사도상」.

69 『홍범연의』 「팔정」.

70 토지개혁론에 대해서는 김성윤, 「『홍범연의』의 토지개혁론과 상업론」, 『퇴계학보』 119, 2006을 참고하였다.

71 『홍범연의』 「팔정」.

72　『홍범연의』「팔정」.

73　『홍범연의』「팔정」.

74　『홍범연의』에서 제시한 군사제도 개혁론에 대해서는 김성윤, 「『홍범연의』의 정치론과 군제 개혁론-葛庵 李玄逸을 중심으로 한 조선 후기 영남 남인의 실학적 경세론-」, 『대구사학』 83, 2006을 참고하였다.

75　김성윤, 위의 논문, 2006 참고.

76　김성윤, 위의 논문, 2006 참고.

77　『홍범연의』「팔정」.

78　『홍범연의』「팔정」.

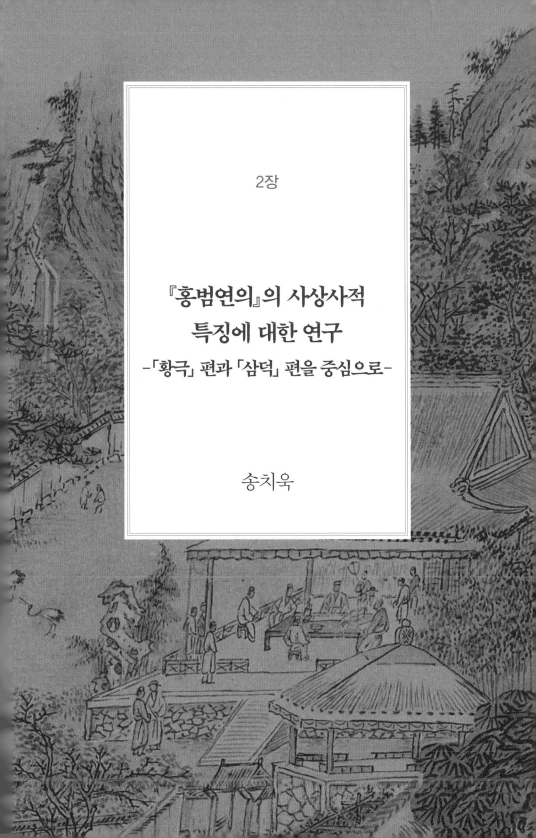

2장

『홍범연의』의 사상사적
특징에 대한 연구

-「황극」 편과 「삼덕」 편을 중심으로-

송치욱

일러두기

이 글은 『국학연구』 50(2023. 3)에 실린 논문을 보완한 것이다. 학술지의 논문에서는 「황극」 편만 다루었는데, 「삼덕」 편과 분석방법론을 덧붙인 것이 가장 큰 차이다.

1. 서론

존재存齋 이휘일李徽逸(1619~1672)과 갈암葛庵 이현일李玄逸(1627~1704)
이 지은『홍범연의洪範衍義』는 17세기 영남 남인의 경세론經世論을 대
표하는 것으로 여겨지고 있다. 총 28권 13책, 총 446,765자로 숙종
12년(1686)에 완성[1]되었고 후대의 손을 거쳐 간행되었다.

『홍범연의』는 유가의 주요 경전인『서경書經』의 한편인「홍범洪
範」을 자세히 풀고 내용을 덧붙여 쓴[衍義] 것이다.『서경』의 전체 내
용도 그렇지만 특히「홍범」은『대학大學』과 함께 조선시대 정치사상
에 많은 영향을 미친 경전이다. 이현일은「홍범」에 대해 "참으로 간략
하나, 담긴 의미는 깊고도 깊어 쉽게 설명할 수가 없다"는 평가를 하면
서,「홍범」편의 내용인 '홍범구주洪範九疇'는 비록 65자에 불과하지만,
담고 있는 함의는 매우 깊어, "혹시라도 나라를 위한 방책을 도모하려
는 사람이 있다면 이 책으로 하면 다행이겠다"[2]며 4만여 자의 '연의'

로 저술했다.

『홍범연의』의 저술 배경에는 왜란과 호란을 겪은 후 국가 재건의 필요를 느낀 당시 선비들의 고뇌가 있다. 최영성의 지적처럼 존재 이휘일과 갈암 이현일[3]은 경세에 대한 의지가 대단하였으며, 기본적으로 '임금의 한 마음은 만화의 근원'이라는 성리학적 경세론에서 벗어난 것은 아니지만, 그것과 어느 정도 차별화하면서, 경세치용, 이용후생을 부르짖는 일부 학자들의 경세론과 상통함이 있었던 것이다.[4] 즉 정치 현실의 개혁의지를 담았던 것이다. 이러한 상황에서 저자들이 「홍범」에 주목하는 것은 이 속에 국가 운영의 대경대법大經大法이 들어 있다고 보았기 때문이다. "「홍범」의 글은 하늘과 땅 사이를 가득 채우는 모든 사물을 포괄하는 것이니, 실제로 몸을 닦아 부여받은 본래의 도리를 실천하고, 신을 섬기며 사람을 다스리고, 음양을 조화롭게 하여 지나친 것을 억제하고 모자란 것을 보충할 수 있게 하는 위대한 원칙과 방법[大經大法]이 들어 있는 곳"[5]이라며 「서문」에서 밝히고 있다.

이러한 점에서 보면 『홍범연의』가 그 제목처럼 홍범에 대한 다양한 논의를 모아 풀어낸 주석서이지만, 그 행간에는 당대의 정치 상황과 사상적 경향, 저자들의 시대를 바라보는 시선과 경세론이 녹아 있을 수밖에 없다.

특히 주목해야 할 것은 '황극皇極'이다. 황극은 홍범구주의 5번째 항목으로 9주의 중간에 있는 것이다. 채침蔡沈에 따르면 앞의 4주(五行, 五事, 八政, 五紀)는 황극이 세워지는 까닭이고, 뒤의 4주(三德, 稽疑, 庶徵, 五福과 六極)는 황극이 세워진 후의 효과 내지 징험이다. 한마디로 황극이 국가 운영의 가장 중심에 있다는 것이다. 유학에서 이상으로 삼는 왕도의 실현이 천리天理를 천하에 구현하는 것이지만, 결국 그 실현의 주체는 인간이고, 전제군주시대의 군주가 그 실현의 핵심 주체라는 점을 생각해 보면, 국가의 최고 권력을 바로 세우고 그를 통해 왕도를 실현한다는 황극이 가진 중요성은 이루 말할 수 없다. 이 때문에『홍범연의』에 대한 연구에서도 권23과 권24에 걸친「황극」편을 주목하지 않을 수 없다.

김홍수는『홍범연의』의 의의와 그 가치를 충분히 드러내려면 '황극'에 대한 천착이 필요하다[6]고 주장한다. 그리고 당시의 시대가 당파적 분열로 인해 혼란한 정치적 상황이며, 붕당정치라는 혼란한 정치 상황을 극복하기 위한 방책으로 '황극'을 기반으로 한 탕평책이 제시되기도 했다는 점을 고려해 보면,「황극」편을『홍범연의』에 담긴 정치사상을 읽어내는 시도가 필요하다는 것이다.[7]

이 글에서는「황극」편과 함께 다룰「삼덕」편은 군주의 통치가 행사되는 방식을 담은 것으로「황극」편과 밀접한 관련이 있다. '삼덕'이라고 하는 것은 "황극의 군주가 정직과 강유의 덕으로 상을 주거나 벌을 내리는 권한을 행사하는 것"[8]을 말한다. 다시 말해 다스리는 대상이나 상황에 따라 군주가 어떻게 상이나 벌을 통해 대응해야 하는 것인지를 말하는 것이다. 이는 상징적 존재로서의 군주가 그 덕의 감화를 통해 자연스럽게 다스린다는 유학의 덕치적 이상과는 다른 특징을 보여 주는 것으로 주목해야 한다.

황극의 중요성에 비해 황극을 중심으로『홍범연의』를 분석한 연구는 많지 않다.『홍범연의』의「황극」편에 대한 대표적인 연구는 김홍수[9]의 논문을 들 수 있는데, 그는 경세의 시발점으로서 황극을 살펴보고 황극의 건립과 실현을 경세의 토대와 목표로 보았으며, 시대적인 배경과 저자들의 사상을 통해 황극의 내용을 분석하였다. 이 연구는 「황극」편의 주요 특징에 대해 주목하고 풀어내었다는 데 의미가 있다. 그리고 제왕학적 측면에서 「황극」편에 주목하여 『홍범연의』의 특징을 『대학연의』 등과 비교하여 왕권 중심으로 구성되었다는 연구[10]와 황극의 중요성을 언급한 연구[11]가 있다. 그 외 「황극」편을 중점적으로 다루지는 않지만 이현일의 경세사상을 다루면서 부분적으로 언급하고 있는 연구[12], 이현일의 학문과 함께 『반계수록』의 영향을 분석한 연구[13] 등이 있다. 대체적으로 이현일의 연구에 있어서 『홍범연의』는 부분적으로 언급되거나 다뤄지는 경우는 많으나 「황극」편을 중심에 놓은 연구는 부족하다. 대부분 「황극」편을 부분적으로만 다루고 있고, 김홍수와 같이 「황극」편의 주요 특징을 살펴본 연구가 있지만, 그 특징에 대해서는 보다 다양한 측면에서의 접근이 필요하다고 볼 수 있다.

이 논문은 이러한 점에서 '황극'을 중심으로 『홍범연의』에 담긴 정치사상을 고찰하고, 사상사적 특징을 확인하는 데 목적을 둔다. '황극'과 함께 '삼덕' 또한 그 특징을 중심으로 다룰 것이다. 이를 위하여 먼저 구성적인 측면에서의 특징을 살펴보고 내용적인 측면에서는 '수기修己'/'치인治人'의 틀을 적용하여 그 특징을 살펴볼 것이다. '수기치인'은 유학의 전통적인 정치사상을 보여 주는 것이지만, 일종의 사유틀이기도 하다. '수기'와 '치인' 중 어떤 것에 중점을 두고 정치사상을 전개하느냐에 따라 그 접근법이나 결론이 매우 달라질 수 있기 때문이다.

이 논문은 다음과 같이 구성할 것이다. 우선 2절에서는 수기/치인을 정치사상을 분석하는 하나의 분석틀로 보고 그 분석 방법이 가진 의미에 대해 논의할 것이다. 3절에서는 『홍범연의』의 「황극」편의 구성과 대체적인 내용에 대해 살펴볼 것이다. 『홍범연의』의 모든 편이 '연의衍義'한 것이지만, 「황극」편을 연의한 방식을 그 구성 방식을 통해 살펴볼 것이다. 이를 통해 「황극」편의 체제가 가진 특징과 서술 방식을 정리한다. 그 후 4절에서는 『홍범연의』가 저술된 시대적 배경을 통해 그 특징의 배경을 모색해 본다. 그리고 5절에서는 내용상의 특징에 대해 논술할 것이다. 이러한 과정을 통해 『홍범연의』가 가진 사상사적 특징이 무엇인지 살펴볼 것이다.

2. 정치사상의 한 분석틀로서 수기/치인

정치사상을 분석하는 데는 다양한 틀이 있을 수 있지만, 이 글에서는 수기修리/치인治人의 틀로서 『홍범연의』를 분석한다. 수기/치인은 잘 알려져 있다시피 『대학』에서 비롯된 개념이다. 격물치지格物致知로부터 시작해 치국평천하治國平天下로 이어지는 수기/치인은 학문의 순서이기도 하지만 사상을 분석하기 위한 하나의 틀도 될 수 있다는 점을 주목해야 한다. 이 장에서는 『홍범연의』의 내용을 분석하기 전에 분석틀로서의 '수기/치인'에 대해 다룬다.

정치에서 유학의 이상은 '내성외왕內聖外王'을 이루는 것이라 할 수 있다. 한마디로 도덕이나 학문에 있어 성인의 경지에 이른 사람이 정치에 참여하여 '왕도정치王道政治'를 실현하는 것이다. 이때 내성內聖은 수기를 바탕으로 이루어지는 것이고, 외왕外王은 바로 치인의 궁극적 목표라 할 수 있다. 내성외왕은 내성과 외왕, 다시 말해 수기와 치인을 함께 이루는 것이라 할 수 있다. 이러한 생각은 대표적으로 『대학』에서부터 다른 여러 경전에 담겨 있다. 이런 유학의 정치론이 가진 특징은 한마디로 덕치德治, 즉 윤리와 정치가 통합된 것이라 할 수 있다. 유학은 정치가 수기를 배제된 치인, 즉 단순한 통치학이 되는 것을 부정하는 것이다. 통치자가 과연 그 권력만큼이나 막중한 책임을 짊어질 수 있는 자격을 갖추고 있느냐의 문제는 공적인 권력을 제대로 운용할 도덕성을 갖추고 있느냐는 윤리적 문제와 직결될 수밖에 없다. 그래서 "어떤 종류의 인물이라야 감히 자기 손으로 역사의 수레바퀴를 움직여도 좋은가라는 문제는 윤리적 문제"[14]이기에 정치와 윤리는 쉽게 분리할 수 없다. 유학의 수기치인론은 정치의 공간에 윤리와 도덕을 적극적으로 도입하여 단순한 통치술과 구별되는 커다란 특징을 만들었다는 데 그 의미가 있다.[15]

그런데 문제는 이 내성외왕의 이상은 현실 정치 공간에서 실현하기가 어렵다는 것이다. 혈연적 세습에 의해 군주가 계승되던 전통시대에서는 군주가 될 사람은 정해져 있으나 그 사람이 반드시 현자賢者일 것이라는 보장이 없다. 세자 때부터 수기를 강조하며 교육과 훈련을 통해 덕을 갖출 수 있도록 하거나, 비록 그 군주가 덕에 있어서 부족하더라도 현자가 정치에 참여해 그 군주를 보좌하는 것이 그나마 내성외왕을 실현하는 현실적인 방안이었다. 그러나 현자가 정치에 참여하는 것 또한 시대의 문제로 반드시 보장할 수 없는 것이다.

뿐만 아니라 수기치인론이 가진 문제점도 있었다. 수기가 이루어지면 치인은 자연스럽게 이어질 것이라는 게 유학의 수기치인론이다.

『대학연의大學衍義』를 지은 진덕수陳德秀가 그 대표적인 사상가인데, 그는『대학』의 팔조목八條目에서 "격물格物, 치지致知, 성의誠意, 정심正心, 수신修身을 체體로, 제가齊家, 치국治國, 평천하平天下를 용용用으로 파악하였다."[16] 그리고 그는 '본말론本末論에 따라 정치와 국가 조직에도 적용하여 군주를 본本으로, 치평의 구체적인 방법을 말末로 해석하였고, 본을 우선적으로 강조하여 국가의 본인 군주가 도덕 수양의 완성을 통해 내성內聖을 달성하면 치국, 평천하의 완성인 외왕外王은 자연스럽게 달성될 것이라고 하였다.[17] 진덕수의『대학연의』를 비롯하여, 거의 모든 유학자(특히, 주자의 영향을 받은 성리학자)는 이런 전제를 가지고 정치론을 펼치고 있다고 해도 과언이 아니었다.

그러나 정치 현실에서는 도덕적으로 수양이 되었다 하더라도 치인의 영역에 해당하는 많은 일들을 제대로 처리하지 못하는 경우가 허다하다. 반대로 정치를 잘한 사람이라고 하더라도 반드시 도덕적으로 완성되었다는 보장이 없다. 선진시대의 정치가인 관중管仲을 보자면 그의 덕성에 대해서는 공자를 비롯한 유학자들이 비판했지만, 그의 정치적 공로에 대해서는 공자도 인정했다.[18] 공자 또한 수기와 치인의 분리를 인정하였기에 그런 평가가 가능한 것이다. 그렇게 현실정치에서는 "정치적 행위의 최종 결과가 그 원래의 의도와는 전혀 동떨어지거나, 때로는 심지어 정반대가 되는 경우도 흔히 있는 일, 아니 오히려 일반적인 일"[19]이다. 그리고 수기가 이루어진 뒤에야 치인을 해야 한다고 하면, 혈연적으로 왕위를 물려받은 군주라 하더라도 수기가 이루어지지 않았다면 통치행위를 할 수 없다는 모순적 결론에 이를 수밖에 없다.

대부분의 유학자들이 수기치인론에 기반하고 있지만, 수기와 치인 사이에서 발생하는 불일치는 학자들마다 그 중요성을 어디에 두고 있느냐에 따라 그 사상적 경향이 달라진다고 할 수 있다. 수기가 이루어진 다음에 치인을 하는 것이 유학의 가르침이지만, 군주는 수기의 여부와 상관없이 치인을 할 수밖에 없는 특수한 위치[20]였고, 이런 현실을 어떻게 받아들이느냐가 사상적 특징을 만들어 내는 것이었다.

수기치인론이 유학의 정치론을 대표하는 것이기에 유학자들은 수기와 치인을 중심으로 경세론을 펼쳤고, 수기와 치인 중 어느 쪽에 중심점을 두느냐에 따라 사유의 경향이 달라지기도 했다. 다시 말해 "유교정치에 있어서 수기와 치인은 논리상으로 수기 후에 치인이라는 '단계적·연속적' 개념이지만 현실정치의 세계에서는 '동시적·병행적' 개념일 수밖에 없기 때문에 수기를 중시하느냐 치인을 중시하느냐 하는 두 가지 흐름이 생길 수 있는 것"[21]이었다. 예를 들어 진덕수는 수기를 중심에 두고 치인은 수기가 이루어지면 자연스럽게 따라오는 것이라고 보기도 했고, 율곡은 "밖으로 왕도를 실현한 사람과 안으로 내성을 이룬 사람이 일치하지 않는다는 사실 그리고 내성內聖이 훌륭히 만세에 빛났음에도 불구하고 외왕外王이 전혀 구현되지 않았다는 내성과 외왕의 어긋남에 대하여 과연 역사가 천도에 따라 운행되는 것인가에 대한 깊은 의구심"[22]을 갖기도 했다.

치인을 수기에 종속시키는가, 아니면 치인을 수기의 공효功效가 아닌 독자적인 영역으로 보는가는 정치 현실의 과제를 어떻게 해결할 것인가의 문제로 이어질 수 있다. 전자는 정치적 문제를 군주의 도덕성과 연관시켜 해결 방안을 제시하는 도덕환원주의로 이어질 가능성이 높고, 후자는 그 문제의 성격에 따라 제도적 방안을 강구하거나, 상벌을 적용하는 등의 구체적인 정책의 문제로 파악할 수 있다. 그리고 수기를 강조하는 경향은 수기가 인간의 보편적인 영역인만큼 정치 영역에서의 보편성을 강조하는 경향으로 이어질 수 있으며, 치인을 강조하는 경향은 군주인지, 관료인지, 비관료인지 등의 위상이나 국가적 상황과 같은 시時에 따라 그 추구하는 방법을 달리하는, 보편성보다는 시의성이나 구체성을 추구하는 경향으로 이어질 수 있다. 이러한 점에서 이 두 가지 흐름은 일종의 세계관으로 수기 또는 치인을 중심에 놓고 정치적인 문제나 사회적인 현상, 심지어 유교 경전에 대한 해석에까지도 수기중심론과 치인중심론으로 나타날 수 있는 것이다.[23]

이와 같은 수기 또는 치인 중 어디에 비중을 두느냐의 문제는 사상가에 따라, 또는 시대의 필요성에 따라 변화하기도 한다. 사상가나 정치적 입장에 따라 세부적인 분석이 필요한 문제이긴 하지만 대략적으로 언급하자면 조선 전기와 같은 국가의 틀을 형성하는 시기에는 아무래도 제도적인 문제가 시급하므로 '치인' 중심의 경향이 강했고, 훈구 세력에 대해 수기적 측면을 두고 비판하였던 사림이 등장하는 시기에는 '수기'에 대해 중점을 두게 된다. 양란 이후인 조선 후기에는 국가 재건의 필요성이 대두되어 다시 '치인'에 중점을 두게 되는 경향이 있다.

『홍범연의』또한 양란 이후 국가적 재건의 필요성 위에 쓰인 경세서이다 보니 아무래도 '치인'에 대한 관심이 많이 나타난다. 이는 이후에 자세히 다루겠지만, 이 '치인'적 경향은 제도에 대한 관심, 수기로만 한정할 수 없는 군주의 역할 강조 등의 경향으로 나타났다.

3. 『홍범연의』「황극」편과 「삼덕」편의 구성과 특징

『홍범연의』의 「황극」편은 총 28권 중 권23과 권24에 걸쳐 있다. 그 세부 항목을 보면 머리말을 포함하여 총 12개로, 상편(권23)에 8항목, 하편(권24)에 4항목을 배치하고 있다. 그리고 「삼덕」편은 권25에 배치하고 있는데, 다루고 있는 항목은 여러 개이지만 분량은 많지 않다.[24]

이러한 체계는 전통적인 유가의 사유, 즉 수기 → 치인의 과정으로 보인다. 임금이 자신을 기준으로 스스로 표준을 세우는 것에서 출발하여, 집안, 세자, 스승, 태학, 관청, 제후, 순시, 작위 등으로 나아가는 것이다. 그리고 황극을 세운 후 정직正直, 강극剛克, 유극柔克의 방법으로 통치행위를 하는 것이다. 자신의 덕을 닦는 것과 그것이 드러나는 예禮는 수기의 내용이라고 할 수 있으며, 왕실을 다스리는 것, 세자를 세우는 것은 제가齊家, 임금의 스승, 태학 시찰, 관청 설립 이후의 것 그리고 '삼덕'을 통해 통치술을 발휘하는 것은 치인의 영역에 해당한다고 볼 수 있다.

그런데 「황극」편의 구성은 수기/치인의 원리를 담은 『대학大學』에서는 수기적 항목이 자세한 것과 달리, 통치적 차원의 항목이 자세한 것이 특징이다. 이런 점에서 『중용中庸』 20장의 「구경九經」의 수신修身과 존현尊賢에서 시작하여 친친親親, 경대신敬大臣, 체군신體群臣, 자서민子庶民, 내백공來百工, 유원인柔遠人, 회제후懷諸侯[25]로 확대되는 과정과 더 유사하다고 할 수 있다. 이는 회재晦齋 이언적李彦迪의 『중용구경연의中庸九經衍義』 「서문」에서 밝힌 것처럼 "『대학』은 수신의 항목은 자세하고 「구경」은 세상을 경영하는 조목은 상세하다"는 언급[26]을 참

<표1> 『홍범연의』의 「황극」편과 「삼덕」편 구성

황극 상 (권23)	① 머리말 ② 두 황제와 세 임금이 하늘의 뜻을 계승하여 표준을 세운 방법 ③ 임금이 정치의 기준을 세우고 나라를 다스리는 도리 ④ 천자의 예禮 ⑤ 제왕이 집안을 다스리는 법도 ⑥ 세자를 세우고 보좌하고 교육하는 법도 ⑦ 천자가 스승을 높이고 도를 숭상하는 도리 ⑧ 천자가 태학을 시찰하고 노인을 봉양하는 도리
황극 하 (권24)	⑨ 관청의 설립 ⑩ 제후를 봉함 ⑪ 사방을 순시하고 제도를 고찰함 ⑫ 작위의 명칭과 기물
삼덕 (권25)	① 머리말 ② 평강平康한 나라에서 정직正直으로 다스리는 것 ③ 완고해서 협조하지 않는 사람을 강하게 맞서 제압하는 것 ④ 온화하고 순순한 사람을 너그럽고 유순함으로 대해야 한다는 것 ⑤ 의기소침하고 유약한 사람을 강경한 방법으로 다스려야 한다는 것 ⑥ 거센 기세와 솔직담백한 사람을 너그럽고 유순함으로 대해야 한다는 것 ⑦ 천자만이 복을 주고 징벌을 내리며, 좋은 음식을 향유할 권한을 가짐 ⑧ 삼덕의 총론

고해 보면 이 목차가 군주의 수신보다 경세라는 치인의 측면에 중심을 둔 것을 알 수 있다.[27]

『홍범연의』「황극」편의 '머리말'에서는 이러한 체제를 설명하고 있는데, 머리말은 "황극은 임금이 나라를 다스리는 표준을 세우는 것이니, 이 다섯 가지 복을 거두어서 뭇 백성들에게 나누어 준다"는 『서경』「홍범」의 구절을 인용하면서 시작한다. 홍범구주의 앞의 내용을 들어 "그 표준을 세우는 방법은 진실로 오행을 따르고 오사를 신중하게 행사하고, 팔정을 풍족하게 하고, 오기와 조화를 이루는 것에서 벗어나지 않는 것"이라며 '황극'과 앞의 내용을 연결하고 있다. 그러나 임금의 개인적 차원의 행위에만 그치지 않고 그 표준을 온전히 세우려면 명확한 법률, 관장하는 직책, 지도자를 세워 백성들에게 표준을 설명하는 것 등 제도적 차원의 장치가 있어야 한다는 인식을 보여 주는데, 이는 「황극」편이 보여 주는 중요한 특징이다.

옛날의 어진 임금은 그 표준을 세우는 방법과 그 표준을 온전히 준수하게 하는 데 있어서 모두 명확한 법률[明法]을 두고, 또 그것을 관장하는 직책을 만들고 지도자를 세워서 백성들에게 이 표준에 대해 설명하였다. 그런 까닭에 이 모든 것은 강구되지 않을 수 없다.[28]

이렇게 제도적 차원의 논의는 기존의 황극에 대한 논의와는 많이 다르다. 『서경』에서의 '황극'에 대한 설명은 "오복五福을 거두어서 여러 백성에게 복福을 펴서 주면 이 여러 백성들이 너의 극에 대하여 너에게 극을 보존함을 줄 것이다.""경독焭獨을 학대하지 말고 고명高明을 두려워하지 말라.""편벽偏僻됨이 없고 기욺이 없어 왕王의 의義를 따르며, 뜻에 사사로이 좋아함을 일으키지 말아 왕王의 도道를 따르며, 뜻에 사사로이 미워함을 일으키지 말아 왕王의 길을 따르라.""편벽됨이 없고 편당함이 없으면 왕王의 도道가 탕탕蕩蕩하며, 편당함이 없고 편벽됨이 없으면 왕王의 도道가 평평平平하며, 상도常道에 위배됨이 없고 기욺이 없으면 왕王의 도道가 정직正直할 것" 등 군주의 개인적 차원의 행위, 즉 수기修己적 측면이 강조되고 있다.

퇴계의 「무진육조소戊辰六條疏」에서 언급하는 '황극' 또한 마찬가지다. 퇴계는 여섯 가지 조목 중 다섯 번째 "복심에게 맡기시고 이목을 통하게 하소서[其五曰 推腹心 以通耳目]"라는 항목에서 극을 세우라[建極]는 말을 한다.

> 성상께서는 오직 하늘의 밝은 명을 돌보아 살피시고 몸을 공손히 하여 바르게 남면南面하사 복심에 정성을 다하시고 눈을 밝히고 귀를 열어 백성에게는 중도中道를 세우시고 위에 극을 세우소서[建極]. 조금이라도 사사로운 뜻이 그 사이에서 흔들고 파괴하는 일이 없도록 한다면, 보상輔相의 지위에 있는 자는 반드시 모두가 마음을 털어놓고 생각하는 바를 임금에게 말하고 계책을 진술하며 도를 의논하여 나라를 경륜하는 것을 스스로의 임무로 삼고, 간쟁諫諍의 지위에 있는 자는 임금을 면대面對하여 바른 소리를 하고 조정에서 쟁론하며 부족하고 빠뜨린 것을 보완하는 것으로 자신의 직책으로 삼을 것입니다.[29]

퇴계는 극極, 즉 표준을 세우는 핵심을 "조금이라도 사사로운 뜻이 그 사이에서 흔들고 파괴하는 일이 없도록" 하는 것으로 들고 있다. 이러한 수기적 차원의 표준이 세워진다면, 재상의 지위에 있거나 간쟁하는 지위에 있는 신하 등이 자연스럽게 감화되어 올바른 정치가 이루어질 것이라는 주장이다. 다시 말해 퇴계는 황극을 수기적 차원에서만 다루고 있는 것이다. 『홍범연의』의 저자들이 퇴계의 문인들이라는 점에서 보면, 이들은 수기를 중심으로 한 퇴계의 사유와는 다른 치인적 사유를 도입한 경세론을 만들고 있다고 할 수 있다.

〈표2〉에서 정리한 것과 같이 주요 내용 및 전거 등 더 자세한 서술 방

식을 보면, 저자들은 매우 다양한 전거를 통해 경세론을 구성하고 있음을 알 수 있다.『서경』,『주례』,『예기』,『중용』등 유가의 대표적인 경전이 대부분이지만,『사기史記』,『신당서新唐書』,『송사宋史』등의 역사서,『신서新書』,『신서新序』등 전한前漢 때의 서적,『순자荀子』, 제갈량,[30] 구준 등 정통 주자학자들이 잘 인용하지 않는 것으로 알려진 책이나 인물들의 말도 인용하고 있다.

〈표2〉『홍범연의』「황극」편의 구성별 주요 내용 및 전거[31]

항목	주요 내용	전거
① 머리말		
② 두 황제와 세 임금[二帝三王]…	극에 대한 해석. 요, 순, 우, 탕 등 행적. 은나라 중종, 고종, 조갑, 주나라 태왕, 왕계, 문왕 행적	『서경』, 주자, 공자, 맹자, 치당 호씨 등
③ 임금이 정치의 기준을 세우고 나라를 다스리는 도리	『중용』의 「구경」에 대한 인용, 관련 내용 모음	『중용』, 『중용혹문』, 주자, 여대림
④ 천자의 예禮	천자의 예법 설명. 五門, 朝土, 小司寇, 司土, 小宰 등 해당 관직, 궁중에서의 예 설명	『예기』, 『주례』, 『사기』, 『효경』, 『순자』, 주자, 제갈량
⑤ 제왕이 집안을 다스리는 법도	왕후의 역할. 內職, 謹始, 大婚, 왕후가 임금을 모시는 절차, 태교 등	『예기』, 『國語』, 『新書』, 『열녀전』
⑥ 세자를 세우고 보좌하고 교육하는 법도	세자 책봉 예법. 한고조 사례, 문왕, 성왕 등의 세자 시절, 태자 교육법, 초나라 장왕	『新書』, 『左傳』, 『孔叢子』, 『漢書』, 『世子之記』, 『공자가어』, 『國語』
⑦ 천자가 스승을 높이고 도를 숭상하는 도리	무왕의 사례. 정백자, 정숙자, 주자 등의 상소문(왕의 스승에 대한 내용·)	『대대례기』, 『荀子』, 『新序』, 송나라 시절의 상소문

항목	주요 내용	전거
⑧ 천자가 태학을 시찰하고 노인을 봉양하는 도리	천자의 태학 시찰법. 노인을 봉양하는 법	『대대례기』, 『漢書』, 『예기』, 『공자가어』
⑨ 관청의 설립	황제에서부터 명나라 때까지의 관청 변천사 정리. 총재, 백관, 삼공, 녹봉, 태사, 태부 등 관직 변천사	『춘추좌씨전』, 『서경』, 『文子』, 『예기』, 『상서대전』, 『주례』, 『通典』, 『新唐書』, 『宋史』, 구준
⑩ 제후를 봉함	제후국 건립 법, 제후 궁궐의 규정, 제후 책봉법, 제후국 제도, 대종백, 전명, 대사마, 사복 등 관련 직제, 제후의 수신법	『儀禮』, 『춘추좌씨전』, 『서경』, 『춘추공양전』, 『國語』, 『자치통감』
⑪ 사방을 순시하고 제도를 고찰함	천자의 순시제도, 제후의 천자에 대한 예법, 순시 시 大行人, 小行人, 司儀 등의 역할	『서경』, 『예기』, 『좌전』
⑫ 작위의 명칭과 기물	천자의 호칭, 작위의 명칭, 상황에 따른 명칭, 예복, 관 등의 신분, 예식에 따른 구별, 지위에 맞는 명칭과 기물의 구별이 가진 중요성	『예기』, 사마광

특히 제도적 측면에서의 내용을 다양한 전거를 통해 매우 자세하게 다루고 있다. 대표적으로 아홉 번째 항목인 '관청의 설립設官'에 대해 논의한 부분을 보면, 역대 관청의 설립과 관련한 제도적 변천을 자세하게 정리하고 있다. 『춘추좌씨전』을 인용하여 황제씨 때의 관직에서부터 하, 은, 주는 물론 명대의 제도까지 정리하고 있다. 그 전거들도 『춘추좌씨전』에서부터 『신당서新唐書』, 『당지唐志』, 『송지宋志』 등을 들고 있으며, 주자는 물론이고 구준丘濬,[32] 두우杜佑 등의 말을 인용하고 있다. 즉 필요한 내용이라면 다양한 전거를 통해 논의하고 있다.

항목	주요 내용	전거
① 머리말	삼덕에 대한 정의, 필요성	
② 평강정직平康正直	평강한 나라에서 정직으로 다스리는 것	『서경』, 林之杞, 『史記』
③ 강불우·강극彊弗友剛克	완고해서 협조하지 않는 사람을 강하게 맞서 제압하는 것	『서경』, 주자
④ 섭우유극燮友柔克	온화하고 순순한 사람을 너그럽고 유순함으로 대해야 한다는 것	『서경』, 管仲, 諸葛武侯
⑤ 침잠강극沈潛剛克	의기소침하고 유약한 사람을 강경한 방법으로 다스려야 한다는 것	『주역』, 鄭子産
⑥ 고명유극高明柔克	거센 기세와 솔직 담백한 사람을 너그럽고 유순함으로 대해야 한다는 것	『주역』, 漢文帝 때 사례, 宋神宗 때 사례
⑦ 작복작위옥식作福作威玉食	천자만이 복을 주고 징벌을 내리며, 좋은 음식을 향유할 권한을 가짐	『주례』, 공자, 『춘추』, 진덕수
⑧ 삼덕총론三德總論	삼덕의 총론	주자, 채침

　　「삼덕」편은 "일을 시행하는 데 있어 적절히 되어 가도록 안배하는 것이며, 황극이 적절한지를 가늠하는 저울"[34]이라는 삼덕(正直, 剛克, 柔克)을 정치현실에서 접할 수 있는 사람이나 상황에 맞게 사용하는 방법에 관한 내용을 모아 연의한 것이다. 일종의 상황 맞춤형 안내서라고 할 수 있는데, 대부분 『서경』, 『주역』, 주자 등 유가의 경전이나 선현先賢의 말을 인용하였지만, 유학자들이 선호하지 않는 관중管仲이나 제갈량의 말을 인용하기도 했다. 평강한(평화롭고 변고가 없는) 나라 상황에는 정직正直을 쓰고, 완고해서 협조하지 않는 사람[彊弗友]이나 의기소침하고

유약한 사람[沈潛]에게는 강극剛克을, 온화하고 순순한 사람[爕友]이나 거센 기세와 솔직 담백한 사람[高明]에게는 유극柔克을 쓰라는 식의 유형별로 그에 맞는 대응을 한 사례를 모아 연의했다. 뒤에서 내용을 검토하겠지만 단순한 감화가 아닌 적극적인 행위를 강조한다는 점에서 군주에게 수기적인 자세보다는 적극적인 통치행위를 주문하고 있다.

「황극」편과「삼덕」편은 기존의 수기적 영역에서 논의되던 황극을 치인 영역에 해당되는 제도론적 항목이나 통치술에 해당되는 내용으로 '연의衍義'했다는 것은 의미심장하다. 군주의 통치행위를 도덕적 차원의 덕德으로 인한 감화만으로는 부족하고 법률과 관장하는 직책 등 제도적 차원의 장치, 상황에 따른 통치술이 있어야 가능하다는 점은 정치에서의 실효[35]를 드러내기 위한 고민에서 비롯된 것이라고 볼 수 있다. 수기가 이루어지면 치인은 자연스럽게 이루어질 것이라는 '수기적 낙관론'을 벗어난 이러한 고민은 아마도 시대적 상황이 반영된 것은 아닐까 한다. 저자 중 한 명인 갈암이 정치 현장에서의 활동 경험이 반영된 것일 수도 있고, 당시 국가 재건을 위해 많은 지식인들이 경세서를 출간하는 지적인 상황에 영향을 받은 것일 수도 있다. 이런 점에서 다음 절에서는 경세사상의 흐름을 정리해 볼 것이다.

4. 17세기 경세사상의 지형과 『홍범연의』

정치사상이 시대에 대한 문제의식에서 출발할 수밖에 없듯이, 흔히 말하는 경세서, 즉 국정 운영에 관한 책 또한 시대를 반영하는 것일 수밖에 없을 것이다. 임진왜란과 호란을 거친 후인 17세기는 많은 지식인으로 하여금 국가에 대한 이전과는 다른 사상적인 고민을 낳게 했는지도 모른다.

16세기 이전에는 '사림 대 훈구'라는 정치적 지형이 있었다. '훈구의 정치'와 '사림의 정치'가 서로 대립한 상황에서는 어떻게 사림의 정치를 열 것인가가 중요한 문제였지, '사림의 정치' 자체에 대한 고민은 크게 문제될 것이 없었을 것이다. 이 시기 가장 큰 문제는 아마도 수기와 군주의 일심一心이었던 것으로 보인다. 당시의 경제적 변동과 맞물려 권력을 통해 경제적 이익을 추구했던 훈구를 바라볼 때 가장 큰 문제는 바로 도덕성이라는 '수기'적 측면이었으며, 이는 중앙정치 차원에서 군주의 일심과도 연결될 수 있는 것이었다. 연산군 시기의 폭정과 무오, 갑자, 기묘, 을사사화라는 시련을 거치며 사림은 중앙정치를 바로잡는 것의 중요성을 체감하였고, 천하 일의 천변만화는 결국 군주의 일심에 본원한다는 생각을 가지게 되었다. 이는 자연스럽게『대학』에 대한 연구로 이어졌고, 군주의 수신을 강조하는『성학聖學』을 추구하게 되었다. 퇴계의「무진육조소戊辰六條疏」, 율곡의『성학집요聖學輯要』등에서 보이는 '성학'이라는 주제의 저술들이 이루어진 것도 이와 같은 맥락이라고 할 수 있다.

왜란과 호란을 거치면서 지식인들은 한 걸음 더 나아가 '경세학'에 대한 연구로 이어진다. 특히 호란은 당시 지식인들이 중요한 가치로 여기던 '명분론'의 좌절을 안겨 준 것으로 무엇보다 큰 충격을 던져 주었을 것이다. 수기 중심의 '성학聖學'에서 치인 영역으로 확대된 '경세학經世學'으로의 변화는 군주의 일심에서 제도개혁론으로 이어졌다고 할 수 있다. 이와 같은 경향은 17세기 이후 다양한 경세서의 출현으로 나타났으며, 17, 18세기에 한정하여 그 저술들을 보면 다음과 같다.

유형원柳馨遠(1622~1673)의『반계수록磻溪隨錄』, 이익李瀷의『곽우록藿憂錄』, 유수원의『우서迂書』, 정상기의『농포문답農圃問答』, 우정규의『경제야언經濟野言』, 박제가의『북학의北學議』, 홍대용의『임하경륜林下經綸』, 우하영의『천일록千一錄』 등이며,『홍범연의』 또한 이 범주에 들어간다.[36]

정호훈의 연구에 따르면 17, 18세기 경세학의 흐름은 일률적이지 않고, 국가 체제의 전면적인 개혁을 주장하거나 체제 속의 변화를 주장하였다. 형식 또한『경국대전』이나『속대전』 등 법전 형식으로 제시하거나 몇 가지 주제만을 선정하여 짧게 자신의 의견을 제시하는 형태 등 다양하였다.[37] 경세서의 저자들에서 알 수 있듯, 논자 또한 서울 경기의 남인, 노론과 소론계의 인물, 영남 남인으로 그 학문적 정치적 배경 또한 다양했다.

17세기 대표적인 경세서로는 반계磻溪 유형원의『반계수록』이라고 할 수 있다.『반계수록』은 「전제田制」, 「교육과 관리 선발[敎選之制]」, 「관료임용[任官之制]」, 「관직[職官之制]」, 「녹제祿制」, 「병제兵制」, 「속편續篇」과 미완성의 「군현제郡縣制」로 이루어져 있다. 토지제 개혁(공전제 시행), 중앙집권제의 강화, 과거제 혁파와 공거제貢擧制 시행, 노비제 폐지, 사농공상의 사민제도 재정비, 상업과 수공업의 국가적 관리제 강화 등 국가 체제 전반의 개혁안이 제시되어 있으며, 전체적으로 '경국대전 체제'를 부정하고 있다.[38]

『반계수록』은 당시 조선 사회에서 적지 않게 읽혀졌던 것으로 보여 주목을 요한다. 이현일, 윤증 등도 이 책을 읽었으며, 배상유는 이 책에 실린 전제를 비롯한 여러 법제를 시행할 것을 건의하기도 했다. 이현일은 이 책을 보고 서문을 쓰기도 했다. 영조 대에서는 정부에서 간행하여 보급하기도 했다.

『반계수록』을 이현일에게 소개한 사람은 배상유이며, 그가 보내준 책을 보고 이현일은 다음과 같이 말하고 있다.

> 유장柳丈(유형원)의『반계수록』은 전에 도성에 있을 때 보여 주셨지만 객지 생활에 바빠 그 시종始終을 연구해 볼 잠시의 짬도 없었습니다. (…) 이 책은 규모가 매우 크고 증거가 지극히 넓어 언뜻 보면 눈이 어지러워 쉽게 엿볼 수 없으나, 그 세상을 경륜하고 사물을 다스리는 의론을 보면 실로 옛날을 끌어다가 오늘날에 적용시키는 사의事宜에 합당하여 사람으로 하여금 개연히 삼대三代를 회복하고 싶은 뜻을 두게 하니 매우 성대합니다. 이 사람이 높은 지위에 올라 정치를 하였다면 그 사업을 어찌 헤아릴 수 있겠습니까. 이 책을 주상께서 보아서 주상의 마음에 맞게 된다면 도움 되는 바가 어찌 적겠습니까. 그런데 애석하게도 원대한 경륜을 품고서도 때를 만나지 못하고 초야에 묻혀 끝내 죽을 때까지 이름을 드러내지 못하여 지사志士들에게 무궁한 한을 남겼으니 참으로 슬프고 한탄스럽습니다.[39]
> 유장柳丈의『반계수록』과 배공근裵公瑾의 편지를 보내 주시어 매우 감사합니다. 13책冊을 절반도 읽지 못하여 저도 모르게 책을 덮고 눈물을 흘리며 비로소 세상에 이런 위대한 사나이가 있었음을 믿게 되었습니다. 애석하게도 초야에 묻혀 끝내 죽을 때까지 이름을 드러내지 못하였으니, 참으로 슬프고 한탄스럽습니다.[40]

이현일은『반계수록』의 내용에 탄복했으며, 바로 돌려주지 않고
"책자冊子는 즉시 돌려드려야 하지만 대략 보고서는 참으로 이해하기
어렵습니다. 그 요령을 안 뒤에 확실한 인편을 찾아 돌려드리겠습니
다"[41]는 내용으로 보아 한동안 두고 읽었음을 알 수 있다. 그리고 배상
유가 고인이 된 후『반계수록』의「서문」을 쓰기도 했다.『반계수록』은
유형원의 직계 자손과 친인척에 의해 허목, 윤휴, 이현일, 안정복 등 남
인 학자들에게 전파되었으며, 이들에게 직간접적인 영향을 미쳤을 것
으로 보인다.[42] 특히 김형수의 연구에 따르면, 갈암의 인재육성 및 관
리 선발론, 화폐유통론 등은『반계수록』의 내용과 비슷하며, 그의 영
향을 받은 것으로 볼 수 있다고 보았다.[43]

이 시기 남인뿐만 아니라 서인의 경우에도 경세학에 대한 관심이 높
았다. 서인은 인조반정 이후 집권층으로서 병자호란 이후의 국가 질
서를 유지할 책임을 지고 있었다. 조성산에 따르면[44] 17세기 서울·경
기 지역을 중심으로 활동하던 서인의 일부는 성리설과 북인의 경세학
풍을 계승하면서도 신흠 등을 통해 북인계의 소옹학 연구, 제자백가의
학습을 통해 다양한 학문 경향에 영향을 받는데, 이는 호서 지역의 서
인들이 비교적 순일하게 이이의 학풍을 계승하여 절의와 의리명분론
을 강조하는 것과는 결이 달랐다. 이들은 소옹의 상수학에 영향을 받
아, 황극과 군신지의를 강조하였고, 현실론적인 권權을 통해 상황에 따
라 경중을 참작하여 맞게 하는 것을 중요시하였다. 이는 실리와 현실
을 중요시하는 특징을 가졌다.

이러한 17세기 이후의 경세학 중심의 지적 분위기는『홍범연의』의
저자들에게 영향을 주었을 것이라 볼 수 있고, 특히『반계수록』을 직

접 읽었던 이현일은『홍범연의』의 구성과 서술에서도 참고했을 것이라 짐작할 수 있다.

또 하나『홍범연의』의 저술 배경으로 볼 수 있는 것이 홍범에 대한 학문적 관심, 즉 '범학範學'의 대두였다. 최영성의 연구에 따르면 조선의 사대부들은 조선의 문명은 기자箕子와 함께 시작되었다는 공통된 인식을 가지고 있었는데, 양란을 거친 후 문화적 자존심을 되찾기 위해 '기자사상'에 대한 연구가 17세기에 본격적으로 이루어졌다는 것이다. 16세기 이이의『기자실기箕子實記』로부터 17세기에는 여기서 다루고 있는『홍범연의』, 박세채의『범학전편範學全編』, 우여무의『홍범우익範學羽翼』등 10여 편이 넘는 저술이 이루어졌다. 그리고 임진왜란 직후(광해군 1년)에는 '홍범학洪範學'이라는 학관學官이 조정에 설치되기도 했다. 이와 같은 17세기 범학 연구의 배경에는 문화적 자부심을 내세운 '조선중화주의朝鮮中華主義'의 사상적 근거, 왕도정치의 근본, 동국문헌東國文獻의 조종祖宗으로서의 홍범에 대한 관심이 있었고,『홍범연의』도 이런 인식 속에서 이루어졌다는 것이다.[45]

5. 「황극」 편의 내용적 특징

국가 재조와 제도개혁론 등 '경세학'이라는 지적 지형은 '황극'을 이루기 위해서 제도적 차원의 장치를 두는, 즉 수기적 낙관론을 넘어 치인적 사유틀로 나아가게 했는데, 이는 형식적 차원뿐만 아니라 내용적 측면에서도 그 특징을 보인다.『홍범연의』의 내용들이 저자의 직접적인 주장은 없고 경전과 다양한 전거에서 인용하여 연의衍義한 것이지만, 그 인용의 취사선택, 즉 '연의'의 방식에는 저자들의 사유와 정치적 지향이 반영될 수밖에 없었을 것이다.

특히 당대의 정치 상황에 대해 저자 중 한 명인 갈암은 매우 심각한 상황이라고 인식했다. "그는 당대의 형세가 마치 사람이 큰 질병을 앓아 터럭 하나하나까지도 병들지 않은 곳이 없는 것과 같다고 인식하고 있었다."[46]

대개 물난리와 가뭄이 해마다 잇달아 곡식이 완전히 절단이 났는데도 실지 상황이 위에 아뢰어지지 않고, 곤궁한 백성들이 들판에 가득하고 굶어죽은 자들이 길에 널렸는데도 실지의 혜택이 아래에 더해지지 않습니다. 세금을 독촉하고 과중하게 긁어 들여 백성들이 고통을 당하고 침탈이 각박하여 피해가 군오軍伍에게까지 미칩니다. 위의 은택은 백성들에게 미치지 못하고 백성들의 뜻은 성상께 들어가지 못하여 막혀 답답한 심정들을 어디에도 하소연할 곳이 없습니다.[47]

수해와 가뭄으로 백성들은 굶어죽고 있는 상황이었지만 국가는 구제를 못하고 세금을 독촉하여 백성들은 더욱 고통을 당하는 상황이었다. 그러나 그러한 상황이 군주에게 전달되지 못하는 등 민본이라는 정치이념을 실현할 국가적 기능은 마비된 것이나 마찬가지였다. 이런 상황에서 필요한 것은 군주의 적극적인 정치 행위를 통한 개혁이었다. 이를 갈암은 유신惟新이라고 했다.

오늘날 우리나라는 구태의연하게 세월만 보낸 나머지 고질적인 폐단이 이미 극에 달하였으니, 만약 이러한 때를 인하여 전하의 영명하고 용맹한 자질과 큰일을 해보려는 의지로 그 정사를 개혁하고 병폐를 다스려 형통함을 이룩한다면 또한 중흥의 업적을 이루어 유신維新의 명을 받을 수 있을 것입니다. 동중서董仲舒가 이르기를, "정사를 하되 행해지지 않음이 심한 것은 반드시 고쳐 다시 변화시켜야 다스려질 수 있다"고 하였고, 정자程子는 "만약 폐단을 구제하려 한다면 모름지기 변화시켜야 할 것이니, 크게 바꾸면 크게 유익하고 작게 바꾸면 작게 유익하다"고 하였으니, 이는 모두 때에 따라 가감加減하는 의리입니다. 만약 평상적인 데 안주하고 예전 것을 지켜 변화해야 하는데도 변화하지 않는다면 필시 병폐를 다스려 형통함을 이룰 길이 없어 결국 서로 끌고 함몰하는 지경에 돌아가게 될 것입니다. 전하께서는 유념하소서.[48]

저자가 인식하는 변화는 '크게 변화하는 것'이었다. 예전 것에 안주하고 변화를 하지 않는다면 결국 서로 끌고 함몰하는 지경에 들어갈 상황이었다. 『홍범연의』는 이런 정치적 상황에서 저술되었다고 볼 수 있으며, 이 장에서 다루는 「황극」편과 「삼덕」편의 내용은 역대 경전이나 선현들의 말을 통해 다시 한 번 그 개혁의 필요성을 말하고 있다 해도 과언이 아닐 것이다.

1) 적극적인 통치 행위의 요청
앞에서도 살펴봤듯이 당대의 현실은 크게 변화해야 하고 그를 위해서는 군주의 적극적인 통치행위가 필요한 상황이었다. 유가의 도덕군주론, 즉 수기를 중심으로 한 통치론은 이상적인 통치 형태를 군주의 적극적인 통치행위보다는 소극적 행위를 강조했다고 볼 수 있다. 잘 알려진 "민民을 인도하는 데 법률이라든가 명령으로써 하고, 민을 가지런히 하는 데 형刑으로써 한다면, 민은 그와 같은 형벌을 면하기만 하면 된다고 생각하여, 나쁜 짓을 하여도 부끄럽게 생각하지 않는다. 그러나 민을 인도하는 데 덕德으로써 하고, 민을 가지런히 하는 데 예禮로써 한다면, 민은 나쁜 짓을 하게 되면 부끄러움을 알고, 또 그 위에 선善에 이른다"[49]는 구절이 대표적이다. '유위有爲'의 적극적 통치가 아닌 '무위無爲' 정치이며, '사람을 다스리는 것'이 아니라 '사람이 다스려지는 것'이라고 할 수 있다.[50] 군주를 가만히 있는 북극성에 비유한 구절[51]은 이러한 무위의 정치를 잘 보여 준다.

유가에서 말하는 군주의 덕에 기반을 둔 통치라는 기본적인 통치론에서 벗어나지는 않지만, 당대의 현실이 반영되었을 『홍범연의』에서는 보다 적극적인 통치를 요구하고 있다. "무위無爲라는 것은 수많은 직무를 내버려두고 말없이 우두커니 앉아 있는 것이 아니다"[52]며 치당致堂 호씨胡氏의 말을 빌려 "아침나절에도 태만할 겨를이 없다," "저녁에도 게으름 부릴 틈이 없다"며 매우 부지런한 군주상을 제시하고 있다.

그리고 앞서도 인용한 '머리말'에서도 이러한 경향을 읽을 수 있다.

옛날의 어진 임금은 그 표준을 세우는 방법과 그 표준을 온전히 준수하게 하는 데 있어서 모두 명확한 법률[明法]을 두고, 또 그것을 관장하는 직책을 만들고 지도자를 세워서 백성들에게 이 표준에 대해 설명하였다.

그런 까닭에 이 모든 것은 강구되지 않을 수 없다.[53]

군주의 역할이 표준을 세우는 것인데, 그 방법이 수기적 맥락을 벗어나 치인의 영역인 제도[明法]를 거치고, 백성의 교화에 있어서도 자연스러운 감응에 의지하기보다는 직책과 지도자를 세워 그 표준을 설명하도록 한다는 것이다.

군주의 직접적이고 적극적인 통치를 요구하는 것은 『홍범연의』에서뿐만 아니라 상소문에도 나타난다. 그는 65세(숙종 17년, 1691)에 올린 「군덕과 시무에 관한 여섯 가지 사항을 아뢴 소[進君德時務六條疏]」에서 개혁을 위해 군주의 직접적이고 적극적인 통치행위를 요청한다.

> 정자程子의 말에 "만약 구제하고자 한다면 반드시 변혁해야 하니, 크게 변하면 크게 이롭고 작게 변하면 작게 이롭다"라고 하였고, 주자朱子의 말에 "만약 큰일을 하고자 한다면 반드시 통렬하게 개혁하여야 하는데, 재상이 뜻이 있는 것만 가지고는 또한 일을 해낼 수 없으니, 반드시 강건하여 크게 무엇인가를 이룰 수 있는 임금이 스스로 하고자 할 때라야 되는 것이다"라고 하였습니다.[54]

이 상소문에서 당시의 폐단을 지적한 다음 개혁의 필요성을 주장하는데, 주목해야 할 것은 '개혁을 위해서는 재상이 나서서 되는 것이 아니라 군주가 직접 나서야 한다'라는 것이다. 군주의 자리는 어느 누구도 대신할 수 없다는 것인데, 이러한 사유는 군주의 통치행위를 수기적 차원에서 덕을 쌓고 사욕에 빠지지 않아야 한다는 식의 논의에서 벗어난 것이다. 군주의 통치권을 수기적 차원에서 논의하는 것은 왕권 견제로 이어질 수 있고, 나아가 도통道統을 계승한 사림에게 구체적인 정무를 위임하는 신료 중심의 통치체제를 이상적으로 제시하는 것과 다르다.

이러한 경향은 「삼덕」 편에서도 나온다. 앞서 소개한 대로 삼덕은 국가적 상황이나 상대하는 인물들의 성향에 따른 임기응변의 통치술 이다. 이 통치술에는 예악정벌禮樂征伐이 포함될 수밖에 없는데, 이것 은 반드시 군주로부터 나와야 함을 말한다. 만약 그렇지 못하면 나라 는 무너진다는 것이다.

> 천하에 도리가 살아 있으면, 예악과 정벌은 천자로부터 발포發布된다. 천
> 하에 도리가 살아 있지 못하면, 예악과 정벌이 제후로부터 발포된다. 제
> 후로부터 발포되면, 10대代 안에 무너지지 않는 일이 드물다. 대부大夫로
> 부터 발포되면, 5대 안에 무너지지 않는 일이 드물다. 배신陪臣이 국가의
> 권력을 장악하면, 3대 안에 무너지지 않는 일이 드물다.[55]

군주의 수기를 강조하는 '성학' 중심의 통치론에서는 '황극'에 대한 해석에서도 '무위이치無爲而治'라는 소극적인 군주의 모습으로 이어 질 수 있다. 송시열은 군주가 정무처결의 책임에서 벗어나 마음을 비 우고 성학聖學에 전념하면서 무위이치 했던 순舜이나 탕湯처럼 황극을 세워 신료와 백성들이 분발하고 스스로 새로워질 것[振拔自新]이라고 했다.[56] 즉 군주는 말 그대로 북극성이 가만히 있듯 정무의 일선에서 물러나 덕을 수양하고, 성학을 닦아 표준으로서의 위상만 가진다는 것

이며, 구체적인 정무는 신료들에게 맡겨야 한다는 식이다. 이는 주로 서인들의 통치론에서 잘 나타나는데, 「황극」편에서는 그와 상반된 방식으로 '황극'을 해석하고 통치의 중심에 군주를 세우고자 한다.

2) 군주의 강력한 리더십 요청 : 중中이 아닌 표준으로서의 극極

국가 운영에 있어서 최고통치자인 군주의 역할에 대한 고민은 가장 중요한 요소라 할 수 있다. 이 역할에 대해 다양한 입장이 있을 수 있는데, 이는 '황극'에 대한 해석으로 이어진다. 공안국은 극極을 대중大中으로 해석했는데, 『홍범연의』의 저자들은 이 생각에 동의하지 않는지 주희의 해석을 인용하면서 극을 표준이라고 말하고 있다.

> 황皇이라는 것은 임금에 대한 호칭이다. 극極이라는 것은 지극하다[至極]는 뜻으로 표준에 대한 이름이며, 언제나 사물의 가운데 있어서 바깥의 모든 방향을 바라보면서 바른 것을 취할 수 있는 것이다. 그렇기 때문에 극極을 가운데 있는 기준[準的]이라고 하는 것은 괜찮지만, 극極을 곧바로 중中이라고 풀이하는 것은 옳지 않다.[57]

저자들이 극極을 중으로 해석하지 않는 것에는 현실적인 폐단이 있기 때문이다. 중이라는 해석이 통치자의 우유부단함으로 이어진다고 보았다.

> 그래서 잘못 이해한 중中으로 극極을 잘못 풀이했기 때문에 지극히 엄격하고 지극히 치밀한 본체에 대해 신중하게 헤아리지 못하고, 지극히 포

괄적이고 지극히 광범위한 도량에도 힘쓰지 못했다. 그 폐단은 임금으로 하여금 어떻게 자신을 닦아 정사를 확고하게 세워야 할지를 알지 못하게 만들었다. 그래서 한漢나라 원제元帝는 우유부단함에, 당唐나라 대종代宗은 임시변통적인 데에 빠져들게 되었다. 결국 옳고 그름이 뒤바뀌고, 어짊과 어리석음이 어지럽게 되어 재앙과 낭패를 뒤따르게 하는데 이르니, 오히려 어떻게 복을 거두어 백성들에 주기를 기대할 수 있겠는가.[58]

저자들은 극을 '표준'으로 해석하여 군주의 역할이 이런 우유부단함이나 임시변통의 문제에서 벗어나야 한다는 것이다. 곧 강력한 리더십의 확보를 강조한다고 볼 수 있다. 이는 저자들이 살았던 당대의 현실, 즉 당파로 인한 정치적 혼란이라는 사실을 투영해 해석했다고 볼 수 있다.

정치현실에서 '중中'이나 '시중時中'을 강조하는 것은 통치권자의 자의성으로 이어질 수도 있는 문제다. "어떤 것이 '중'이냐"라는 해석에서 '권력'이 작동하기 때문이다. 그리고 국정의 운영에서 군주는 다양한 의견 속에서 극단을 배제하고 중심을 잡는 것[允執厥中]도 중요하다. 이 또한 군주의 능동적 행위를 전제로 한 것이며 현실정치에 있어서 적극적인 통치라 할 수 있다. 그러나 저자들이 우려하듯 중을 추구하는 정치는 양극단의 주장이 강해 중의 리더십을 확보하지 못할 경우 양극단에 끌려 다니거나 두 주장 사이에서 길을 헤매는 우유부단함으로 나타날 수 있다. 그리고 중을 추구하는 것이 근본적인 대책이 아닌 양극단 사이에서 이루어진 단순한 절충에 지나지 않는 임시변통으로 이어질 수도 있다. 이러한 문제는 당파로 갈라져 양극단에서 갈등하고 혼란을 야기했던 당대의 정치에서도 쉽게 볼 수 있는 문제였다. 『홍범연의』는 그 해답을 군주의 강력한 리더십의 확보에서 얻고자 한 것이라 볼 수 있다.

그리고 이러한 점은 권한의 위임 상황에서도 발생한다. 전일한 통치를 위해서 총재 한 사람에게 권한을 위임하고 관료들을 다스려야 한다는 것이다.

> 주周나라의 총재家宰는 천자를 보좌하여 천하를 다스렸다. (…) 무릇 한 사람에게 모든 권한을 맡기게 되면, 정령이 전일하게 된다. 그러나 여러 사람에게 권한을 나누어 맡기게 되면, 서로 다른 사람에게 기대게 된다. 정령이 전일하게 되면 화합하게 되고, 서로 다른 사람에게 기대게 되면 어그러지게 된다. 화합하게 되면 천하가 다스려져 평화롭게 되는 기틀이 마련되고, 어그러지게 되면 천하가 어지럽고 혼란스럽게 될 조짐이 일어나게 된다.[59]
>
> 만약 고대의 관제를 깊이 살피고 연구하여 관직을 설치하게 된다면 반드시 한 명의 재상에게 천하를 통솔하게 할 것이며, 그때 비로소 나라를 잘 다스린다고 말할 수 있을 것이다.[60]

당쟁의 정치 상황은 저자들이 인용한 전일한 통치가 이루어질 수 없는 상황이었다. '환국'을 통해 수시로 재상들이 교체되는 상황은 정치적 안정성을 기대할 수 없었을 것이고, 당파적 경쟁 상황에서 한 사람에게 권력이 집중되지 않고 분산되고 있었을 것이다. 이러한 구절의 인용은 당대를 바라보는 저자들의 인식이 반영된 것이라 할 수 있다.

그리고 강한 리더십은 군주의 위엄威嚴을 발휘하는 데 있고, 이러한 위엄은 죄에 대한 벌을 내리는 경우, 질서를 어지럽히는 것에 대한 가차 없는 처벌로 나타나기도 한다. 이런 경우 수기 중심적 사고를 가진 유가에서는 '법가적'이라고 비판할 수 있으나, 「삼덕」편에는 '강극剛克'이 사용되는 사례로 이런 내용을 싣고 있다.

> 기대는 데가 있어 끝내 잘못을 뉘우쳐 고치지 않는 자는 사형에 처한다 [怙終賊刑].

> 고의로 저지른 잘못을 처벌하는 데 사소한 것이란 없다[刑故無小].

> 사람이 비록 작은 죄를 저질렀다고 하더라도 실수로 한 것이 아니라면, 이는 곧 언제까지나 고의로 불법을 저지른다는 것이다. 이와 같다면 설령 저지른 죄가 작은 것이라 할지라도, 끝내 그를 죽이지 않을 수 없다. 나라의 법을 준수하지 않는 자들은 철저히 법에 따라 처리해야 한다.[61]

이것들은 『서경』에서 인용한 것으로 법으로 다스리지 않을 수 없다는 점을 말한다. 이와 함께 주자의 사례를 인용하고 있는데, 여기서는 유가에서 권장하는 '관대함'이 가지는 한계를 지적하고 있다는 점에서 흥미롭다.

> 주자朱子가 남강군南康軍을 다스릴 때 백성 보기를 마치 다친 사람을 대하듯이 하였다. 하지만 멋대로 불법을 저지르는 지방 유지와 혼란을 조장

하는 평민 그리고 법을 어기거나 나라를 통치하는 데 해를 끼치는 자들을 징계하는 데는 조금의 관용도 베풀지 않았다.[62]

지금 사람들이 관대함으로 다스리다 보니, 일이 두서가 없는 지경에 이르렀다. 그러나 그 관대함을 조절하고 결정할 권한이 전혀 나에게 있지 않다. 결국에는 멋대로 불법을 저지르는 지방 유지들만 뜻을 이루고, 평민들은 그 혜택을 누리지 못할 뿐만 아니라 도리어 그 재앙을 당하게 되었다.[63]

처음에는 관대함으로 다스렸는데, 일이 두서없는 지경에 이르렀고, 그 관대함에 혜택을 보는 것은 지방 유지들이었으며 백성들은 오히려 재앙을 당했다는 것이다. 주목해야 하는 점은 관대함의 혜택이 지방 유족이었고, 백성들은 그 혜택을 누리지 못하고 도리어 재앙을 당했다는 대목이다. 군주의 경우로 생각해 보면, 군주가 위엄을 내세우지 않고 너그러움과 관대함으로 일을 처리하면, 조정의 신료만 그 혜택을 누리고 백성들은 도리어 재앙을 받을 수 있다는 의미로 확대될 수 있는 내용이다.

저자 중 한 명인 갈암이 보았던 당대의 정치 현실 또한 그러했기에 이 대목은 어쩌면 현실을 반영한 것일지도 모른다.

근년 이래로 나라의 기강이 해이해지고 형벌의 시행이 엄숙하지 못하여 무릇 크고 작은 옥사에 유사有司가 심리하여 아뢰는 것이 으레 느슨한 경우가 많아, 매양 법령 조문을 편한 대로만 적용하려 하고 마침내는 유배流

配로 형벌을 낮추어 용서해 주는 법을 따릅니다.[64]

국가의 기강은 형벌의 시행이 엄숙하지 못한 데에 원인이 있고, 엄숙하지 못한 것은 형벌의 시행이 군주에게 있는 것이 아니라 유사有司가 법령의 조문을 편한 대로 적용해서 생긴 것이었다. 이러한 경우는 결국 기강이 바로 서지 못하는 것뿐만 아니라 백성에게는 재앙이 될 수도 있는 것이다.

3) 치인을 잘하는 것이 군주의 덕

앞서도 언급했듯이 유가의 전통적 덕치론은 수기를 통해 이루어지는 덕德에 의한 통치를 말한다. 법률이나 형刑이 아닌 덕德과 예禮를 통한 통치를 이상적으로 보았다.[65] 권력 행위보다는 통치자의 덕을 바탕으로 하여 백성들을 교화하고 그를 바탕으로 한 자발적인 복종을 통해 만들어 낸다는 것이다.

이러한 전제에서 군주는 자신을 대상으로 한 공부[修己]가 강조될 수밖에 없다. '위기지학爲己之學'을 통해 성인聖人의 경지에 이르면, 그 덕, 즉 인의仁義에 감화되어, 마치 뭇별들이 북극성에 향하는 것처럼 사람들이 성인에 이끌려[66] '다스려지는 것'이다. 즉 '무위이치無爲而治'의 경지를 말하는 것이다.

『홍범연의』에서 드러나는 정치의 모습은 '무위이치'의 이상에만 국한되지 않는다. 오히려 유위를 통한 표준의 확립과 질서를 추구한다.

이미 천하의 한가운데를 차지하고 있다면, 반드시 어떤 얼룩도 묻지 않은 천하의 순수한 덕을 가진 다음에야 지극한 표준을 확립할 수 있다. 그러므로 반드시 다섯 가지 물질의 운행[五行]을 따르고, 다섯 가지 일[五事]을 신중하게 행사하고, 여덟 가지 정사[八政]를 풍족하게 하고, 다섯 가지 기강[五紀]과 조화를 이루어 정사를 고르게 한 다음에 지극한 표준이 우뚝하여 천하의 지극한 중심이 확립될 수 있는 것이다.[67]

여기서 "정사를 고르게 한 다음에 지극한 표준이 우뚝하여 천하의 지극한 중심이 확립될 수 있는 것"이라는 구절에 주목해야 한다. 이는 "표준이 서야 정사가 이루어진다"는 서술과 다르다고 할 수 있다. 『대학』을 통해 익숙해진 덕치론은 군주의 역할인 표준을 우선하고, 그것이 이루어진다면 정사가 이루어진다는 서사를 가지고 있다. 그러나 『홍범연의』에서는 표준이 정사를 통해서 세워질 수 있음을 말한다는 점에서 다르다고 할 수 있다.

그리고 덕을 강조하는 수기적 맥락에서는 무엇보다 '교화敎化'를 강조하게 된다. 그러나 『홍범연의』의 저자인 갈암은 '생활의 풍족'을 '교화'에 앞세운다.

정치를 할 때는 반드시 생활을 풍족하게 해 준 뒤에 교화를 행해야 합니다. 만약 백성들이 위로 부모를 섬기고 아래로 처자를 부양할 수 없게 된다면 비록 교화가 있더라도 백성들을 인도하여 선하게 할 수 없을 것이니, 이것이 기자箕子가 무왕武王에게 고해 주면서 '벼슬아치들은 봉록을 넉넉하게 해 주어야 선善하게 된다[旣富方穀]'라고 한 이유입니다. 그러나 백성들을 풍족하게 하는 도는 토지의 경계를 분명히 하고 세금을 가볍게 하여 위에서 덜어서 아랫사람에게 보태 주는 것에 지나지 않으니, 풍족하게 해 준 뒤에 교화하고 그렇게 교화하여도 따르지 않으면 형벌로써 교화를 도와야 합니다.[68]

아무리 부모를 모시고 가족을 부양하는 당연한 윤리를 실천하고 싶어도, 경제적 상황이 허락하지 않는다면 아무리 '효'를 강조하고 교화를 편다고 해도 이루어지지 않을 것이라는 점을 말하고 있다. 비록 교화가 이루어진 이상적 국가를 실현하고자 하여도 경제와 안보라는 현실적 상황이 이루어지지 않는다면 불가능하다는 현실주의적 시각이 담겨 있다. 그리고 백성들의 생활의 풍족을 위해서는 토지의 분배, 세금 정책, 손상익하損上益下와 같은 복지 정책 등 제도적 차원의 방책이 필요함을 명확히 하고 있다.

치인, 즉 정치의 영역에는 경제, 안보 등뿐만 아니라 상벌을 처리하는 것도 포함한다. 이는 국가의 질서를 유지하는 데 반드시 필요한 것이다. 이러한 내용을 담은 것이 「삼덕」편인데, 그 머리말에는 이러한 점이 강조되어 있다.

상을 주고 벌을 내리는 권력으로 말하자면, 임금에게 천하를 다스리고 만물을 주관하게 하는 것이니, 응당 더욱더 신중하게 행사해야 하지 않겠는가? 조금이라도 잘못이 있다면, 임금의 권위는 쇠락하여 신하가 분수를 넘어 군주를 위협하는 재앙을 초래하게 될 것이다.[69]

군주에게 덕이 있고 없고의 문제도 중요하겠지만, 상벌을 잘하느냐 못하느냐의 문제 또한 국가의 존패를 결정짓는 것이라는 인식이 담겨 있다. 특히 상벌의 문제는 군신관계에서 군주의 권위를 지키기 위한 필수 요소이며, 이것이 잘못되면 신하가 군주를 위협하게 된다는 대목은 군주 중심의 정치론을 반영한 사유라는 점에서 주목할 만한 부분이다.

이 상벌의 문제는 경전 속에만 있는 이야기는 아니었다. 그가 올린 상소문에도 당대의 기강이 진작되지 않는 것을 상벌의 혼란에 있다고 지적하고 있다.

> 대저 기강紀綱이 진작되지 않는 것은 공을 세운 자에게 상을 주고 죄를 지은 자에게 벌을 주는 일이 합당하게 이루어지지 않은 데에 항상 그 원인이 있는 것이고, 풍속이 아름답지 못한 것은 더욱이 선행善行과 악행惡行, 착함과 간특함이 제대로 분변되지 않는 것과 관련이 있는데, 기강을 세우고 풍속을 아름답게 하는 이 두 가지 일은 오로지 임금이 뜻을 세웠느냐 아니냐에 달려 있습니다.[70]

상소문에서는 기강과 풍속의 문제였지만, 경전을 인용한 『홍범연의』에서는 국가 존망의 문제로까지 이어지고 있다. 이러한 대목을 보면, '연의衍義'가 단순히 경전들의 내용을 모은 것이 아닌 저자가 겪었던 정치현실을 반영한 것이라는 점을 확인할 수 있다.

4) 제도적 장치를 통한 질서 : 왕후, 세자, 직관

유학은 군주의 덕으로 감화시키는 정치를 이상적으로 삼고 있다. 그런데 문제는 군주의 덕이 어떻게 드러나야 하는지는 생략되어 있다는 점이다. 궁중 속에서 아무리 덕이 있는 군주가 있다고 한들 이것이 어떤 유위有爲한 정치를 통해 드러나지 않는다면 백성들은 그 군주가 덕이 있는지 없는지를 판단하기 어려울 것이다. 그런 점에서 『홍범연의』에서는 군주의 덕은 제도를 통해 세상에 드러나야 한다고 말한다. 그를 위하여 왕후, 세자, 직관 등 제도적 장치가 필요하다. 먼저 천자뿐만 아니라 왕후 또한 국가 질서를 유지하는 중요한 존재임을 말한다.

> 옛날에 천자의 왕후는 육궁六宮을 설치하여 삼부인三夫人과 구빈九嬪, 27명의 세부世婦와 81명의 어처御妻를 두고 천하의 가정을 관장하게 함으로써 부녀자의 순종의 미덕을 세상에 드러나게 하였다. 그런 까닭에 천하의 가정이 화목하고 집안이 다스려졌다. 천자는 육관六官을 설치하여 삼공三公과 구경九卿, 27명의 대부大夫와 81명의 원사元士를 두고 천하의 정사政事를 관장하게 함으로써 남자의 교화를 세상에 드러나게 하였다. 그런 까닭에 정사가 화합되고 나라가 안정되었다. 그러므로 "천자는 남자의 교화를 관장하고, 왕후는 부녀자의 순종하는 미덕에 대한 교육을 관장한다. 천자는 대외對外의 일을 다스리고, 왕후는 대내對內의 일을 다스린다. 천자는 외치外治를 관장하고, 왕후는 내직內職을 관장한다. 이리하여 교화敎化가 순조롭고 양호한 풍속이 형성되면, 외부와 내부가 모두 화목하고 순종하고, 나라와 가정이 모두 질서 정연하게 되니, 바로 이것을 일컬어 성덕盛德이라고 한다"라고 하였다.[71]

황극을 세우고 성덕을 이루는 데 왕후의 역할을 강조하고 있다. 이는 군주를 중심으로 논의하는 경세론의 한계를 벗어난 것이며, 왕후가 현실정치에서 차지하고 있는 비중과 영향력을 인정한 것이라고 할 수 있다. 세자도 마찬가지다. 군주와 함께 천하의 운명을 좌우하는 존재다.

천하의 운명은 태자에게 달려 있습니다. 태자가 훌륭하게 되는 것은 일찍부터 타일러 가르치고 주변의 인물들을 가려 두는 데 달려 있습니다. 무릇 가르침이 제대로 이루어지고 주변의 인물들이 바르면 태자도 바르게 됩니다. 그리고 태자가 바르게 되면 천하가 안정이 될 것입니다. (…) 가르쳐 인도하는 방법으로 가장 탁월한 견해는 효孝, 인仁, 예禮, 의義를 반드시 근본으로 삼고, 상세한 조목으로는 용모나 말투와 같은 작은 것에서부터 의복이나 일상생활 용품과 같은 세심한 것에 이르기까지 작디작은 모든 영역에 남김없이 법도를 두는 것입니다. 하나라도 잘못이 있으면 사관史官이 책자에 기록해 올리고, 음식을 담당하는 관리는 반찬의 수를 줄였습니다. 또한 유익한 말을 진언하려는 사람을 불러들이는 깃발과 잘못을 써넣게 할 팻말 그리고 간언하는 사람이 두드릴 북을 반드시 설치하였습니다. (…) 무릇 제왕이 세상을 다스릴 때 계통에 따라 마땅히 후대에 전하여 맡겨야 할 것으로 위로는 막중한 종묘와 사직이 있고, 아래로는 살아가야 할 사해의 백성들이 있으며, 앞으로는 간난신고를 겪으며 국가를 창건한 조종들이 있고, 뒤로는 국가를 장구하게 유지해 나가려고 계획하는 후손들이 있습니다. 그런데도 태자를 보좌하고 교육하는 제도가 이처럼 엉성하고 간략하니, 이것은 집안에 있는 명월주明月珠와 야광벽夜光璧을 큰길가나 도적이 들끓는 곳에 내버려두는 것과 같습니다. 어찌 위태롭지 않겠습니까?[72]

주목할 것은 세자를 교육하는 방법 또한 법도를 만들어 진행하는 것이다. 특히 "효, 인, 예, 의를 반드시 근본으로 삼고, 상세한 조목으로는 용모나 말투와 같은 작은 것에서부터 의복이나 일상생활 용품과 같은 세심한 것에 이르기까지 작디작은 모든 영역에 남김없이 법도를 두는 것"이라는 대목은 통치에서 제도가 얼마나 중요한지를 잘 보여 준다고 할 수 있다. 당대의 그렇지 않은 현실에 대해 주자의 말을 빌려 '제도가 엉성하고 간략하여 집안의 보물을 아무렇게나 버려두는 것과 같아 위태롭다'며 간접적인 비판을 하였다.

관청을 설립하고 관직을 만드는 것 또한 통치에 있어서 필수적인 요소다. 군주를 보좌한다는 것은 군주의 잘못을 보완하는 역할을 할 수 있다는 점에서 국가와 사직을 보존하는 필수적인 요소다. 이러한 점은 공자의 언급 속에 잘 드러나 있다.

옛날에 천자에게 바른 말로 권고해 주는 신하가 일곱 명만 있으면, 비록 천자가 막된 행동을 하더라도 천하를 잃지 않는다고 했다. 제후에게 바른 말로 권고해 주는 신하가 다섯 명만 있으면, 비록 제후가 막된 행동을 하더라도 그 나라를 잃지 않는다고 했다. 대부大夫에게 바른 말로 권고해 주는 신하가 세 명만 있으면, 비록 대부가 막된 행동을 하더라도 그 집안을 잃지 않는다고 했다. 사士에게 바른 말로 권고해 주는 친구가 있기만 하면, 그 자신에게서 아름다운 명성이 떠나지 않게 될 것이라고 했다. 부모에게 바른 말로 권고해 주는 자식이 있다면, 그 부모는 의롭지 않은 일에 빠지지 않게 될 것이라고 했다.[73]

그러나 정치의 현실에서는 그뿐만이 아니었다. 군주가 혼자서는 천하를 다스릴 수 없다는 현실적인 문제였다. 그것은 아무리 성왕聖王이라 하더라도 모든 것을 다 할 수는 없다는 현실적 한계를 인정하는 것이다.

이 스무 명의 관리들은 성왕聖王이 천하를 다스릴 수 있었던 요인이었다. 성왕은 스무 명의 관리들이 하는 일을 자신이 해낼 수는 없었지만, 스무 명의 관리들로 하여금 자신들의 기예와 재능을 전부 바치게 하였다. 이것이 성왕이 임금의 자리에 있을 수 있었던 까닭이다. 성왕이 할 수 없기에 그 일을 할 수 있도록 하는 것이다.[74]

그런데 여기서 주목할 것은 "관리들로 하여금 자신들의 기예와 재능을 전부 바치게 하였다"는 대목이다. 이에 대해 저자는 "어진 임금이 임금의 자리에 있고, 관리들이 모든 사람들에게 저마다 맡은 일을 하도록 시키기 때문에 자신의 기예와 재능을 다 발휘할 수 있는 것이다"라고 주석을 붙였는데, 이는 관리들이 능력을 발휘하려면 군주의 적극적인 임무 부여와 통제가 전제된다는 것을 말하는 것이다. 이런 점을 종합해 보면, 군주와 신하 모두 국가의 질서를 유지하는 데 필요하지만, 그 주도권은 군주에게 있어야 한다는 것이다.

6. 결론

지금까지 『홍범연의』 중 「황극」편과 「삼덕」편을 살펴보면서 이 책이 가진 사상사적 특징에 대해 논의해 보았다. 간략하게 요약하자면 유학의 수기치인론이 가진 의미에 대해 살펴보고 그것이 정치사상이나 경세서를 분석할 수 있는 하나의 방법이 될 수 있다는 점을 제시했다. 수기와 치인 중 어느 쪽에 더 비중을 두고 서술했는지가 경세사상가들의 사상적 특징을 보여 준다는 점에서 하나의 분석틀로 삼았다. 그리고 형식적 특징으로 수기적 차원의 논의에 머물러 있던 '황극'의 내용을 보다 확대하여 제도적 차원으로까지 넓혀 나갔다는 점, 인용하는 전거와 세부적인 내용에 있어서도 『순자』나 제갈량, 관중 등 유학자들이 평소 잘 인용하지 않던 책이나 인물의 것을 인용하였다(『홍범연의』의 다른 편에는 주자와 왕패논쟁을 벌였던 진량 등 정통 주자학자들이 잘 인용하지 않던 전거를 활용했다)는 점을 들었다. 내용적 특징에서도 제도적 차원의 치인을 중심으로 한 논의가 특징이라고 할 수 있는데, 군주의 직접적이고 적극적인 통치행위를 강조하는 것, '황극'을 표준이라 해석하면서 덕을 쌓으며 가만히 있는 표준이 아닌, 정치의 중심으로서 통치행위의 핵심으로서의 군주를 내세우는 것, 수기를 넘어서 치인의 영역에 해당되는 제도적 장치를 통해 통치행위를 해야 한다는 것 등이 주요 특징이라고 할 수 있다.

이러한 경향은 조선 후기 사상사적 흐름과 호흡을 같이하고 있는 것으로 보인다. 수기 중심의 성학론에서 치인 영역으로 확대된 경세서로의 지적 지형의 변화를 『홍범연의』도 받아들이고 있는 것이다. 다만 직접적인 정치개혁이나 제도적 개혁론을 담기보다는 경전에 근거하여 국가 경영에 필요한 모든 사항을 담으려는 노력이 돋보인다고 할 수 있다. 이와 같은 노력은 『반계수록』 등 당대의 개혁론을 담은 경세서보다는 구체적이지 않는 내용이지만, '왕권중심론'이 다양한 경전과 역사적 전거를 통해 근거를 제시하고 있다는 점에서 의미가 있다고 할 수 있다. 곧 정치 운영에 있어서의 군주 중심의 통치체제를 확립하기 위한 표준화된 매뉴얼을 제시하는 것이다.

이러한 점은 저자 중 한 명인 갈암 이현일의 경세론에 대한 새로운 시각과 탐구를 요구한다고 할 수 있다. 『홍범연의』의 모든 내용이 갈암이 작성한 것은 아니겠지만, 그의 상소문에서도 비슷한 사유가 발견되는 것으로 보아 많은 내용이 갈암의 주장과 일치한다는 점에서 『홍범연의』의 특징이 갈암의 경세론과 이어진다고 할 수 있다. 이러한 점에서 보면 잘 알려져 있다시피 갈암은 학문에 있어서 '정학正學'을 주장하며 율곡학파의 이론은 사론邪論이라 비판했고, 외교에서는 '숭명崇明' 사상을 가져, 북벌론을 주장하기도 했다. 그러나 그가 비록 성리론에서는 배제의 사고가 중심인 '정학正學/이단異端'의 프레임을 가졌지만, 『홍범연의』의 「황극」편과 「삼덕」편을 통해 본 그의 경세론에서는 보다 다양한 전거를 수용하는 모습과 정치의 현실을 인정하고 그에 대한 대안을 모색한다는 점에서 현실주의적 모습을 보이고 있다고 할 수 있다. 이러한 점은 갈암의 경세사상에 대한 추가적인 연구를 통해서 밝혀져야 할 것이다.

참고문헌

『論語』.

李彦迪, 『晦齋集』.

李徽逸·李玄逸, 『洪範衍義』.

李玄逸, 『葛庵集』.

김낙진, 「葛庵 李玄逸의 經世思想」, 『철학논총』12, 1996.

_____, 「홍범연의의 개혁사상」, 『국학연구』35, 2018.

김성윤, 「'홍범연의'의 정치론과 군제개혁론-葛庵 李玄逸을 중심으로 한 조선 후기 영남
　　남인의 실학적 경세론」, 『대구사학』83, 2006.

_____, 「'홍범연의'의 토지개혁론과 상업론-갈암 이현일의 경제사상과 그 성격」, 『퇴
　　계학보』119, 2006.

김정철, 「남계 박세채의 『범학전편範學全篇』연구」, 한국학중앙연구원 한국학대학원 박
　　사학위논문, 2021.

김형수, 「葛庵 李玄逸의 理學과 현실인식-반계 유형원과의 관련 및 비교를 중심으로」,
　　『국학연구』9, 2006.

김홍수, 「洪範衍義의 편찬과 간행」, 『민족문화논총』57, 2014.

_____, 「『홍범연의洪範衍義』의 황극皇極 중심의 경세론(경세론)」, 『철학논총』99, 2020.

박병련, 「朝鮮朝 '修己治人'論의 思想史的 變容과 實學思想」, 『행정학보』32⑷, 1998.

배병삼, 「조선시대 정치적 리더십론 : 수기치인과 무위이치론을 중심으로」, 한국정치학
　　회, 『한국정치학회보』31⑷, 1997.

백민정,「조선 지식인의 王政論과 정치적 公共性 : 기자조선 민 중화주의 문제와 관련하여」,『동방학지』164, 2013.

베버, 막스, 전성우 역,『직업으로서의 정치』, 나남, 2007.

송정숙,「大學衍義 朝鮮朝 統治理念書 편찬에 미친 영향–『中庸九經衍義』와『洪範衍義』를 중심으로」,『서지학연구』12, 1996.

송찬식,「洪範衍義 解題」,『한국학논총』5, 1982.

송치욱,「조선 중기 성왕론聖王論 연구–晦齋, 南冥, 退溪, 栗谷의『대학』해석을 중심으로–」, 한국학대학원 석사학위논문, 2011.

_____,「『홍범연의洪範衍義』의 사상적 특징에 대한 연구–「황극皇極」편을 중심으로」,『국학연구』50, 2023.

안병걸,「葛庵 李玄逸의 儒學的 삶과 經世論」,『민족문화』29, 2003.

윤정분,「大學衍義補研究 : 15世紀 中國經世思想의 한 分析」, 연세대학교 박사학위논문, 1992.

이상하·김홍수 옮김,『국역 홍범연의』, 한국국학진흥원, 2017.

이석규,「동강 김우옹의 군주 중심의 경세론」,『퇴계학과 유교문화』57, 2015.

이영호,「서경「홍범」해석의 두 시각, 점복과 경세–이휘일·이현일의 홍범연의 분석을 중심으로」,『退溪學報』143, 2018.

장현근,「'탕평' 개념의 유교적 원의 :「홍범」과 그 해석을 중심으로」,『한국동양정치사상사연구』제17권, 2018.

정재훈,「『홍범연의洪範衍義』의 제왕학帝王學」,『국학연구』35, 2018.

_____,「『대학연의』와 조선의 정치사상」,『한국사상사학』64, 2020.

정호훈,「우하영의 학문과『천일록』의 사상사적 위상–17·18세기 경세학의 흐름을 중심으로–」,『한국사상사학』48, 한국사상사학회, 2014.

조성산, 「17세기 중·후반 서울·경기 지역 西人의 경세학과 정책이념」, 『한국사학보』 21, 고려사학회, 2005.

최성환, 「영·정조대 충역 시비와 황극의 역할」, 『한국사상사학』 66, 2020.

최영성, 「『홍범연의洪範衍義』를 통해 본 존재存齋·갈암葛庵의 학문」, 『국학연구』 35, 2018.

한형주, 「『홍범연의洪範衍義』에 보이는 국가제사」, 『국학연구』 35, 2018.

주

1 『葛庵集 付錄』권1, 「年譜」. 김낙진의 연구에 따르면 『홍범연의』는 이휘일과 이현일의 편
집 이후 이현일의 아들 밀암密庵 이재李栽(1657~1730), 이휘일의 증손 냉천冷泉 이유원李
猷遠(1695~1773), 이현일의 외손 대산大山 이상정李象靖(1711~1781) 등의 산정과 교감
에 의해 완성된 저술이다. 김낙진, 「홍범연의의 개혁사상」, 『국학연구』35, 한국국학진흥원,
2018, 45쪽 참조.
2 이휘일·이현일, 『洪範衍義』권28, 「洪範衍義辨」, "儻有謀國者 幸以是書." 이 부분뿐만 아니
라 이하 이 논문에서 인용한 『洪範衍義』에 대한 번역은 2017년 한국국학진흥원에서 발간한
『국역 홍범연의』(전 7권)(이상하·김홍수 번역)를 인용하였으며, 필요시 논자가 수정하였다.
3 이하 이 논문에서는 두 저자에 대해 존재, 갈암 등 호를 사용한다.
4 최영성, 「『홍범연의洪範衍義』를 통해 본 존재存齋·갈암葛庵의 학문」, 『국학연구』35, 한국국
학진흥원, 2018, 16쪽.
5 『洪範衍義』권1 「洪範衍義序」, "洪範 之書 包括盡盈天地間物事實 修身踐形 事神治人 變理
財成 大經大法 之所在."
6 김홍수, 「『홍범연의洪範衍義』의 황극皇極 중심의 경세론經世論」, 『철학논총』99, 새한철학
회, 2020, 65쪽.
7 김낙진, 위의 논문, 2018; 최영성, 위의 논문, 2018.
8 『洪範衍義』권25 「三德」, "皇極之君以正直剛柔之德 行威福與奪之權者." 이는 「삼덕」편 머
리말에 있는 삼덕의 정의다.
9 김홍수, 위의 논문, 2020.
10 정재훈, 「『홍범연의洪範衍義』의 제왕학帝王學」, 『국학연구』35, 한국국학진흥원, 115~151쪽.
11 최영성, 위의 논문, 2018; 김낙진, 위의 논문, 2018.
12 김낙진, 「葛庵 李玄逸의 經世思想」, 『철학논총』12, 1996.
13 김형수, 「葛庵 李玄逸의 理學과 현실인식-반계 유형원과의 관련 및 비교를 중심으로」, 『국학
연구』9, 한국국학진흥원, 2006.
14 베버, 막스, 전성우 역, 『직업으로서의 정치』, 나남, 2007, 105쪽 참조.
15 송치욱, 「조선 중기 성왕론聖王論 연구-晦齋, 南冥, 退溪, 栗谷의 『대학』해석을 중심으로-」,
한국학대학원 석사학위논문, 2011, 1~3쪽. 이 논문은 수기치인론을 통해 사상가들을 분석
한 논문이다.
16 진덕수, 「大學衍義箚子」, "其所謂 格物 致知 誠意 正心 修身者 體也 其所謂 齊家 治國 平天下
者 用也."
17 윤정분, 「大學衍義補硏究 : 15世紀 中國經世思想의 한 分析」, 연세대학교 박사학위논문,
1992, 26쪽.
18 공자는 "관중管仲의 그릇[器]이 작구나!"라고 하거나 "관중이 예를 알면 누가 예를 알지 못
하겠느냐."(『論語』「八佾」, "子曰 管仲之器小哉." "管氏而知禮면 孰不知禮.")라고 비판적인
평가를 하면서도 한편으로는 "환공桓公이 제후諸侯들을 규합하되, 병거兵車를 쓰지 않은 것
은 관중管仲의 힘이었다. 누가 그의 인仁만 하겠는가? 누가 그의 인仁만 하겠는가?"(『論語』

「憲問」, "九合諸侯 不以兵車 管仲之力也 如其仁 如其仁.")라며 정치적 공로는 인정했다.

19 베버, 앞의 책, 110쪽.

20 이를 지적한 사례로 율곡 이이를 들 수 있다. 그는 "수신修身을 치국治國보다 먼저 한다는 것은, 다만 그 순서의 당연한 것을 말했을 뿐이다. 만일 반드시 수신이 지극한 데 이르기를 기다린 뒤에 비로소 정치를 할 수 있다고 한다면 진실한 덕德이 미치기 전에는 국가를 어디에 두겠는가"(『聖學輯要』卷12「爲政功效」, "或問 爲政必追先王 而人主躬行 尙未成德 則奈何 曰修身先於治國 只言其序當然耳 若必待修身極其至 然後乃可爲政 則允德未終之前 將置國家於何地歟.")라고 했다.

21 박병련, 「朝鮮朝 '修己治人'論의 思想史的 變容과 實學思想」, 『행정학보』 32(4), 1998, 177쪽.

22 김형효, 「율곡적 사유의 이중성과 현상학적 비전」, 김형효 외, 『율곡의 사상과 그 현대적 의미』, 한국정신문화연구원, 1995, 51쪽.

23 송치욱, 앞의 논문, 16쪽.

24 분량을 번역본 기준으로 하면 「황극 상」편이 167쪽, 「황극 하」편이 168쪽인 데 비해, 「삼덕」편은 32쪽에 불과하다.

25 『中庸』 20장, "凡爲天下國家有九經曰 修身也 尊賢也 親親也 敬大臣也 體群臣也 子庶民也 來百工也 柔遠人也 懷諸侯也."

26 『晦齋集』 권11「中庸九經衍義序」, "竊謂大學之書 教學者以脩己治人之道 故詳於進修之功而略於爲治之目 中庸之九經 告人君以爲政之道 故詳於經世之目而略於脩己之功 二書之義 蓋互相發也."

27 저자들이 『중용』의 '구경'을 중요시 여겼다는 점은 세 번째 항목인 "임금이 정치의 기준을 세우고 나라를 다스리는 도리[王者建極出治之道]"가 모두 「구경」에 대한 내용을 모은 것이라는 데에서도 드러난다.

28 『洪範衍義』 「皇極上」, "然古先聖王 其於立極之道 保極之具 皆有明法而又有設官建侯 以爲民極之說 皆不可不之講也."

29 『退溪集』 권6「戊辰六條疏」, "聖上唯當顧諟天之明命 恭己南面 推誠腹心 明目達聰 建中于民建極于上 不以分毫私意 撓壞於其間 則居輔相之位者 必皆以沃心陳謨 論道經邦自任 處諫諍之列者 無不以面折廷爭 補闕拾遺爲職."

30 제갈량에 대한 인용은 군사적 내용을 다룬 '사師' 권20, 권21에서 '제갈무후諸葛武侯'로 자주 인용된다.

31 표로 정리하기 위해 항목의 제목을 간단히 달았다.

32 조선의 중종 대에 구준의 『대학연의보』가 경연에서 읽혔지만, 『대학연의』에 비해 순정하지 못한 내용이 있다는 비판을 받았다. 이는 치인 중심의 내용을 다룬 『대학연의보』에 대한 당대 수기중심주의자들의 시선이 담긴 것이라 할 수 있다.

33 「삼덕」편의 항목은 원문으로 달았다. 그 풀이가 내용이 된다.

34 『洪範衍義』 권25「三德」, "朱子曰 三德 施爲之撙節處 又曰 三德 乃是權衡此皇極者也."

35 이현일은 65세 때인 숙종 17년(1691)에 올린 「군덕과 시무에 관한 여섯 가지 사항을 아뢴 소[進君德時務六條疏]」에서 "다만 그 문사를 꾸며서 남의 이목에 맞추기만 하고 한갓 허식만을 일삼아 실효를 구하지 않는다면…[但修其辭. 資人觀聽. 徒事文具. 不責實效]"이라며 정치적 실효의 중요성을 강조하기도 했다.

36 정호훈, 「우하영의 학문과 『천일록』의 사상적 위상-17·18세기 경세학의 흐름을 중심으로-」, 『한국사상사학』 48, 한국사상사학회, 2014, 157쪽.

37 정호훈, 위의 논문, 159쪽.

38 정호훈, 위의 논문, 160쪽.

39 『葛庵集』권10 「答裴公瑾」, "柳丈隨錄 前在都下 幸蒙寵示 逆旅中汨汨 無暫時之閒 得究其終始 南來耿耿 尋常往來於心不自得蒙函封遠寄 仰認至意 豈勝厚幸 此書規模甚大 證據極博 乍見眩惑 未易窺測 然竊觀其經世宰物之論 實合援古酌今之宜 使人慨然有挽回三代之志 甚盛甚盛 使斯人也位通顯而得進爲 則其事業烏可量 使是書也備淸閒而當上心 則其所補豈淺淺哉 惜其抱負經奇 留落不偶 汨沒泥塗 卒死無聞 眙志士無窮之恨 誠可悼歎."

40 위의 책, 「答金景晉」, "柳錄裴書蒙示 厚幸 十三冊讀未及半 不覺掩卷流涕 方信世間有此奇男子 惜其沈沒泥塗 卒死無聞 良可悼歎."

41 『葛庵集』권10 「答裴公瑾」, "冊子卽當完璧 而略綽看過 固難領會 當俟得其要領然後的便還 癡伏計."

42 이선아, 「남인 경세서 『반계수록』의 전인과정과 탕평정국의 영향」, 『전북사학』 46, 2015, 161쪽.

43 김형수, 앞의 논문, 128~137쪽.

44 조성산, 「17세기 중·후반 서울·경기 지역 西人의 경세학과 정책이념」, 『한국사학보』 21, 고려사학회, 2005.

45 최영성, 앞의 논문, 2018, 20~28쪽.

46 『葛庵集』권2 「爲家君應旨進言疏」, "當今國勢如人大病 無有一毫一髮不受其病者."

47 『葛庵集』권2 「爲家君應旨進言疏」, "蓋水旱連年 民天永絶 而實事不聞于上 顚連滿野 道殣相望 而實惠不加於下 急征重斂 橫被齊民 侵漁椎剝 虐及軍伍 上澤不究 民志不入 而壅滯湮鬱 無所告愬."

48 『葛庵集』권6 「經筵講義」 十一月 二一日, "今國家因循玩愒之餘 蠱弊已極 若因此時節 以殿下英武之資 大有爲之志 改紀其政 治蠱致亨 則亦可以致中興之業而受維新之命矣 董仲舒曰 爲政而不行者 必改而更化之 乃可理也 程子曰 若欲救弊則須變 大變則大益 小變則小益 此皆隨時損益之義也 若安常守故 當變不變 則必無治蠱致亨之道 而終歸於淪胥以陷之域 惟殿下念哉."

49 『論語』「爲政」, "子曰 道之以政 齊之以刑 民免而無恥. 道之以德 齊之以禮 有恥且格."

50 배병삼, 「조선시대 정치적 리더십론 : 수기치인과 무위이치론을 중심으로」, 『한국정치학회보』, 31(4), 한국정치학회, 1997, 50쪽.

51 『論語』「爲政」, "子曰 爲政以德 譬如北辰居其所 而衆星共之."

52 『洪範衍義』「皇極上」, "無爲者 非遺棄萬務 默然兀然之謂也."

53 원문은 주 29 참조.

54 『葛庵集』권4 「進君德時務六條疏(十二月)」, "程子之言曰 若欲救之須變 大變則大益 小變則小益 朱子有言曰 若欲有爲 須痛更革之 若但宰相有志 亦不能辦 必得剛健大有爲之君自要做時 方可."

55 위의 책, 「三德」, "孔子曰 天下有道 則禮樂征伐自天子出 天下無道 則禮樂征伐自諸侯出. 自諸侯自大夫出 五世希不失矣 陪臣執國命 三世希不失矣."

56 김준석, 『朝鮮後期 政治思想史 硏究-國家再造論의 擡頭와 展開-』, 지식산업사, 2003, 276~277쪽; 『宋子大全』권5 「封事」.

57 『洪範衍義』「皇極上」, "蓋皇者 君之稱也 極者 至極之義 標準之名 常在物之中央而四外望之以取正焉者也 故以極爲在中之準的則可, 而便訓極爲中則不可."

108

58 『洪範衍義』"乃以誤認之中爲誤訓之極 不謹乎至嚴至密之體而務爲至寬至廣之量 其弊將使人君不知修身以立政 而墮於漢元帝之優游 唐代宗之姑息 卒至於是非顚倒 賢否貿亂而禍敗隨之 尙何歆福錫民之可望哉."

59 『洪範衍義』「皇極下」"夫任一人則政專 任數人則相倚 政專則和諧 相倚則違戾. 和諧則治平之所興也, 違戾則荒亂之所起也."

60 『洪範衍義』"如欲稽古以建官 必以一相統天下 始可以言治矣."

61 『洪範衍義』「三德」"人有小罪 非眚 乃惟終自作不典 式爾 有厥罪小 乃不可不殺 乃率大夏."

62 『洪範衍義』「三德」"朱子知南康軍時 視民如傷 而姦豪侵擾細民 撓法害政者 懲之不少貸."

63 『洪範衍義』「三德」"今人爲寬, 至於事無統紀, 緩急予奪之權皆不在我. 下梢却是姦豪得志 平民既不蒙其惠 又反受其殃矣."

64 『葛庵集』권2「辭免持平兼陳五條疏」"比年以來 國綱解弛 刑政不肅 凡小大之獄 有司奏讞 例多緩縱 每爲便文之計 卒從流宥之法."

65 『論語』「爲政」"子曰 道之以政 齊之以刑 民免而無恥 道之以德 齊之以禮 有恥且格."

66 『論語』「爲政」"子曰 爲政以德 譬如北辰居其所 而衆星共之.";『성학집요』「총론 위정장 제 1」.

67 『洪範衍義』「皇極上」"旣居天下之至中 則必有天下之純德 而後可以立至極之標準 故必順五行敬五事以修其身 厚八政協五紀以齊其政 然後至極之標 爲在中之準的則可 而便訓極爲中則不可 筮驗其休咎於天 考其禍福於人 如準卓然有以立乎天下之至中."

68 『葛庵集』부록 권1「年譜」"爲治必須富而後敎之 若民無事育之賴 則雖有敎化 無以導民爲善 此箕子告武王 所以有旣富方穀之說 然富民之道 不過制田里薄稅斂 損上益下而已 富而敎之敎之不從而後刑以弼敎."

69 『洪範衍義』「三德」"若夫威福之柄 王者御世宰物 尤宜愼之不可 少有差失 以致陵夷僭逼之患也."

70 『葛庵集』권2「辭免持平兼陳五條疏」"大抵紀綱之不振 每出於賞罰功罪之不得其當 風俗之不美 尤係於善惡淑慝之不得其分 而二者之柄 專在於人主之立志與否."

71 洪範衍義「皇極下」"古者天子后立六宮三夫人九嬪二十七世婦八十一御妻, 以聽天下之內治 以明章婦順 敢天下內和而家理 天子立六官三公九卿二十七大夫八十一元士 以聽天下之外治 以天子聽男敎 后聽女順 天子理陽道 后治陰德 天子聽外治 后聽內職 敎順成俗 外內和順 國家理治 此之謂盛德."

72 『洪範衍義』「皇極下」"天下之命 繫於太子 太子之善 在於早論敎與選左右 敎得而左右正 則太子正 太子正而天下定矣 此天下之至言 萬世不可 (…) 至論所以敎論之方 則以孝仁禮義爲本 而其條目之詳 則至於容貌詞氣之微 衣服器用之細 纖悉曲折 皆有法度 一有過失 則史書之策 宰撤其膳 而又必有進善之旌誹謗之木敢諫之鼓 ( ) 大以帝王之世 當傳付之統 上有宗廟社稷之重 下有四海烝民之生 前有祖宗垂創之艱 後有子孫 長久之計 而所以輔養之具疏略如此 是猶家有明月之珠夜光之璧而委之衢路之側盜 賊之衝也 豈不危哉."

73 洪範衍義「皇極下」"昔者天子有爭臣七人 雖無道 不失其天下 諸侯有爭臣五人 雖無道 不失其國 大夫有爭臣三人 雖無道 不失其家 士有爭友 則身不離於令名."

74 『洪範衍義』「三德」"此二十官者 聖王之所以治天下也 聖王不能二十官之事 然而使二十官盡其巧畢其能 聖王在上故也 聖王之所不能也 所以能也."

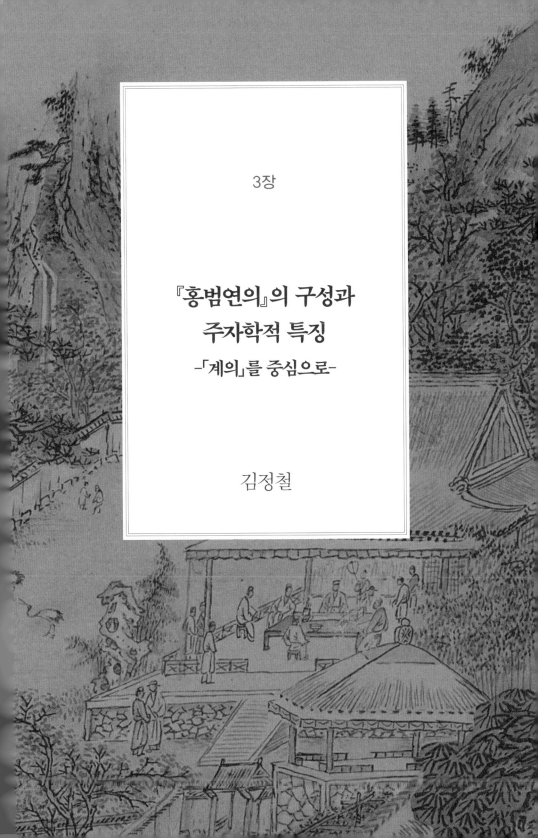

3장

『홍범연의』의 구성과
주자학적 특징

-「계의」를 중심으로-

김정철

1. 들어가며

이 글의 목적은 조선시대 이휘일, 이현일 형제가 편찬하고 후대에도 지속적으로 보완된『홍범연의洪範衍義』의 전체 구성을 검토하고, 내용을 분석하여 그 주자학적 성격을 드러내는 것이다.

「홍범洪範」은 본래『서경』의 편명 가운데 하나이지만 성인의 경세를 다루고 있어 일찍이 독립적으로 취급되었고, 자연히 경학사 전반에서 비중 있게 다뤄져 왔다. 「홍범」의 핵심은 홍범구주洪範九疇로 요약된다. 오행五行-오사五事-팔정八政-오기五紀-황극皇極-삼덕三德-계의稽疑-서징庶徵-오복육극五福六極의 순서로 이어지는 구주九疇는 고대 성인이 펼친 경세의 핵심으로 여겨졌으며, 주희를 비롯한 송대 학자들은 물론 조선에 이르기까지 그 영향력이 적지 않았다.

「홍범」에 대한 해석은 경학사적으로 한대와 송대에 걸쳐 크게 두 차례 집중적으로 조명을 받았다.[1] 「홍범」과 관련된 저술은 한대부터 등장하였는데, 『홍범오행전』, 『한서』 「오행지」 등이 대표적이다. 여기에는 음양오행 사상과 재이災異설이 주로 반영되어 있다. 특히 홍범구주의 첫 번째 주인 '오행五行'은 '오행' 개념의 가장 오래된 경전적 근거였고, 군주의 특정 행위에 따라 천天의 상벌이 결정된다는 재이론적 해석의 근거가 되기도 하였다.

「홍범」은 송대에 다시 집중적으로 재조명되면서 다양한 저술과 주석이 등장하였다. 이 시기에는 한대와 달리 「홍범」을 인사을 중심으로 정치적으로 해석하려는 경향이 강했다. 이는 한대 경학에 대한 극복 시도이면서, 고대 성인의 경세를 천天이 아니라 인사을 중심으로 재구성하려는 시도였다.[2]

다만 천인天人 관계에 대한 이해는 여전히 큰 쟁점 가운데 하나였다. 송대 학자들은 천인을 연결한 한대의 억지스러운 해석을 거부하고 인사을 중심으로 「홍범」을 재해석하고자 했다. 이들 역시 유학자인 이상 경서에 기록된 천인 관계를 근본적으로 부정하지는 못했지만, 한대 경학의 비합리적인 해석과 차별화된 견해를 제시하였다. 이러한 흐름을 대표하는 장경張景(970~1018), 호원胡瑗(993~1059), 왕안석王安石(1021~1086) 등의 학자들은 「홍범」과 관련한 저술을 각자 남겼다.[3]

이들과 달리 「홍범」 경문에 반영된 천인의 관계를 여전히 중시해야 한다고 주장하는 학자들도 있었는데, 증공曾鞏(1019~1083)과 주희朱熹(1130~1200)가 대표적이다. 이들 역시 한대의 억지스러운 해석을 비판하면서도 천인 관계에 근거를 둔 「홍범」의 이해를 고수하고자 하였다. 이후 공인된 채침의 『서집전書集傳』은 바로 주희의 관점을 계승한 것으로, 후대의 주석 역시 대부분 한대의 재이론적 해석을 경계하면서도 천인의 관계를 강조하였다.

　조선에서는 주로『서전대전』을 학습하였으므로, 천인 관계에 충실한 주희와 채침의 해석을 자연스럽게 수용하였다. 특기할 점은 기자箕子의 존재가 「홍범」에서 매우 주목받았다는 것이다. 중국에서는 고대 현인 가운데 하나로 여겨졌지만, 17세기 조선에서 기자는 동방을 교화하여 문명의 길로 이끈 최초의 스승이자 왕으로서, 성인에 필적하는 인물로 존숭되었다.[4] 기자에 대한 인식은 특히 17세기 조선에서 눈에 띄는데,[5]『홍범연의』는 17세기 당시 명明의 패망에 따른 중화문명의 위기의식과 기자 중심의 도통의식을 반영한 저술이라고 할 수 있다. 조선에서『홍범연의』외에도 비슷한 시기에 박세채의『범학전편範學全篇』, 우여무의『홍범우익洪範羽翼』과 같은 거질의 「홍범」 관련 저술이 등장한 것은 우연이 아니다.[6] 이들은 세부 구성과 내용에 차이가 있지만, 모두 기자에 대한 존숭과 도통의식을 공유하고 있었다.

　그중에서도『홍범연의』는 방대한 분량뿐 아니라 상세한 고증으로 주목할 만한 저술이다. 다만 그 성격에 대해서는 다양한 시각이 존재한다. 기존 연구 성과를 살펴보면, 다양한 분야에서 연구가 이루어졌으나 많은 편은 아니다. 크게『홍범연의』의 간행과 판본을 분석한 논문,[7] 특정 분야의 상세한 내용을 분석한 논문이 있고,[8] 편자인 존재와 갈암의 사상을 다룬 연구,[9] 제왕학적 성격에 주목하거나[10] 저술 자체의 성격에 주목한[11] 논문이 있다.

　처음에는 주로 실학적 경세서로 평가받았지만, 이후에는 다른 시각들도 나타났다. 김성윤은『홍범연의』에 도학과 실학의 사유가 공존하고 있다고 평가하였고,[12] 최영성은『홍범연의』를 통해 존재와 갈암의 사상을 조명하면서 이 책이 남인 홍범학의 결정판이며 경세의 대본大本, 대경대법大經大法을 제시했다는 점에서 시대성에 주목한 개혁안과는 확연한 차이가 있다고 지적하였다.[13] 금장태는 이 책이 지닌 도학의 보수적 성격에 주목하기도 하였다.[14]

『홍범연의』는 주로 경세서로 평가받았지만, 일부 내용은 논란이 되기도 하였다. 특히 『주역』의 시초점에 관한 상세한 해설이 수록된 「계의稽疑」는 실학의 경세를 표방한 것으로 평가하기에는 부자연스러운 측면이 있었다. 또 주자학의 심학적 경세를 강조하더라도 점법에 관한 상세한 고증은 이해하기 어려운 측면이 있다. 그래서 이영호는 「계의」가 『홍범연의』의 후반 구성에서 중요한 부분을 차지함을 지적하면서, 도학이나 실학의 경세가 아니라 고대 점복적 경세의 부활을 시도한 저술이라고 평가하기도 했다.[15] 또 이현일과 이휘일의 경세론을 주자학의 심학적 경세라고 명명하면서 『홍범연의』가 그들의 평소 견해(심학적 경세)와도 다른 존고存古적 성격을 지니고 있음을 지적하기도 하였다.[16] 이 연구는 『홍범연의』의 서문을 포함한 구체적인 내용 분석을 통해 성인의 경세 관련 기록을 후대에 전하고자 하는 이른바 존고적 성격을 부각하였다는 점에서 의의가 있다.

실학적 경세서와 도학의 경세, 고대 점복적 경세의 회복 등 다양한 평가가 도출된 원인은 바로 『홍범연의』의 전체 구성에 대한 분석과 「계의」 등 개별 장의 성격을 규정하는 방식에 기인한다. 기존 연구에서도 이 점을 완전히 묵과하지는 않았지만, 그 이유를 구체적으로 규명하지는 않았다.[17]

논자의 문제의식은 이러한 물음에서 시작되었다. 『홍범연의』의 존고적 성격을 부각한 이영호의 평가에 동의하면서도, 점복적 경세의 전형이라는 평가에 대해서는 여전히 재고의 여지가 있다고 보기 때문이다. 논자는『홍범연의』가 철저하게 주자학적인 관점에 따라 구성되어 있으며, 점복적 경세의 요소가 주자학의 경세론 체계 안에 공존하고 있다고 본다. 이는 주희의 견해이기도 하고, 천인의 관계에 근거한『홍범연의』의 전체 구성에서도 확인할 수 있다.

이하 본문에서는『홍범연의』의 구성이 주희의 관점에 충실함을 고증하고, 한당대 주석들을 통해 고대 성인의 경세를 고증하되 송대 학자의 견해를 활용하여 주자학의 관점을 취하고 있음을 보이고자 한다. 이를 통해『홍범연의』가 이휘일과 이현일 형제가 구축하고 영남 지식인들이 오랜 시간에 걸쳐 주자학적 경세의 핵심을 정리한 저술로 평가할 수 있을 것이다.

이를 위해 2절에서는『홍범연의』「서문」 등을 통해 저술 의도를 살피고, 전체 내용 구성을 분석한다. 3절에서는『홍범연의』「계의」를 중심으로 주석에 인용된 송대 학자들의 견해가 전체 구성에서 어떠한 역할을 하고 있는지 고찰하고자 한다.

2. 저술 의도와 존고적 성격

1) 이휘일과 이현일의 저술 의도

『홍범연의』는 흔히『서경』「홍범」의 주석서로 알려져 있는데, 실제 인용된 자료를 보면 단순히 경문에 관한 해설을 목적으로 삼은 책이 아님을 알 수 있다. 물론 경문의 내용을 인용한 사례도 있지만, 전체를 기준으로 보면 일부에 불과하다. 『홍범연의』는 경문의 해석 자체보다는 홍범구주의 핵심을 논하고 그 구체적 사례를 제시하는 데 목적이 있다. 이러한 편찬 의도는 서문에 잘 드러나 있는데, 이현일은 형 이휘일이 경세에 뜻을 두었다고 하면서, 형의 「홍범」 인식을 다음과 같이 요약하고 있다.

「홍범」의 글은 하늘과 땅 사이를 가득 채우는 모든 사물을 포괄하는 것이니, 실제로 몸을 닦아 부여받은 본래의 도리를 실천하고, 신을 섬기며 사람을 다스리고, 음양을 조화롭게 하여 지나친 것을 억제하고 모자란 것을 보충할 수 있게 하는 위대한 원칙과 방법이 들어 있는 곳이다. 그 내용을 들여다보면 이치는 담담하면서도 깊고, 말은 꾸밈이 없으면서도 심오하여 쉽게 이해할 수가 없다. 채침蔡沈의 『서집전』은 문자를 따라 뜻을 새기고 풀이해서 간단명료하다. 그러나 시설과 거기에 따르는 조목, 세부적인 규정 그리고 상세한 수효에 관해서는 미처 언급하지 못했다. 경전을 훈석訓釋하는 체례가 그러하기 때문이다.[18]

「홍범」의 내용은 천지 사이의 모든 사물을 포괄한다. 수신을 통해 도리를 실천하고, 신을 섬기고 사람을 다스리고 음양을 조화롭게 하는 일이 모두 '경세'에 해당한다. 즉 성인이 제시한 경세의 모범은 단순히 백성을 다스리는 행위와 제도에 한정되지 않는다. 천지 사이의 모든 일, 즉 천인天人의 일을 다스리고 관장할 수 있는 위대한 원칙과 방법[大經大法]이 곧 「홍범」인 셈이다.[19] 홍범구주의 조목에 오행과 오기,

서징, 오복육극 등 인간이 좌우할 수 없는 요소들이 포함된 까닭은 「홍범」의 사유가 근본적으로 천인 관계에 기반을 두고 있기 때문이다. 그래서 「홍범」에 녹아 있는 천인 관계의 사유는 『홍범연의』를 경세의 맥락만으로 평가하기 어렵게 한다. 더구나 짧은 경문 속에 내용은 축약되어 있으므로 그 이해는 어려울 수밖에 없다.

주희는 『서경』의 체계적인 주석을 남기지 못했고, 결국 제자인 채침에게 『서경』 주석의 편찬을 위임하였다. 그러나 주희의 명에 의해 찬집되고 후대에 공인받은 채침의 『서집전』조차 이휘일이 보기에는 세부 내용을 이해하기에 부족한 것이 사실이었다. 그는 『서집전』의 권위와 내용을 부정하지는 않으면서, 채침이 경문의 체제에 따라 풀이하다 보니 저절로 한계가 발생했다고 보았다. 이휘일의 저술 목적은 이처럼 기존 주석의 미비점을 보완하는 것이었다. 즉 경세의 세부적인 지침과 내용을 방대하게 정리하여 『서집전』의 부족한 점을 보완하고자 한 것이다. 게다가 그는 다음과 같이 스스로 책을 지으려는 의도도 없었다.

> 이제 스스로 책을 짓거나 글을 쓰려는 의도는 아니다. 하지만 구주九疇의 목차에 따라 경經과 전傳에서 발췌해 내어 분류하고 편집하고, 조목조목 배열하고 자세히 분석하여 그 뜻을 미루어 설명해서 보조하고 호위한다면, 애당초 책을 쓰려 했다는 혐의를 받지 않으면서 의지할 곳을 가지게 되니 도리어 좋지 않겠는가.[20]

이휘일은 단지 경전의 뜻을 미루어 자세히 설명하여 참고하고 보충하는 것을 원칙으로 삼았다. 『홍범연의』의 내용은 크게 경經과 전傳으로 구성되는데, 경은 성인 시대를 서술한 삼경三經,『주례周禮』,『예기禮記』등의 경서를 의미하며 전은 한당대의 주소와 송대 학자들의 견해까지 아우르는 방대한 주석과 역사적 사례를 가리킨다. 이휘일이 저술의 의미를 스스로 낮춘 까닭은 당시 조선의 학자들이 대부분 도학의 실천을 목적으로 삼을 뿐, 말을 많이 하거나 글을 짓는 행위에 대해서는 경계해야 한다고 보았기 때문이다. 그래서 만약 저술을 꼭 해야 한다면 자신이 직접 해설하기보다는 기존 자료들을 종류별로 분류하여 정리하는 것을 선호하였다.[21]

요약해 보면『홍범연의』는 기본적으로 채침의『서집전』에 나온 경전 해석을 인정하면서, 그 세부적인 항목과 구체적인 내용을 보충하기 위해 저술한 것이다. 방대한 분량의 주소를 수록하여 존고적인 성격을 지니게 된 까닭은 바로 이휘일의 이러한 저술 동기 때문이다. 그러므로 이휘일과 이현일이 새로운 경세의 원칙을 수립하거나 고대 경세론을 추구하고자 했다고 단정하기는 어렵다. 오히려 주자학의 전통과 관점을 계승하면서, 그 속의 세부적인 내용을 보완하려는 동기가 더 강하다고 할 수 있다. 이현일 역시 이 책의 내용 구성과 편집에 관하여 중요한 단서를 언급하고 있다.

이에 옛 전적들을 널리 참고하고 두루 채집하며, 참작하고 취사선택하여 체제를 잡고 편집하였으니,「오행」·「오사」·「팔정」과 같은 범주는 대개 형님께서 친히 모아 기록한 것을 정리한 것이다. 그 이외의 여섯 가지 범주도 모두 조목과 순서를 짜두었으나 모아서 책을 만드는 데는 이르지 못했다. 불행히도 중도에 병환에 걸려 뜻을 이루지 못하였다.[22]

「오행」,「오사」,「팔정」은 자료의 수집과 구성까지 이휘일이 작업한 것을 토대로 삼았지만, 나머지 장들은 대략의 얼개만 짜두었을 뿐 구체적인 내용 구성은 후대의 몫으로 남겨두었다는 뜻이다. 즉『홍범연의』의 전반부 가운데 홍범구주의 세 번째 주인 「팔정」까지는 이휘일의 밑그림과 기존 수집한 자료를 중심으로 편집되었고 나머지는 이현일이 우선 완성한 뒤 그 후손들이 증보한 것이라 볼 수 있다. 책 전체에 공통으로 적용되는 범례가 없고, 각 장에 머리말만 첨부한 이유는 이러한 사정이 있었기 때문이라고 짐작된다.[23]

2) 존고적 성격과 주자학적 구성

˙(1) 존고적 성격의 편집

이 책의 구성과 내용에 대해서는 「서문」과 홍범구주의 항목을 제목으로 삼은 각 장 외에도 「홍범연의변洪範衍義辯」과 「홍범총론洪範總論」도 함께 살펴보아야 한다. 「홍범연의변」은 내용이 지나치게 번쇄하다는 비판에 관한 이현일의 답변이라고 할 수 있는데, 이 내용은 「수주관규록愁州管窺錄」에도 수록되어 있다.[24] 이 글은 후대에『홍범연의』에 편입된 것으로 추정되는데, 여기서도 내용 편집의 기준을 대략 알 수 있다. 다음 인용문을 살펴보자.

주공周公은『주례』를 지으면서 단지 예禮의 조목만을 나열했을 뿐 그 규정들을 모두 전하지는 않았다. 정현鄭玄의 주註와 가공언賈公彦의 소疏에서도 또한 그 실제 일에 적용하는 방법[致用之方]을 분명히 말하지는 않았다. 주자가 예서禮書를 모아 편집하면서 조목에 따라 모아 기록하고 그 뜻을 알기 쉽게 덧붙였다. 예를 들면 「종률鐘律」[25]은 『당개원십이시보唐開元十二詩譜』[26]와 채원정蔡元定의 『율려신서律呂新書』로 보완하였으며, 「사전師田」[27]은 『풍후악기風后握機』[28]의 글과 무후武侯[29]의 육십사진六十四陣의 그림에다 자세한 설명을 덧붙인 것과 같은 것이 그러한 것들이다. 그 밖에도 광범위하게 문헌들을 찾아서 같은 부류에 속하는 것을 모은 것이 한둘이 아니고 상당히 많다. 아마도 이처럼 하지 않으면, 사물의 이치를 모두 꿰뚫어 보고 천하의 일들을 성취하지[開物成務] 못할 것이라고 여겼기 때문일 것이다.[30]

이현일은 『주례』를 예로 들면서, 정현의 주와 가공언의 소에도 그 실제 적용 방법을 정확히 말하지 않았는데, 주희가 『의례경전통해』와 같은 저술을 통해 조목에 따라 그 뜻을 상세하게 덧붙였다고 보았다. 즉 이현일이 『홍범연의』에서 편집의 모범으로 삼은 것은 주희의 『의례경전통해』라고 할 수 있다. 『의례경전통해』에서는 「종률」과 「사전」을 예로 들었는데, 이들은 모두 자세하지 않은 내용에 관한 주석으로 광범위한 문헌을 제시했다는 공통점이 있다. 『홍범연의』는 이를 모범으로 삼아 범위를 홍범구주로 한정하고, 구주와 관련된 경서의 기록과 다양한 주석을 최대한 정리하여 수록한 책이라고 할 수 있다.

이 부분을 읽을 때 주의해야 할 점은 "실제 일에 적용하는 방법[致用之方]"이라는 말이다. 이는 당장 시급한 현실 제도개혁에 필요한 방법을 의미하는 것이 아니다. 『주례』와 『서경』 등 경문에 나타난 핵심적인 의미를 제시하고 역사의 다양한 사례를 통해 치용致用의 의미를 구체적으로 드러내려는 것이지, 당장 현실에서 그대로 구현해야 할 사례를 모은 것으로 보기 어렵기 때문이다. 인용문 뒤에 다시 『대학연의』, 『대학연의보』의 사례를 든 이유도 마찬가지다. 방대한 주석은 기본적으로 새로운 관점이나 방법을 제시하기보다는 경문의 핵심 내용에 관한 상세한 사례를 수록하여, 후세의 참고를 돕기 위해 제시된 것들이다.

편집 시기와 편자를 정확히 알 수 없는 「홍범총론」도 주목할 만하다. 이 글에는 동정董鼎(?~?),[31] 진덕수陳德秀(1178~1235)의 견해도 일부 포함하고 있지만 대부분 주희의 견해로 채워져 있다. 내용의 출전은 모두 『서전대전』에 인용된 협주夾註와 『주자어류』에 수록된 주희의 견해다.[32] 「홍범총론」은 『홍범연의』가 주희의 관점을 철저하게 따르고 있음을 보여 주는 중요한 자료라고 할 수 있다.

따라서 『홍범연의』는 새로운 견해를 드러내거나 실학적 경세학을 추구하려는 의도가 있었다고 보기 어려우며, 기존 『서집전』의 부족한 부분, 즉 세부적인 사항에 대한 보완의 의도가 강하게 담겨 있다고 볼 수 있다. 그리고 세부 사항에 대한 주석은 『서경』, 『주례』, 『예기』에 대한 정현의 주석과 공영달의 소 등 한당漢唐대의 주소를 적극적으로 활용하였다. 이런 점에서 『홍범연의』의 성격을 존고적이라고 했던 기존 연구의 평가는 분명 타당하다.

다만, 논자는 고주소의 내용을 그대로 수용하여 후대에 전하고자 한 것은 아니라고 생각한다. 주석에는 한당대의 주소뿐 아니라 주희를 비롯한 송대 학자의 견해를 적소에 배치하여 주자학의 관점에서 「홍범」을 이해하도록 유도하고 있기 때문이다. 즉 『홍범연의』는 한당대의 고주소를 적극적으로 인용하였다는 점에서 분명 존고적이지만, 동시에 철저하게 주자학의 관점에서 「홍범」을 독해하려는 구성을 취했다고 할 수 있다.

　구성에서 또 주목할 점은 『홍범연의』에서 자료를 인용하는 방식이다. 범례가 따로 마련되어 있지 않아 편집의 방향과 의도를 직접 파악하기는 어렵지만, 이 책에서 자료를 인용하는 일관적인 형식은 추려낼 수 있다. 이는 대략 몇 가지로 정리할 수 있는데, 첫째는 머리말 뒤에 고대의 경經을 우선 제시하는 것이다. 『주역』, 『시경』, 『서경』, 『주례』, 『예기』가 대표적인데, 성인의 행동과 말을 다룰 때는 『논어』와 『맹자』를 활용하기도 한다. 모두 성인의 시대를 직접 다룬 경서의 내용이다.

　둘째는 정현의 주석과 가공언, 공영달의 소 등 한당대의 주소를 전傳으로 인용하였다는 점이다. 주소의 적극적인 인용은 한당대 경학의 주석을 그대로 수용하는 것처럼 보일 수도 있으나 『홍범연의』에서 이 주석들은 경세의 상세한 고증을 위해 활용된 것으로, 내용을 그대로 받아들여 실천하거나 후세에 전달하려는 것은 아니었다. 앞서 이현일은 「홍범연의변」에서 주소의 내용에 대해 치용致用의 방도를 논했다고 보기 어렵다고 평가했다. 그래서 주소의 뒤에는 주희의 견해 혹은 송대 학자의 견해를 배치한 경우가 많다. 이는 한당대 경학 해석에 대한 경계를 나타내면서 주자학의 관점에 충실하고자 했는데, 이것이 세 번째 특징이다.

　한당대의 주소와 송대 학자의 견해를 나란히 배치하는 방식은 『홍범연의』 편집의 방향과 관점을 분명히 드러내며, 앞서 이현일이 「홍범연의변」에서도 말했듯이 주희가 『의례경전통해』에서 보여 준 고증 방식을 살린 것이기도 하다.

(2) 주자학적 관점을 반영한 구성

이번에는『홍범연의』의 내용 구성에 반영된 주자학적 성격을 살펴보도록 하자. 앞서도 언급했듯이『홍범연의』에는 범례가 따로 있지 않아 편집의 의도나 주석의 선정 방식 등을 직접 알기 어렵다. 하지만 단서가 몇 가지 있다. 첫째는 각 장 서두에 배치된 머리말이다. 머리말에는 기본적인 편집 방향과 수록된 자료를 제시하고 있어 해당 장의 내용과 구성을 파악해 볼 수 있다.

둘째는 핵심을 요약한 소결에 해당하는 문구의 존재다.『홍범연의』는 내용이 매우 방대한 탓에 전체를 일일이 고찰하기 어렵지만, 다행히도 각 장의 내용 중간에 '이상以上', '우右'로 시작되는 소결에 해당하는 문구가 포함되어 있다. 이를 통해『홍범연의』전체 구성과 핵심 내용을 다음의〈표1〉과 같이 정리해 볼 수 있다.[33]

겉보기에는「팔정」의 각 조목에 관한 방대한 주석이 가장 눈에 띈다. 하지만 구성을 자세히 살펴보면,『홍범연의』의 구성에 주희의 관점이 철저하게 반영되어 있음을 알 수 있다. 대표적인 것이「황극」의 내용 구성이다.[34] 내용은 대부분 각종 예법과 관직을 세우는 기준과 방법의 구체적인 사례를 제시한 것이지만, 서두에서 황극을 성인이 '계천입극繼天立極' 하는 과정 혹은 군주가 표준을 세우는 과정으로 이해하는 것은 주희의 견해를 취했기 때문이다.[35]『주자어류』에 기록된 주희의 홍범구주 이해를 살펴보면 다음과 같다.

무릇 (낙서의) 수에서 1부터 5까지는 5가 가운데 있고, 9에서 5까지 5도 또한 가운데 있다. 9를 이고 1을 밟으며, 3을 왼쪽에 두고 7을 오른쪽에 둠

<表1>『홍범연의』 각 장의 주제와 핵심 내용

권수	제목	주제	핵심 내용
1	五行	論五行之質, 有定體而效其功用 論五行之氣, 播於四時而爲流行	오행을 질질과 기氣로 구분하고, 이를 체용體用과 유행流行의 관점에서 이해함
2	**五事**	叙五事之用 五事通論 **論敬爲五事之主**	오사, 모언시청사貌言視聽思에 대한 각론 오사에 대한 통론 **경敬을 오사五事의 핵심으로 제시**
3	八政 -食	論劭農作貢之法 論時使節用之道 論廣儲蓄 論備災救荒之要 論興水利	농용農用을 중심으로 농사 관련 내용을 정리 절용의 방법 가축을 기름 재이를 대비하고 구황하는 핵심 수리
4	八政 -貨	論造幣 論通有無權輕重 論斂貨 論節儉 論抑末利 論不與民爭利	재화를 관리하는 방법
5~ 12	八政 -祀	祭法總要(5) 天神之祀(6) 地示之祀(7) 百神之祀(8) 宗廟之祀(9) 因事之祭(10) 大夫士饋食儐尸之禮(11) 總論祭祀之義(12)	제사 방법의 기본 원칙 각종 제사 정리 제사의 의미에 대한 총론

권수	제목	주제	핵심 내용
13	八政 -司空上	論均田定居之法 明戶口民數之法 總論制國居民之法 明分士封建之制	토지-호구 제도 등을 논함
14	八政 -司空下	宮室之制 器服度量之制	궁실의 운영과 기물, 복제 도량형
15	八政 -司徒上	學制 學義 明倫	학문 제도와 인륜의 관계
16	八政 -司徒下	敎學通法	교학의 원칙과 방법
17	八政 -司寇	典刑 設禁 飭憲 聽訟 議辟 司民 和難 有司 愼刑 明辟	각종 법제와 원칙
18	八政 -賓上	十相見禮 諸侯相朝禮 朝見總紀 覲禮	빈객을 대하고 조회하는 예제
19	八政 -賓下	聘禮	빙례
20	八政 -師上	軍制 敎閱 戰陣	군제와 전술

권수	제목	주제	핵심 내용
21	八政 -師下	軍禮 軍令 將道 征伐 城池 禦夷狄 車戰	군령과 정벌, 전투
22	五紀	曆法 日月星辰 二十八宿 水火金土木五星爲緯 明日月所會爲辰之義	천문과 역법
23	皇極上	敍二帝三王繼天立極之道 明王者建極出治之道 天子之禮 王者內治之法 建儲輔養之法 明天子尊師重道之義 明天子視學養老之義	성인이 계천입극을 하는 도 왕이 극을 세우고 정치를 행하는 도 천자의 예법 왕의 다스림 관직을 세우고 제후를 세우는 원칙 등
24	皇極下	論設官 論建侯 省方考制之義 名器	
25	三德	高明柔克 作福作威玉食 三德總論	고명 유극을 다스림 복/위엄/맛있는 음식을 가려 씀 삼덕을 총론함
26	稽疑	卜筮總紀 明蓍策 考變占	거북점과 시초의 근본 고증 시초점에 대한 고찰
27	庶徵	休徵 咎徵 庶徵總論	군주의 정치에 대한 자연의 반응 휴징과 구징, 총론
28	五福六極	오복육극의 해석이 천인 중심으로 이루어져 일반 백성까지 반영되어 있음을 논함	천인의 관계를 인정하면서 백성을 향한 이상적 정치를 구현해야 함을 강조

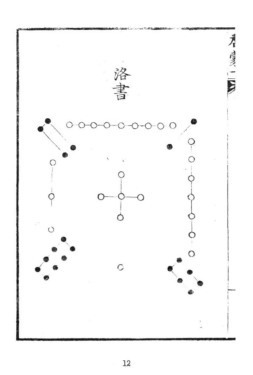

12

『역학계몽요해易學啓蒙要解』 중 「낙서洛書」,
국립중앙도서관 소장

에도 5가 가운데 있다. 예컨대 앞의 네 가지가 있어야 비로소 극極을 세울
수 있으니, 첫째 오행五行, 둘째 오사五事, 셋째 팔정八政, 넷째 오기五紀가
이것이다. 뒤의 네 가지(삼덕-계의-서징-오복육극)는 또한 황극皇極에서 나
온다.[36]

주희는 낙서의 숫자 배치에 근거하여 5가 중심에 있음에 주목하여
5 황극의 역할을 강조하였다. 즉 황극을 앞의 오행-오사-팔정-오기

의 네 주가 성립한 뒤에 군주[皇]가 표준[極]을 세우는 과정으로 이해한 것인데, 이렇게 보면 뒤의 나머지 4개 주는 황극의 정치 행위로부터 파생하는 것이 된다. 이러한 주희의 황극 해석은 기존 주석에서 황극을 단지 '대중大中'으로 풀이한 것에 대한 비판에서 비롯되었다.「황극변」에서는 다음과 같이 말하였다.

낙서의 9수에서 5는 가운데 머물고, 홍범구주에서 황극은 5에 머문다. 그러므로 공안국의 전傳에서 황극을 대중大中이라고 한 후에, 제유는 모두 그(공안국)의 설을 조술하였다. 내가 홀로 일찍이 경문의 의미와 말의 맥락으로 뜻을 탐구하였는데, 꼭 그렇지 않음을 알게 되었다. 황은 군주를 칭하고, 극은 지극하다는 뜻이며 표준을 이른다. 항상 만물의 중앙에 있으면서 사방에서 그를 바라보고서 바름을 취한다는 것이다. 그러므로 극을 가운데에 있는 표준이라고 하면 괜찮지만, 곧바로 극을 '가운데'라고 풀어서는 안 된다.[37]

주희는 공안국을 비롯한 한대「홍범」해석에서 황극을 대중으로 풀이하는 것을 강하게 비판하였는데, 그 이유는 대중이라는 풀이가 주는 모호함과 경문 해석의 자의적 성격 때문이다.[38] 공영달은 황극을 단지 "하늘에 따라 정사를 펼치면 대중을 얻을 수 있다"라고만 풀이하였는데,[39] 여기서 대중이란 단지 군주가 구주의 운용에서 취해야 할 중정中正의 도리라는 의미에 불과하였다. 주희는 5 황극을 군주가 극(표준)을 세우는 과정으로 보아, 더 적극적인 의미를 부여하고자 하였다. 황극에 관한 새로운 해석을 펼친「황극변」은『홍범연의』「황극」의 서두에

강령처럼 걸려 있는데, 이는 전傳에 해당함에도『서경』의 경문보다도 앞에 배치되어 있다.「황극」의 주석 구성은 이처럼 주희의 견해를 적극적으로 따른 것이다. 뿐만 아니라「오복육극」의 머리말에도 주희의 황극 이해를 반영한 서술이 다음과 같이 나타나 있다.

> 무릇 오행에 순응하고 오사를 삼가며 팔정을 후하게 하고 오기에 화합함은 곧 극極을 세우는 것이다. 삼덕에서는 앞의 네 가지를 저울질하고, 계의에서는 의문을 결단하며, 서징에서는 징험하며, 오복과 육극에서는 선을 권면하고 악을 징계하니, 이 또한 황극으로부터 나오는 것이다.[40]

군주가 극을 세우는 것을 중심으로 앞의 4주와 뒤의 4주를 구분하면서 '소이건극所以建極'과 '자황극중출自皇極中出'을 구분한 것은『홍범연의』의 홍범구주 이해가 주희의 관점에 기초하여 세워져 있음을 잘 보여 준다. 앞의 4주는 군주가 극을 세우는 전제 조건이 되고 뒤의 4주는 군주가 극을 세운 뒤에 이뤄지는 정치적인 행위와 결과에 관한 각종 징험을 가리키게 된다. 이는 천인 관계를 반영하고 있으며, 앞서 살폈듯이 주희의 견해이면서 기존 한당대「홍범」해석에는 없었던 관점이다.[41] 주희의 황극 해석은 후대에 채침의『서집전』에 반영되어 주자학「홍범」이해의 핵심으로 자리매김하게 되었다.[42]『홍범연의』「황극」은 이처럼 주희의 황극 해석 관점에 따라 핵심 내용을 제시하고, 자료들을 인용하고 있다.

「황극」외에「오사」도 마찬가지다.「오사」는 성인인 공자의 행동을 주제로 삼고 있으므로,『논어』의 내용을 앞세우고『맹자』를 언급하여 성인의 모습을 떠올릴 수 있도록 편집하였다. 이러한 편집 방식은 성인의 시대에 가장 근접한 자료를 선별하고 이와 관련된 주석을 첨부하고자 한 결과다. 하지만 주석의 마무리는 역시 송대 학자의 견해를 인용하고 있다. 경敬을 오사의 핵심으로 파악한다는 결론부의 내용은 「오사」에도 주자학의 관점을 반영하고 있으며, 심학적 경세의 일면을 보여 준다. 경을 실천한 다양한 역사적 사례를 제시한 뒤에 덧붙인 송대 이후의 주석은 다음과 같다.

① 서건徐幹의 「법상론法象論」, 진덕수의 주석(「법상」 한 편은 오로지 경敬)을 위주로 한 것이다. 진秦·한漢 이후 유자儒者의 논저 가운데 이것에 미칠 수 있는 것이 드물다)

② 주희의 「경재잠敬齋箴」

③ 경敬이 오사五事의 주主가 된다는 진덕수의 말

한당대의 주석에서 경용오사敬用五事는 군주의 몸가짐과 행위에 대한 경계를 가리키는 말이었고, 경敬 개념 자체에 대한 주목은 아직 없었다. 「홍범」의 해석에서 경 개념을 통해 오사를 통섭하는 형태로 이해한 것은 송대 이후의 일인데, 이는 경을 통해 심心과 일상의 모든 행동을 수렴하고자 했던[其心收斂不容一物] 주희의 사상과 맞닿아 있다. 특히 진덕수의 말은 「오사」의 마지막을 장식하고 있는데, 그는 『심경心經』의 저자이면서 주희를 계승하여 경을 강조한 학자이기도 하다. 16세기 이후 『심경부주』가 조선시대 사상 전반에 미친 영향력을 고려하면, 이현일이 경을 오사의 핵심으로 논한 진덕수의 말을 마지막에 배치한 것은 자연스러운 일이라고도 볼 수 있다.

주희는 직접『서경』관련 주석을 남기지는 않았지만, 문집과『주자어류』등에 관련 내용이 남아 있고,『서전대전』과『성리대전』등에 인용되어 있다.『홍범연의』는 이러한 자료를 적극적으로 활용하였으며, 주희의 견해를 알 수 없는 부분에 대해서는 북송대의 학자들이나 주희의 후학인 채침, 황간, 진덕수 등의 말을 인용하여 보충하였다.「오행」,「오사」의 구성은 모두 이러한 기준에 충실한 편이다.

분량이 가장 많은「팔정」의 구성은 고증적인 성격에 가장 충실하다.「팔정」은 이름 그대로 8개 조목으로 이뤄진 구주 가운데 3주인 팔정을 무려 53개의 부분으로 세분하여 고증하는 방식을 취하였는데, 주희의 견해나 송대 학자의 견해를 인용하지 않은 사례도 다수 포함되어 있다. 이러한 방대한 고증은「팔정」을 중시했다는 의미이기도 하지만, 동시에『서집전』등「홍범」에 관한 기존 주석의 설명이 부족하다는 이휘일의 문제의식을 반영한 것이기도 하다.「팔정」외 다른 편은 대체로 주희의 견해가 기준점 역할을 하고 있는데, 이는 이현일이 주희의『의례경전통해』를 모범으로 삼아 편집을 주도한 사실과도 무관하지 않다.

3. 주자학적 관점이 반영된 주석─「계의」를 중심으로

이번에는 주석에 주자학적 관점이 적극적으로 반영된 사례를「계의」를 중심으로 살펴보도록 하자. 앞에서 고찰하였듯이『홍범연의』는 성인의 시대에 해당하는 경經을 우선 배치하고 한당대의 주소와 송대 학자의 견해를 전傳으로 활용하였다. 송대 학자들의 견해와 역사적 사례는 한당대 주석의 뒤에 배치하고 있다. 인용된 주석 중에는 송대 학자의 견해, 특히 주희의 견해가 집중적으로 나타나는데, 이 주석들은 한당대 주석의 내용을 그대로 수용하지 않고, 주자학의 관점에서 이해하기 위해 배치된 것이다. 『홍범연의』안에서 주자학적 관점이 가장 적극적으로 반영된 사례는 「계의」에서 찾을 수 있다.

『홍범연의』「계의」는 기존 연구의 지적대로 홍범구주의 후반부, 즉 군주가 표준을 세운 뒤에 행하는 경세 과정 가운데 가장 분량이 많다.[43] 분량이 많은 이유는 그 중요성 때문이기도 하지만 사실 참고 자료의 한계 때문이라고 할 수 있다. 또 8주와 9주에 해당하는 「서징」, 「오복육극」의 주석이 소략한 까닭은 「황극」이나 「팔정」 등과 중복되

<표2> 『홍범연의』「계의」의 구성과 인용 자료

	구성	인용 자료	비고
1	머리말		이현일(추정)
2	卜筮總紀	周禮 『朱子語類』	
3	明蓍策	주희 『周易本義』「筮儀」 주희 『易學啓蒙』「明蓍策」	
4	考變占	주희 『周易本義』 주희 『易學啓蒙』「考變占」 주희 「明筮贊」 주희 「述旨贊」	「明筮贊」과 「述旨贊」은 『周易傳義大全』에 수록

어 생략한 탓도 있다.「계의」에 인용된 자료를 간략히 정리하면 〈표 2〉와 같다.

이처럼「계의」의 구성은 다른 장에 비하여 매우 단순하다. 앞부분에 있는『주례』인용을 제외하면 주희의 견해만 나열하고 있음을 알 수 있다.「계의」의 내용은 모두 점서占筮에 관한 것인데,「주례」를 인용하여 점서의 기본적인 정의를 내린 뒤, 주희의『역학계몽』과『주역본의』를 인용하여 시초점의 과정과 원리를 서술하고 있다. 즉「계의」는 다른 편들과 달리 서두에 인용한『주례』를 제외하고는 철저하게 주희의 견해로만 채워져 있는 셈이다. 심지어『서경』「홍범」의 경문도 전혀 인용하지 않았는데, 머리말은 여기에 나름의 사정이 있음을 알려준다.

주자의『의례경전통해』「왕조례王朝禮」가운데「복서卜筮」편이 있었다. 그런데 그 문장이 빠져 있으니 참으로 두고두고 한스러울 일이다. 점을 치는 법은 이제 상고할 수가 없다. 그러나『주례』의 대종백大宗伯을 비롯해 대복大卜, 복인卜人 등의 직책에 대략 그 설이 실려 있다. 이제 그것을 뽑아서 책머리에 덧붙였다. 그리고 그다음에 주자가 편집한「서의筮儀」와「명시明蓍」및「고변考變」등의 글을 취해서 이 편으로 삼는다.[44]

「계의」의 분량이 황극 이후 4개 주 가운데서도 많은 까닭은『주역』의 시초점을 운용하는 과정과 원리를 상세하게 보여 주고자 했으나 마땅한 자료가 없었기 때문일 뿐, 단순히 중요도 때문은 아닌 듯하다. 한당대 주소에도 시초점 자체를 상세하게 고증한 사례는 없기에「계의」의 주석은 부득이『역학계몽』등에 수록된 주희의 견해에 의존

해야만 했다.

「홍범」에 내재한 천인 관계의 사유는 한대 경학뿐 아니라 주희의 「홍범」 해석에도 적용된다. 다만 주희의 관점은 인간과 천의 단순한 감응을 주장하거나 한대 역학의 재이론이나 술수적 관점으로 돌아가려는 것은 아니었다. 『역학계몽』의 「명시책明蓍贊」과 「고변점考變占」은 대연지수 50으로부터 시작되는 시초점의 운용 과정을 통해 결국 그 속에 녹아 있는 보편적인 역리易理를 드러내려는 시도라고 할 수 있기 때문이다.[45]

주희는 천과 군주의 관계를 자의적으로 연결하여 이해했던 한대의 방식을 경계하였고,[46] 시초점을 펼치는 과정을 설명하면서 보편적인 역리易理를 드러내고자 하였다. 50개의 시초는 대연지수 50을 상징하고, 그 가운데 하나를 빼두고 사용하지 않는 것은 태극을 의미한다. 시초를 둘로 나누는 것은 양의兩儀에 해당하고, 이후 시초를 헤아리는 과정은 천지인 삼재三才, 윤년閏年, 괘변卦變을 반영한다는 것이다.[47] 즉 『홍범연의』의 편집자는 주희의 관점에 따라 계의가 단순히 점복의 의미가 아니라, 인간이 역학적인 원리에 근거하여 천天에 묻고 다시 천이 조응하여 답하는 과정임을 드러내고자 한 것이다. 이 역리는 복희 이후 여러 성인을 거쳐 재발견되고 정리되어 온 도통을 의미하는 것이기도 하다. 이현일은 이러한 주희의 견해에 최대한 충실하기 위해 「계의」의 전傳을 구성한 것으로 보인다.

또 홍범구주의 운용 과정으로 보더라도 「계의」는 인간이 점법을 통해 직접 묻고 하늘로부터 답을 듣는 과정[48]이라는 점에서 중요하다. 계의는 계천입극繼天立極의 주체인 군주가 삼덕으로 다스림을 실행한 뒤에 의심나는 부분을 하늘에 직접 묻고 하늘의 대답을 듣는 과정이기 때문이다.

이처럼 천인 관계의 맥락에서「홍범」과 구주를 이해한 주희의 관점에서 볼 때「계의」의 점복적 요소는「오사」나「황극」에서 강조되는 심학적 요소와 전혀 모순을 일으키지 않는다. 오사五事를 경용敬用하고 군주가 극을 세우며 계의稽疑를 명용明用하는 것은 성인의 홍범구주 운용에서 당연히 경유해야 할 과정이기 때문이다. 다만 주희는 점복의 내용을 재이나 술수에 의지하지 않고 역리易理적 요소로 전환하여 설명하였을 뿐이다.

그렇다면 당시「계의」의 점법과 관련하여 참고할 만한 자료는 정말 없었던 것일까? 그렇지는 않다. 채침이『홍범황극내편洪範皇極內篇』에서『주역』의 64괘와 상응하는「홍범」의 81범수範數를 도상의 형태로 만들고 역학적 원리에 근거하여 점법 체계를 서술한 바 있기 때문이다. '81범수'라 칭하는 도상은 64괘처럼 사시四時의 운행과 인간사를 모두 반영하고 있다.

채침이 근거한 역학적 원리는 곧 하락학河洛學의 사유를 가리킨다.[49] 그에 따르면 하도와 낙서로부터 각각『주역』과「홍범」이 나왔는데, 이들은 모두 하나의 원리로 일관되며 씨줄과 날줄의 관계처럼 긴밀하게 연결되어 있다고 보았다. 하락학의 사유는 송대 유목劉牧이 발전시켰고, 채원정蔡元定(1135~1198)과 주희가 계승 발전시킨 역학적 사유의 하나다. 주희는『역학계몽』「본도서本圖書」에서 짧막하게 하락학의 사유를 언급하였을 뿐,「낙서」와「홍범」에 대해서는 상세히 다루지 않았다. 채침은 주희의 역학을 계승하면서도 한편으로는「낙서」-「홍범」으로 이어지는 이수理數의 원리를 상세히 논하고자 하였다.

채침은「하도」의 10수와「낙서」의 9수가 서로 통하고,『주역』64괘와「홍범」81수의 원리가 모두 서로 통한다고 보았다. 또 하도와 낙서는 모두 복희와 우임금이라는 성인에게서 유래하였지만, 하도에서 유래한『주역』만이 여러 성인을 거쳐 온전한 체제를 구축하였고, 낙서의 9수에서 유래한「홍범」의 원리는 기자 이후 전승이 끊어졌다고 보았다. 그래서 채침 자신이 부득이 그 원리를 서술하고 점법의 체계를 세웠는데,[50] 이 책이 바로『홍범황극내편』이다.

채침이 창안한 점법 체계는 당시부터 논란의 대상이 되었다. 주희의 제자로서 성인의 도통을 이어받았다고 보면서 채침을 옹호하는 학자들도 있었지만, 점법 체계의 인위적 성격과 양웅의『태현太玄』사마광의『잠허潛虛』등과의 유사성을 거론하면서 부정하는 사례도 있었다.[51] 게다가 이 책은 미완성 상태로 전해져 명대 학자들이 다시 보완한 저술을 남기기도 하였다.[52]

『홍범황극내편』은『성리대전』에 수록되어 15세기에 조선으로 전해졌는데, 내용의 난해함 때문에 본격적인 연구는 16세기에 이르러서야 이루어졌다.[53] 이 책에 대한 반응은 대체로 두 가지 형태로 나타났다. 첫째는 적극적으로 연구하고 활용하는 것이다. 최초의 주해서인 이순의『홍범황극내편보해洪範皇極內篇補解』를 시작으로, 신흠申欽과 장유張維, 신최申最 등에게서 연구의 흔적이 나타난다.[54] 17세기의 인물로는『범학전편範學全篇』을 편찬한 박세채가 대표적이다. 박세채는 채침을 도통의 중심에 두면서 주희와 더불어 우임금과 기자 이래 끊어진 전통을 이어받은 학자로 평가하였다.[55] 그래서『범학전편』에『홍범황극내편』전문을 수록하였고, 「낙서」의 수와 「홍범」의 의리를 결합한 저술로 이해하였다. 박세채는 채침이 미완성한 점법 부분을 보완하기 위해 이순의『홍범황극내편보해』와 명대 학자의 저술까지 망라하여『홍범황극내편』에 관한 방대한 주석서를 만들었다.

둘째는 제한적인 활용인데,『홍범연의』가 대표적이다.『홍범연의』에서『홍범황극내편』활용은 오행五行을 설명할 때만 나타난다. 이현일은 이처럼『홍범황극내편』의 존재를 알았고,『홍범연의』에「오행」의 주석으로 인용하면서도, 채침이 서술한「낙서」-「홍범」의 원리나 점법은 전혀 인용하지 않고 오로지 주희가 서술한 점법 고증만 인용하였다. 즉 이현일은 채침의 도통적인 위상이나『서집전』에 대해서는 문제 삼지 않았지만, 적어도 점법에서는 채침의 견해를 배제하고 철저하게 주희를 중심으로「계의」의 내용을 구성하고자 한 것이다.

이러한 차이가 나타나는 이유는 무엇일까? 두 사람은 모두 채침이『서집전』에서 의리를 풀어내고『홍범황극내편』에서 수와 점법을 밝혔음을 인정하면서도, 미묘한 차이를 드러내고 있다. 박세채가 채침을 우임금-기자에서 끊어진 도통을 계승한 학자로 평가한 것과 달리, 이현일은 이휘일의 행장에서 채침의『서집전』은 의리만 풀어냈고,『홍범황극내편』은 수를 부연하고 점법을 밝혔을 뿐이라고 하면서 그 한계를 언급하였다.[56] 즉 박세채는 채침이「홍범」의 의리와 수를 모두 밝혀 후세에 도움이 될 중요한 업적을 남겼다고 보았지만, 이현일은 의리와 수에 관한 채침의 연구만으로는「홍범」의 진의를 후대에 전달하기 어렵다고 본 것이다.

이현일은 형 이휘일의 저술 의도에 따라 채침이『홍범황극내편』에서 보여 준 원리 혹은 이수理數에 관한 탐구보다 성인 경세의 구체적인 고증을 더 중시한 듯하다. 그래서『홍범연의』에 주희의 점법 고증만을 수록한 것으로 보인다. 게다가『홍범황극내편』의 내용을 인정하더라도 채침이 만든「홍범」의 점법 체계는『주역』의 시초점과 달리 성인이 아니라 후대에 복원한 것이므로, 고대 성인의 경세를 상세히 고증하려는『홍범연의』의 저술 의도와도 부합하지 않는다. 그래서 이현일은 머리말의 언급처럼「계의」의 점법에 대해서는 더 참고할 자료가 없다고 보고, 부득이 주희의 견해만으로 주석을 구성한 것으로 보인다. 이는 그가『홍범연의』에서 주희의 견해를 우선하였고, 결국 주자학의 관점에서 전傳을 구성하였음을 보여 주는 대표적인 사례라고 할 수 있다.

4. 결론

이상 서술한 내용을 요약 정리하며 결론으로 삼고자 한다. 이 글은『홍범연의』의 성격에 대한 평가가 다양하게 엇갈리는 까닭을 전체 구성과 주석의 활용 방식 검토가 미진한 탓이라고 보면서 다음과 같은 결론을 얻었다.

2절에서는『홍범연의』의 저술 의도를 검토하였다. 이휘일은 기존 한당대의 주소와 채침의『서집전』내용에 미비한 부분이 있다고 보면서, 이를 보완하고자 했다. 그래서 홍범구주의 조목에 따라 성인의 경세를 직접 알 수 있거나 참고할 만한 각종 사례를 방대하게 제시하고자 했다. 이현일 역시 이휘일의 입장을 계승하여『홍범연의』를 완성하였는데, 이는 모두 경문 자체의 주석보다는 상세한 고증과 사례를 모아, 후세에 참고가 될 수 있도록 하기 위한 것이었다.

『홍범연의』의 구성은 기본적으로 홍범구주의 조목을 뼈대로 삼고, 경經과 전傳으로 구분하여 자료를 인용하였다. 경에는 성인의 경세를 서술한 경서의 내용이 인용되었고, 전에는 한당대 주소와 주희를 비롯한 송대 학자들의 주석이 인용되었다. 이 가운데 한당의 주소는 성인의 경세를 고증하는 자료로 활용되었으며, 송대 학자들의 견해는 한당의 주소를 비판적으로 이해하거나 역사적 사례를 거론할 때 인용되었다. 이러한 자료의 활용은『홍범연의』의 존고적인 성격을 잘 보여 준다.

반면 세부 구성에서는 주자학적 관점이 분명히 드러난다. 특히「황극」의 구성은 황극을 군주가 표준을 세우는 과정으로 이해하고 황극을 중심으로 앞의 4주와 뒤의 4주를 구분한 주희의 황극 해석을 그대로 반영하고 있다.「오행」과「오사」역시 주희의 견해가 길잡이 역할을 하고 있으며, 다른 장에 배치된 주희 혹은 송대 학자의 견해 또한 한당의 주소를 그대로 수용하지 않고 주자학의 관점에서「홍범」을 읽어야 함을 드러내고 있다.

「계의」는『홍범연의』에서도 주희의 관점을 가장 적극적으로 반영한 사례라고 할 수 있다. 전의 내용을 거의 주희의 견해만으로 구성하였기 때문이다. 이현일은『의례경전통해』의 서술을 모범으로 삼았는데, 점법에 대해서는 참고할 수 있는 자료가 없다고 판단하여『역학계몽』과『주역본의』등에 수록된 주희의 견해만을 취하였다. 이는 채침의『홍범황극내편』을 적극적으로 활용한 박세채의『범학전편』과 대비되는데, 성인 경세의 고증이라는 저술 의도에 합당한 자료만을 취하고자 한 결과라고 할 수 있다.

결론적으로『홍범연의』는 홍범구주의 아홉 조목별로 핵심 내용을 제시하고 경서와 한당대의 주소를 통해 성인의 경세를 고증하고자 하였다는 점에서 분명 존고적인 성격을 지니고 있다. 하지만 전체적인 구성과 곳곳에 배치된 주희 등 송대 학자의 견해는 주자학의 관점에서「홍범」을 독해하는 방향으로 유도하고 있다. 그러므로『홍범연의』는 이휘일과 이현일을 비롯한 영남의 지식인들이 주자학의 관점에서 고대 성인의 경세학을 정리한 결실이라고 할 수 있다.

『홍범연의』「계의」의 성격 규정에 대한 논란은 결국 천인의 일을 모두 아우르는「홍범」의 성격을 고려하지 못했기 때문이다.「홍범」에 기술된 성인의 경세학은 실질적인 통치 행위와 각종 제도에 한정되지 않으며, 천문과 점법 등 자연학과 신학적 요소를 모두 포함하고 있다. 그래서 한대와 송대 주희에 이르기까지「홍범」의 이해는 정도와 방식에 차이가 있기는 하지만 천인의 관계를 반영한다는 점에서 연속성을 지니고 있다. 다만 주희는「계의」를 성인이 시초점의 과정에서 역리易理를 드러내고자 하였고, 이를 통해 한대의 술수적이고 자의적인 해석을 극복하고자 하였다. 이러한 면에서 볼 때『홍범연의』「계의」에 인용된 주희의 시초점 고증은 철저하게 주자학의 입장에서 홍범구주「계의」를 이해하고자 했던 영남 지식인들의 관점을 잘 드러낸다고 할 수 있다.

참고문헌

『洪範衍義』,『範學全篇』,『葛庵集』,『朱子語類』,『晦庵集』.

금장태,『경전과 시대』, 지식과 교양, 2012.

김낙진,「『홍범연의』의 개혁사상」,『국학연구』35, 한국국학진흥원, 2018.

김성윤,「『洪範衍義』의 토지개혁론과 상업론-갈암 이현일의 경제사상과 그 성격」,『퇴계
학보』119, 2006.

_____,「『홍범연의』의 정치론과 군제개혁론-葛庵 李玄逸을 중심으로 한 조선 후기 영
남남인의 실학적 경세론」,『대구사학』83, 2006.

김정철,「남계 박세채의『범학전편範學全篇』연구」, 한국학중앙연구원 박사학위논문,
2021.

_____,「낙저 이주천「신증황극내편新增皇極內篇」의 특징과 가치-조선시대『홍범황극
내 편』연구사의 맥락에서-」,『민족문화논총』81, 2022.

김홍수,「『洪範衍義』의 편찬과 간행」,『민족문화논총』57, 영남대학교 민족문화연구소,
2014.

김홍수 외 옮김,『국역 홍범연의』, 한국국학진흥원, 2016.

송정숙,「大學衍義가 朝鮮朝 統治理念書 편찬에 미친 영향-中庸九經衍義와 洪範衍義를 중
심으로」,『서지학연구』12, 한국서지학회, 1996.

송찬식,「洪範衍義 解題」,『韓國學論叢』5, 1983.

송치욱,「홍범연의洪範衍義의 사상사적 특징에 대한 연구-「황극皇極」편을 중심으로」,
『국학연구』50, 한국국학진흥원, 2023.

신주엽, 「17~18세기 箕子 유적의 정비와 기자 인식」, 『대구사학』148, 대구사학회, 2022.

吾妻重二, 『朱子學の新硏究』, 創文社, 2002.

吳震, 「宋代政治思想史上的 "皇极" 解释 - 以朱熹 《皇极辨》为中心」, 『퇴계학논집』12, 영남퇴계학연구원, 2013.

劉起釪, 이은호 옮김, 『상서학사』, 예문서원, 2016.

이선경, 「조선 전기 상수역학연구 『홍범황극내편』의 수용과 이해 - 이순李純의 『홍범황극내 편보해』를 중심으로」, 『한국철학논집』62, 한국철학사연구회, 2019.

이영호, 「『서경』 「홍범」 해석의 두 시각, 점복과 경세 - 이휘일 · 이현일의 「홍범연의」 분석을 중심으로 - 」, 『퇴계학보』143, 퇴계학연구원, 2018.

정재훈, 「『홍범연의』와 제왕학」, 『국학연구』35, 한국국학진흥원, 2018.

최영성, 「『홍범연의洪範衍義』를 통해 본 存齋 · 葛庵의 학문」, 『국학연구』35, 한국국학진흥원, 2018.

한형주, 「『홍범연의』에 보이는 국가제사」, 『국학연구』35, 한국국학진흥원 2018.

『四庫全書』(https://www.kanripo.org/).

주

1 중국의 상서학 연구자인 劉起釪는 한내 「홍범」 해석과 비교하여 북송 시기의 새로운 해석 [新解]이 등장하는 흐름을 조망하였고, 일본의 연구자 아즈마 쥬지 역시 「홍범」에 관한 연구가 한대에 일어나 한 차례 유행한 뒤 송대에 다시 유행하는 구도로 정리하였다. 劉起釪, 이은호 옮김, 『상서학사』, 예문서원, 2016, 361~382쪽; 吾妻重二, 『朱子學の新研究』, 創文社, 2002, 84~103쪽.

2 아즈마는 송대 홍범학의 성격을 한대 재이론적 해석에 대한 극복 과정의 측면에서 서술하고 있다. 吾妻重二, 위의 책, 89~103쪽.

3 장경張景은 『홍범해洪範解』, 호원胡瑗은 『홍범구의洪範口義』, 왕안석王安石은 『홍범전洪範傳』을 저술하였다. 아즈마는 송대 학자들의 「홍범」 관련 저술을 45종으로 정리하였다. 吾妻重二, 위의 책, 84~87쪽.

4 기자를 존숭하는 분위기는 이전부터 있었지만, 성인에 필적하는 인물로 이해한 것은 대략 17세기 인조 때 이후부터였다. 신주엽, 「17-18세기 箕子 유적의 정비와 기자 인식」, 『대구사학』 148, 대구사학회, 2022, 18쪽.

5 기자에 대한 존숭과 인식은 이미 이전 시기부터 나타나지만, 17세기 조선에서는 학자들이 이를 경학적으로 자리매김하고자 했다는 점에서 이전 시기와 구별된다. 김정철, 「남계 박세채의 『범학전편範學全篇』 연구」, 한국학중앙연구원 박사학위논문, 2021, 33~34쪽 참고.

6 이들 저술의 목적은 경서 자체에 관한 해설도 있지만, 후대에 관련 자료를 남겨 성인의 경세를 고증하기 쉽게 하기 위한 목적이 더 강하다고도 볼 수 있다. 김정철, 위의 논문, 2021, 5~7쪽.

7 송찬식, 「洪範衍義 解題」, 『韓國學論叢』 5, 1983; 송정숙, 「『大學衍義』가 朝鮮朝 統治理念書 편찬에 미친 영향-中庸九經衍義와 洪範衍義를 중심으로」, 『서지학연구』 12, 1996; 김홍수, 「『洪範衍義』의 편찬과 간행」, 『민족문화논총』 57, 영남대학교 민족문화연구소, 2014.

8 한형주, 「『홍범연의』에 보이는 국가제사」, 『국학연구』 35, 한국국학진흥원 2018; 김성윤, 「『洪範衍義』의 토지개혁론과 상업론-갈암 이현일의 경제사상과 그 성격」, 『퇴계학보』 119, 2006.

9 최영성, 「『홍범연의洪範衍義』를 통해 본 存齋·葛庵의 학문」, 『국학연구』 35, 한국국학진흥원, 2018.

10 정재훈, 「『홍범연의』와 제왕학」, 『국학연구』 35, 한국국학진흥원, 2018.

11 김성윤, 「『홍범연의』의 정치론과 군제개혁론-葛庵 李玄逸을 중심으로 한 조선 후기 영남 남인의 실학적 경세론」, 『대구사학』 83, 2006; 이영호, 「『서경』 「홍범」 해석의 두 시각, 점복과 경세-이휘일·이현일의 「홍범연의」 분석을 중심으로-」, 『퇴계학보』 143, 퇴계학연구원, 2018; 금장태, 『경전과 시대』, 지식과 교양, 2012; 김낙진, 「『홍범연의』의 개혁사상」, 『국학연구』 35, 한국국학진흥원, 2018.

12 김성윤, 위의 논문, 『퇴계학보』 119, 2006; 한형주, 앞의 논문, 2018.

13 최영성, 위의 논문, 2018, 36~37쪽.

14 금장태, 위의 책, 2012, 182~185쪽.

15 이영호는『홍범연의』가 정치경세서로서의 면모도 지니고 있지만, 동시에 점복 중심의 신학과 개인 수양, 자연학이 혼재되어 있다고 평가하면서 이와 관련된 의문과 연구를 정리한 바 있다. 이영호, 앞의 논문, 2018, 112~113쪽.

16 이영호, 위의 논문, 2018, 124~130쪽.

17 이 글 후반에서 다룰「계의稽疑」가 대표적이다. 주요 내용인 점법의 고증은 실학적 성격이나 도학적 성격과도 어울리지 않는 인상을 주기 때문이다. 금장태, 앞의 책, 178~179쪽; 이영호, 위의 논문, 2018, 111~112쪽.

18 『洪範衍義』「序」, "洪範之書, 包括盡盈天地間物事實, 修身踐形, 事神治人, 變理財成, 大經大法之所在. 顧其爲書, 淵深簡奧, 未易理會. 蔡氏集傳, 隨文訓解, 明白簡當而至於施設科條節文度數, 有不暇及. 釋經之例體則然矣." 이 글에서『홍범연의』의 번역과 원문의 표점은 기본적으로『국역 홍범연의』를 따르되, 일부는 필자의 견해에 따라 수정하였다.

19 김낙진, 앞의 논문, 2018, 54쪽.

20 『洪範衍義』「序」, "今雖不敢自附於論著撰述之意, 然若因九疇之目, 探摭經傳, 類纂彙集, 條陳釐析. 推演其義, 以羽翼興衛之, 則初無著書之嫌, 而得有據依之地, 顧不韙歟."

21 이는 17세기 지식인들의 저술 방식에서 자주 나타나는 현상이다. 즉 자신의 견해나 해석을 배제한 채 거의 자료의 인용으로만 채워진 저술이 많은 까닭은 저술 행위를 꺼리거나 경계했던 당시 주자학자들의 인식 때문이다. 이러한 경향은 학파를 가리지 않고 나타나는데, 비슷한 시기에 활동한 박세채는 이러한 저술 경향을 스스로 '유초류초抄의 학學'이라고 불렀다. 『범학전편』의 구성과 박세채의 저술 경향 등에 대해서는 김정철, 앞의 논문, 2021, 2장을 참고하기 바란다.

22 『洪範衍義』「序」, "於是廣求博采, 參酌去就, 定其篇目, 節次編類, 若五行五事八政等疇, 蓋經手自纂錄, 其餘六疇, 亦皆有指擬條序而未及戞粹成書, 不幸中罹疾病, 有志未就."

23 기존 연구에 따르면『홍범연의』는 판본에 따라 13권본부터 28권본까지 서지 사항이 일정하지 않은 정황으로 미루어 볼 때 이현일에 의해 한 차례 완성된 이후에도 긴 시간에 걸쳐 수정되고 증보되었다고 보는 것이 합리적이다. 『홍범연의』의 편찬 과정과 여러 판본의 상세한 서지 사항에 대해서는 김홍수, 앞의 논문, 2014, 43~48쪽 참고.

24 「葛庵集」권19의「雜著」에 수록된「수주관규록」에는 이외에도『주역』을 복서를 위한 책이라고 보았던 주희의 말에 의문을 품었던 호안국의 견해와 이에 대한 이현일의 비판이 실려 있고, 장현광, 조익, 이수광의 학설이나『심경부주』등의 내용 가운데 의문이 있는 부분에 대해서도 자신의 견해를 밝히고 있다.

25 「종률鐘律」:『儀禮經傳通解』권13에 수록되어 있다.

26 『당개원십이시보唐開元十二詩譜』: 원元나라 웅붕래熊朋來가 지은 책으로, 채원정의『율려신서』와 함께 주희가「종률」의 저술에 참고한 문헌 가운데 하나다.

27 「사전師田」:『儀禮經傳通解』권36에 수록되어 있다.

28 『풍후악기風后握機』: 중국 고대의 진법서로서, 황제黃帝의 신하인 풍후風后가 지었다고 전하지만 언제 누가 지었는지는 확실하게 알 수 없다.

29 무후武侯: 제갈량諸葛亮(181~234)을 가리킨다. 자는 공명孔明, 호는 와룡臥龍이다. 시호는 충무후忠武侯다.

30 『洪範衍義』「洪範衍義辯」, "周公之作周禮, 只列禮之條目, 其法皆不傳. 鄭註賈疏, 亦不明言其致用之方. 朱子之戞集禮書也, 逐條纂錄以演其義, 如鐘律則補之以開元樂譜蔡元定律書, 如師田則演之以風后握機文武侯六十四陣圖. 至他旁搜曲取, 以類相從者, 不一而足. 蓋以爲不如

是, 不足以開物成務也."

31 동정董鼎 : 원대 학자이며 자는 계형季亨이고, 호는 심산深山이다. 저술로『효경대의孝經大義』가 있다.

32 「홍범총론」의 내용 가운데 처음으로 제시된 주희의 견해는『서전대전書傳大全』권6의 협주를 인용한 것인데, 사실 주희가 아니라 잠실潛室 진씨陳氏 진식陳植의 견해이다. 이는『서전대전』편집 당시의 오류로 파악된다.『서전대전』을 통해『서경』을 이해한 조선의 지식인은 대부분 이 말을 주희의 견해로 보았던 것 같다. 진식은 홍범구주를 해설하면서 낙서의 9수와 목화토금수의 오행을 연결하고, 이것들을 구주의 각 조목과 짝지어 논하였다. 주희는 낙서와 홍범의 관련성에 대해서는 논하였지만, 진식처럼 낙서의 수-오행-구주의 관계를 상세히 논하지는 않았다.『사고전서四庫全書』수록 진식의『목종집木鍾集』권3에서 같은 내용을 확인할 수 있다.

33 가독성과 논의의 편의상 각 문장 앞에 있는 '이상以上', '우右'는 생략하였다.

34 이 글에서는『홍범연의』「황극」의 구성이 주희의 관점을 반영하고 있음을 드러내는 데 집중하며, 「황극」전반에 관한 상세한 분석은 송치욱,『홍범연의洪範衍義』의 사상사적 특징에 대한 연구-「황극皇極」편을 중심으로」,『국학연구』50, 한국국학진흥원, 2023을 참고하기 바란다.

35 『홍범연의』에서 조목을 '繼天立極'과 '建極出治'를 나눈 까닭은 二帝三王으로 대표되는 성인의 시대와 이후 왕들의 통치 시기를 구분하기 위한 것으로 보인다. '建極出治'에서는 공자를 내세워『중용中庸』의 구경九經을 다루고 있는데, 이는 성인의 시대 이후 통치자들이 실현해야 할 정치적 덕목을 구체적으로 제시한 것이다.

36 『朱子語類』권79, "凡數自一至五五在中, 自九至五, 五亦在中. 戴九履一, 左三右七, 五亦在中. 又曰, 若有前四者, 則方可以建極. 一五行二五事三八政四五紀是也. 後四者, 却自皇極中出."

37 『晦庵集』卷72「皇極辨」, "洛書九數而五居中, 洪範九疇而皇極居五, 故自孔氏傳訓皇極爲大中而諸儒皆祖其說. 余獨嘗以經之文義語脈求之, 而有以知其必不然也. 蓋皇者, 君之稱也, 極者, 至極之義. 標準之名, 常在物之中央而四外望之, 以取正焉者也. 故以極爲在中之準的則可, 而便訓極爲中則不可."

38 『朱子語類』권79, "今人說中, 只是含胡依違, 善不必盡賞, 惡不必盡罰. 如此, 豈得謂之中."

39 『尙書正義』卷11, "順天布政, 則得大中. 故皇極爲五也."

40 『洪範衍義』「五福六極」, "盖順五行, 敬五事, 厚八政, 叶五紀, 乃所以建極. 至於三德以權之, 稽疑以決之, 庶徵以驗之, 福極以勸懲之, 却自皇極中出."

41 「황극변」에 보이는 황극 해석은 주희의 완전한 독창이라고 보기는 어렵다. 황황을 군주로 이해하고, 극極을 표준의 의미로 이해하는 방식은 주희보다 앞서 증공曾鞏의 견해에서도 나타나고 있기 때문이다. 주희는 당시 통용되던 '대중大中'이라는 해석을 비판하고 증공을 비롯한 학자들의 견해에 찬성하면서 자신의 주장을 펼쳤다. 吳震, 「宋代政治思想史上的"皇極"解釋-以朱熹《皇极辨》为中心」,『퇴계학논집』12, 영남퇴계학연구원, 2013, 203~208쪽.

42 조선에서는 권근이 일찍이 「홍범구주천일합일지도洪範九疇天人合一之圖」 상上에서 주희와 채침의 견해를 도상의 형태로 구현하기도 하였다. 김정철, 앞의 논문, 2021, 3장 참고.

43 이영호, 앞의 논문, 2018, 112쪽.

44 『洪範衍義』「稽疑」, "朱子儀禮經傳王朝禮中有卜筮篇, 而闕其文, 誠爲千古之恨. 卜法今無所考, 而周禮大宗伯大卜人等職, 略載其說, 今取之以冠篇首, 次取朱子所輯筮儀明蓍考變等書以爲此篇云."

45　주광호는 주희의 시초점 이해를 "『주역』 전체를 관통하는 역리易理의 인정과 그 역리가 현
　　상세계 및 우주 운행에 끊임없이 작용하고 있음에 대한 인정"이라고 정리하기도 하였다. 주
　　광호, 『역학과 주자학-역학은 어떻게 주자학을 만들었는가?』, 예문서원, 2020, 267쪽 참조.

46　『朱子語類』 卷79, "漢儒也穿鑿. 如五事, 一事錯, 則皆錯, 如何卻云聽之不聰, 則某事應. 貌之不
　　恭, 則某事應."

47　『洪範衍義』 「稽疑」, "大衍之數五十, 而蓍一根百莖, 可當大衍之數者二, 故揲蓍之法, 取五十莖
　　爲一握, 置其一不用以象太極, 而其當用之策凡四十有九. 盖兩儀體具而未分之象也 (…) 蓍凡
　　四十有九, 信手中分, 各置一手, 以象兩儀, 而掛右手一策於左手小指之間, 以象三才. 遂以四揲
　　左手之策, 以象四時, 而歸其餘數於左手第四指間, 以象閏. 又以四揲右手之策, 而再歸其餘數
　　於左手第三指間, 以象再閏. 是謂一變. 其掛扐之數, 不五即九."

48　『書集傳』 「洪範」, "稽疑者, 以人而聽於天也."

49　하락학河洛學이란 하도와 낙서와 관련된 학문을 말하며, '도서역학圖書易學', '도서학圖書
　　學'이라고도 한다. 모두 하도와 낙서, 『주역』과 「홍범」의 상관관계를 주로 논하며, 이들이 하
　　나의 원리에 근거하고 있다고 주장한다. 주희는 『역학계몽』 「본도서」에서 하락학의 사유를
　　논한 바 있다. 상세한 내용은 김정철, 앞의 논문, 2021, 47~54쪽 참고.

50　『洪範皇極內篇』 「序」, "易更四聖而象已著, 範錫神禹而數不傳. 後之作者昧象數之原, 窒變通
　　之妙, 或積象以爲數, 或反數而擬象."

51　특히 『통극』과 『잠허』는 「홍범황극내편」 「서문」에도 언급되는데, 채침은 이들이 수를 잘못
　　이해하고 견강부회하였다고 평가하였다. 『洪範皇極內篇』 「序」, "洞極用書, 潛虛用圖, 非無作
　　也, 而牽合傅會, 自然之數益晦蝕焉." 또 『태현太玄』, 『잠허潛虛』와의 유사성은 『四庫全書總
　　目提要』 '洪範皇極內篇' 항목에 기술되어 있다. 『四庫全書總目提要』, "大意以太元包潛虛,
　　既已擬易, 不足以見新奇技變幻, 其說歸之洪範, 實則朝三暮四朝四暮三, 同一僭經而已矣."

52　81범수에 관한 해설 자체가 처음부터 미완성 상태로 전해졌고, 명대에 이르러 이에 대한 보
　　완과 해설이 이루어졌다. 명대 웅종립熊宗立(1409~1482)의 『洪範九疇數解』, 『新刊性理大
　　全』에 수록된 장품章品의 보주補註, 한방기의 『홍범도해洪範圖解』가 대표적이며, 이들을
　　'연범衍範 일파'라고 부르기도 한다. 이들에 대한 상세한 소개와 내용은 김정철, 위의 논문,
　　2021, 5장을 참고 바람.

53　조선시대 『성리대전』의 수용과 『홍범황극내편』의 학습 과정에 대해서는 김정철, 「낙저 이주
　　천 「신증황극내편新增皇極內篇」의 특징과 가치-조선시대 『홍범황극내편』 연구사의 맥락에
　　서-」, 『민족문화논총』 81, 2022를 참고하기 바란다.

54　이순을 비롯한 조선시대 인물들의 『홍범황극내편』 연구에 관한 논의는 이선경, 「조선 전기
　　상수역학연구『홍범황극내편』의 수용과 이해-이순李純의 『홍범황극내편보해』를 중심으
　　로」, 『한국철학논집』 62, 한국철학사연구회, 2019를 참고하기 바란다.

55　『範學全篇』 「凡例」, "古今聖賢惟孔子錄洪範於經, 朱子著皇極辨一篇, 爲大有功於箕子, 而此
　　外惟蔡氏或釋其義, 或闡其數, 使洛書洪範之旨, 不泯於世, 其功盛矣."

56　『葛庵集』 卷26, 「行狀」, "易經四聖而又有程朱傳義, 發揮羽翼, 無復餘蘊, 至於範疇, 蔡氏集傳,
　　只釋義理, 皇極內篇, 但衍數明筮而已, 此豈父師當日之遺意乎."

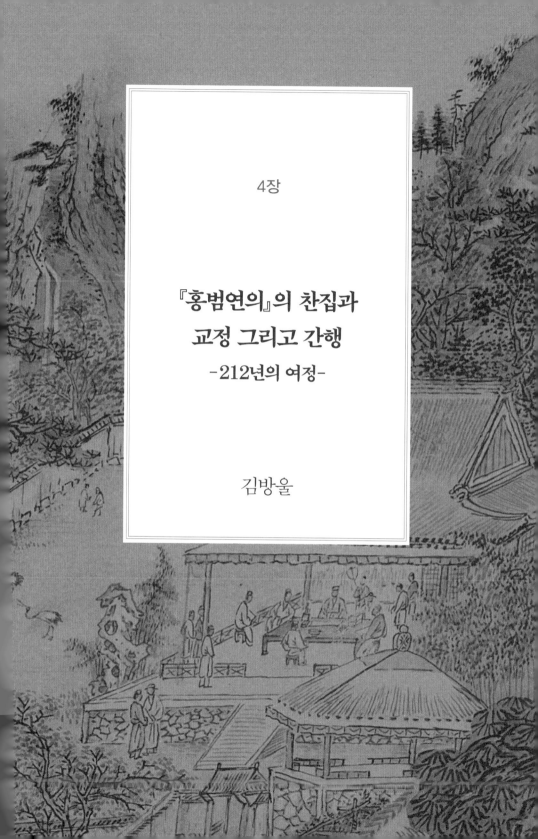

4장

『홍범연의』의 찬집과
교정 그리고 간행
-212년의 여정-

김방울

1. 서론

　『홍범연의洪範衍義』는 목판본으로서 28권 13책에 달하는 거질의 책이다. 이 책에 대해서는 근래 다양한 분야에서 연구가 진행되고 있다. 하지만 책에 대한 기본사항 중 하나인 간행 시기에 대해서는 아직 의견의 일치를 보지 못하고 있다. 이 글에서는 이 부분에 집중하여 논지를 전개해 보고자 한다.

　『홍범연의』의 내용을 들여다보면 어디에도 간행 시기가 표시되어 있지 않다. 다만 머리 부분에 갈암이 1688년「홍범연의서」를 작성했다고 되어 있다. 아마 이것이『홍범연의』에 나오는 유일한 연도 표시가 아닐까 한다. 하지만 이후 다양한 기록을 검토해 보면 이때 간행되지 않은 것은 확실하다. 왜냐하면 이후에도 여러 차례 교정과 편집 과정이 나오기 때문이다. 그렇다면『홍범연의』는 언제 간행된 것일까? 이에 대해서는 몇 가지 의견이 제시되어 있다.

우선 송찬식은 「홍범연의 해제」에서 "본서가 언제 간행되었는지는 확인할 수가 없지만, 냉천冷川이 대산大山에게 교정을 부탁한 사실로 미루어 영조 48년(1772) 이후가 확실하고 또 『갈암집葛庵集』이 고종 대에 간행되었음으로 보아 『홍범연의』도 고종 대에 간행되었으리라고 추측된다"[1]고 했다. 그리고 송정숙은 "간행은 영조 48년에 이상정李象靖 등이 석천서당에서 『홍범연의』를 교정하였다는 기록으로 보아 1772년 이후가 확실하고, 순조 2년(1908)에 이현일의 관작과 시호가 회복되고 난 이듬해인 1909년에 『갈암집』이 중간되는 것으로 보아 『홍범연의』도 이 무렵에 간행되었으리라 추측된다"[2]고 했다. 이 두 의견은 대산 이상정이 교정을 본 1772년을 상한으로 그리고 『갈암집』이 중간된 1909년을 하한으로 보고 그 하한 연대 즈음에 간행된 것으로 추정하고 있다.

김홍수는 『홍범연의』를 13권본과 28권본으로 나누어 두 판본의 간행 시기를 추정한 바 있다. 13권은 정조 8년(1784) 갈암 증손인 이중조李重祖의 격쟁에 나오는 표현이다. 따라서 13권본은 이상정의 교정 작업이 1772년에 있었던 점을 감안하면 1772년에서 1784년 8월 이전에 간행되었을 것으로 추측했다. 그리고 28권본은 1864년 7월 18일 고종에게 올려진 '사면된 역적 이현일을 처벌할 것을 청하는 방외의 유생 홍재범 등의 상소'와 1864년으로부터 10년 전인 1855년에 이상성李相聖의 격쟁으로 갈암이 신원된 사실에 근거하여 1855년에서 1864년 사이에 이상성에 의해 간행된 것으로 추정했다.[3]

하지만 이 견해에 대해서는 선뜻 동의하기 어렵다. 우선 13권본은 현재 실물이 확인된 바 없다. 그리고 1784년 이중조의 격쟁 내용을 보면, 갈암이 홍범구주洪範九疇를 "성왕이 몸을 닦고 세상을 경영하는 대법大法이며 우리 조선의 만세의 표준"이라 여겨, 이를 발휘하고 부연하여 『홍범연의』라는 책을 지었는데 모두 "13권"이었다는 것이다. "책이 완성되자 진덕수眞德秀의 『대학연의大學衍義』처럼 임금에게 올리고자 했으나, 불행히도 죄망에 걸려들어 결국 올리지 못하고 건연巾衍에 폐기된 채 매몰되어 버리고 말았다"고 했다. 건연이란 작은 상자라는 뜻으로, 건연에 폐기되어 매몰되었다는 것은 결국 간행되지 못하고 원고 상태로 남아 있었다는 말이다.

그리고 김홍수는 1864년 상소에 나오는 "소위홍범연의지신간자所謂洪範演義之新刊者"에서 "신간新刊"이라는 표현에 주목했다. 즉 "여기에서 중간重刊이나 간행刊行이 아니라 굳이 신간이라는 말을 사용했다는 것은 곧 이전에 어떤 판본의 『홍범연의』가 이미 간행되었다는 의미를 내포하고 있다"[4]는 것이다. 이를 통해 28권본 이전에 어떤 간행본이 있었을 것이라 추정한 것이고, 이를 1784년 격쟁에 나오는 13권본으로 비정한 것이다. 하지만 여기에는 오해의 소지가 있어 보인다. 이전에 어떤 판본이 간행되었고 이를 다시 간행한 것이라면 '중간'이라는 표현을 썼을 것이다. '신간'이라는 말을 쓴 것은 이때 처음으로 새롭게 간행했다는 의미로 봐야 하지 않을까 한다. 그리고 여기에서의 맥락도 "이상성이 갈암을 신원하고자 그의 문집을 몰래 간행해 유포시켰는데, 유생들의 비판이 비등해지자 『홍범연의』를 새로 간행해 서울에 뿌려대며 사람들의 이목을 현혹시키고 있다"는 것이다. 즉 여기에서 "신간"의 의미는 이미 몰래 간행된 『갈암집』에 대해 이번에 새로 『홍범연의』를 간행했다는 의미로 봐야 한다.

이처럼『홍범연의』의 간행 시기에 대해서는 의견이 갈리고 있다. 근본 원인은『홍범연의』어디에도 그 간행 연도가 표시되어 있지 않다는데 있다. 따라서 아래에서는 주로 개인 문집에 보이는『홍범연의』관련 기록을 통해 이 책의 찬집과 교정 과정을 시기순으로 정리하고, 그 간행 시기를 검토해 보고자 한다.

2. 존재와 갈암의 찬집

존재存齋 이휘일李徽逸(1619~1672)과 갈암葛庵 이현일李玄逸(1627~1704)의 찬집 과정에 대해서는 이미 많은 연구가 이루어졌다. 따라서 이 글에서는 원 자료를 소개하면서 내용을 정리하고자 한다.『홍범연의』의 출발은 효종 3년(1652) 존재 나이 34세, 갈암은 26세 때 시작된다. 갈암「연보」에 따르면 이해 여름에 "존재 선생을 따라서 석계초당石溪草堂에서 학업을 닦았다.『홍범연의』를 찬집할 것을 논의하여 대략 그 조목을 정했는데, 존재가 매번 그 총명함이 무리보다 뛰어남을 칭찬했다"[5]고 한다. 존재와 갈암의 아버지 석계 이시명李時明(1590~1674)은 1640년 영양 원두들로 들어와 은거했다. 지금의 영양군 석보면 원리리院里里다. 석계 위에 집을 짓고 이때 자신의 호를 '석계'라고 했다. 석계초당은 이때 세워진 건물로, 이곳에서 후학들을 양성했다. 여기가『홍범연의』의 출발지다. 이때 아버지 석계 이시명이 지어 보낸 시가 전한다. "둘째 아들, 즉 이휘일이 막『홍범연의』를 초안했기에 절구 한 수를 지어 보낸다"[6]는 것이다.

이후 『홍범연의』 편찬 과정이 어떻게 되었는지는 자세히 알 수 없다. 다만 현종 13년(1672) 존재가 54세의 나이로 세상을 떠났다. 『홍범연의』를 완성하지 못하고 죽은 것이다. 이때 갈암은 존재의 행장을 짓고, 아들 이의李檥(1648~1685)에게 유문遺文을 찬집하게 했다.[7] 아들 이의는 갈암의 둘째 아들로 존재 이휘일의 후사가 되었다. 존재에게 아들이 없었기 때문이다. 갈암이 지은 행장을 보면 "저서들이 모두 완성되지 못했는데, 『홍범연의』와 『일원소장도발휘一元消長圖發揮』 그리고 기타 남긴 글 몇 권이 집에 보관되어 있다"[8]고 했다.

하지만 아들 이의도 1685년 38세라는 젊은 나이에 세상을 떠났다. 아버지 갈암이 지은 제문에는 "형님이 마무리하지 못한 사업을 네가 이어서 이루어 주리라 기대했으며, 내가 찬술하고자 뜻했던 바를 너의 힘을 빌려 완결 짓고자 했다. 이제 모두 끝났으니, 다시 무슨 말을 하겠느냐"[9]며 탄식하고 있다.

이제 갈암만이 남았다. 갈암은 그의 나이 60세인 숙종 12년(1686) 『홍범연의』를 1차 완성하였다. 모두 20권이었다. 그 책머리에 서문을 붙여 장차 임금께 올리고자 했으나, 중간에 화란禍亂을 만나 결국 올리지 못했다.[10] 그해 여름 갈암이 『홍범연의』를 교정 보고 있을 때 동생 이숭일李嵩逸(1631~1698)이 규계規戒의 뜻을 담은 시를 보내 왔다. 당시에는 찬집의 일이 한창이라 화답할 겨를이 없었다. 초본草本이 어느 정도 완성되었을 때 갈암은 이숭일이 전에 보낸 시에 차운次韻하여 절구 두 수를 지어 보냈다.[11]

『홍범연의』 교정 작업을 어느 정도 마치고 나서 갈암이 동생 이숭일에게 보낸 편지가 있다. "『홍범연의』 초본은 지금 작업을 마쳤는데 스스로 보기에 편집이 다소 잘된 듯하네. 다만 지난날 자네가 내게 규계한 뜻이 생각나서 감히 정본定本을 만들지는 못했네. 이제 편지로 알리니 거듭 가르침을 주시게. 이치에 닿는 말이면 감히 수긍하지 않을 수없을 터이니, 귀찮게 벗들에게 정사淨寫시킬 것 없이 불태우고 말 걸세"[12]라고 하며 의견을 구했다. 이때 이숭일은 갈암의 작업에 대해 "존재 형님이 일찍이『홍범연의』를 찬집했는데, 완성하지 못하고 돌아가셨다. 갈암 형님이 이를 이어서 완성시키고자 하신다. 이에 감동하여절구 두 수를 지어 내 뜻을 보인다"[13]라며 존경의 마음을 전했다.

　1686년 원고 작업을 마친 갈암은 2년 뒤인 1688년『홍범연의』의「서문」을 작성한다. 그 내용 중 주요 부분을 옮겨 보면 다음과 같다.

　　널리 옛 전적들에서 긴요한 부분들을 찾아서 채록하고 취사선택하여 그편목을 정하고 편찬했으니, 대개 오행五行·오사五事·팔정八政 등의 주疇는 대개 손수 찬록하신 것이다. 그 나머지 6주도 모두 대강의 취지와 조목과 순서는 밝혀 두었으나 미처 책을 이루지는 못했다.

　　선생이 세상을 떠나신 뒤 일찍이 이 책을 초록하고 서사하는 작업을 했던 사자嗣子 의櫶가 내가 이 책의 찬술에 관여했다는 이유로 이 책을 이어완성해 주길 누차 청했다. 나는 정중히 사양하고 감히 하지 않았다. 그런데 의도 단명했다.

　　모두 조목별로 분석하고 각각 적당히 안배하여『홍범연의』라 이름 하니,모두 수만 자가 된다. 책이 완성되자 상자에 보관해 두고 그저 나 자신이읽어 보기 편하도록 비망의 자료로 삼아 둘 뿐이다.[14]

이때 갈암은『홍범연의』를 간행하고자 시도했던 듯하다. 이는 1689년 아들들에게 보낸 편지에 잘 드러난다. 편지에서 그는 "지난번 권환權瑍(1636~1716) 영공令公이 나를 찾아와서 '『홍범연의』는 가지고 오셨습니까?'라고 묻기에 '현재 한두 책이 있습니다'라고 대답했더니 굳이 보여 달라고 하더구나. 그래서 보여 줬더니 가지고 가서 대상공大相公[15]께 아뢰어 영백嶺伯으로 하여금 비용을 대어 인쇄하도록 하겠다고 했다. 비록 인쇄에 들어가진 않았지만 관사官司를 번거롭게 하는 것이 극히 두려운 일이기에 급히 글을 보내 중지해 줄 것을 청했다"[16]라고 전후 상황을 아들들에게 전했다.

경상도 관찰사에게『홍범연의』를 간행하도록 하겠다는 권환은 1689년 기사환국으로 남인이 재집권하자 영의정에 오른 권대운權大運(1612~1699)의 조카다. 갈암은 "관사를 번거롭게 할 것이 극히 두려운 일"이라며 극구 사양했다. 1689년『홍범연의』정본은 이미 간행할 수 있을 정도로 완성된 상태였다. 하지만 간행을 마다하고 갈암은 이천李栜과 이재李栽 그리고 이심李杺 세 아들에게 정본을 고증하여 바로잡도록 하면서 훗날을 기약했다.[17]

3. 밀암의 교감

미처 완성하지 못한『홍범연의』편찬 사업은 갈암의 아들 밀암密菴 이재(1657~1730)에게로 이어진다. 밀암은 퇴계로부터 학봉과 경당을 거쳐 갈암에게로 내려온 영남학맥을 대산에게 전해 준 영남 유림의 종장이다. 남인은 숙종 15년(1689) 기사환국으로 정국 주도권을 장악했으나, 숙종 20년(1694) 갑술환국으로 정계에서 퇴출된다. 이때 남북으로 수천 리 길 이어지는 아버지 갈암의 유배길에 줄곧 시종하며 퇴계학문을 지켜냈다.

밀암은 경종 3년(1723) 67세 여름에 「밀암자서密菴自序」를 지었다. 여기에서 그는 아버지 갈암이 돌아가시면서 남긴 유훈을 다음과 같이 술회하고 있다.

> 아버님께서 일찍이 『홍범연의』를 편집하셨다. 또 장차 원고를 정리하여 책으로 꾸미고자 하셨으나, 우환이 닥쳐 미처 그렇게 할 틈을 내지 못했다. 병이 심해지자 내게 "이 책은 대략 두서는 갖추었으나 주소의 번쇄한 문장들은 아직 모두 바로잡지 못했다. 너는 이 점을 유념하거라"고 말했다. 나는 머리를 숙이고 눈물을 흘리며 "절대 잊지 않겠습니다"라고 대답했다. 이에 조금 잘라내고 바로잡아 간략하게 했다.[18]

처음에 존재가 『홍범연의』를 찬집했는데, 일을 마치지 못했다. 갈암이 이어서 완성시키고자 했는데 주소의 번쇄한 문장들을 미처 다 바로잡지 못했다. 이에 이르러 밀암이 갈암의 유명遺命에 따라 조금 바로잡았다.[19] 아마 밀암은 아버지 갈암이 다 바로잡지 못한 오류와 주소의 번쇄함을 교정하여 완본完本을 만들었던 듯하다.[20] 이는 사문斯文에 우익羽翼이 되고 후학자들에게 도움이 되는 일이었다.[21] 하지만 이때에도 『홍범연의』는 간행되지 못했다.

4. 냉천과 대산의 교감

1) 교감 참여 인물

이제 다시 밀암의 손자 대로 내려온다. 이때에는 냉천冷泉 이유원李猷遠(1695~1773)[22]과 대산大山 이상정李象靖(1711~1781)의 주도로 교감이 진행되고, 면운재眠雲齋 이주원李周遠(1714~1796)[23]과 만와晚窩 이인훈李仁壎(1713~1771)[24] 등이 참여했다. 냉천은 이의李檥의 손자로, 작은할아버지인 밀암에게서 수학했다. 이의는 이지익과 이지확 두 아들을 두었는데, 이지확의 아들이 이유원과 이주원이다. 그리고 대산은 밀암의 외손자다.

냉천은 선조를 추모함에 선대의 두 대저를 정리했다. 혹은 책을 등서하고 혹은 간행하기 위해 감정하고 검토했다. 갈암의 유집遺集과 연보, 밀암의 유문과『주서간보朱書刊補』등을 교정했다.『홍범연의』도 여러 차례 검토를 마치고, 대산과 함께 석천石川에서 교정을 거친 뒤에 간행에 부치려고 했는데, 그만 세상을 떠나고 말았다.[25] 그렇게 해서『홍범연의』와『주서간보』는 완본을 이루었다.[26] 즉 냉천은 선대의 유문遺文을 정리하여 세상에 전하는 데 일생을 바쳤다.

냉천의 동생인 면운재 이주원 역시 냉천과 만와를 따라『홍범연의』를 조목별로 정리했다. 그리고 대산과 함께 교정 보고 완본을 이루었다.[27] 대산은 영조 19년(1743)년 이상원李象遠[28]에게 보낸 편지에서 다음과 같이 말하고 있다. "『홍범연의』는 어려서 외가에 노닐 적에 자세히 살펴볼 겨를이 없었네. 그러나 그 편집하고 논저하신 뜻에 대해서는 자세히 들었네. 닭실 권장權丈[29]의 뜻이 또한 반복해서 정중하시니, 인리仁里의 종형從兄[30]께서는 언제쯤 출발하실 것인가?"[31] 권만은 이유원에게 편지를 보내 "매번 갈암이 지은 「홍범연의서」를 읽을 때마다 느끼는 바가 있으니 『홍범연의』 전체를 읽고 싶다"[32]고 부탁했던 것이다. 대산은 이른 나이부터 『홍범연의』에 대해 알고 있었고, 더군다나 이를 교정 볼 뜻을 갖고 있었던 것으로 보인다.

2) 교감에 대한 냉천과 대산의 입장 차

당시 교감을 주도한 냉천과 대산은 『홍범연의』를 어떻게 교정 볼 것인가에 대해 입장 차를 보인다. 이에 대해서는 영조 42년(1766)과 그다음 해인 영조 43년(1767) 대산이 냉천에게 보낸 편지에 잘 드러난다. 먼저 1766년 편지[33]를 보자. 우선 『홍범연의』에 대해 "그 규모가 크고 포치가 정밀하니, 규모가 크면 절목이 많지 않을 수 없고 포치가 정밀하면 조례條例가 번다하지 않을 수 없는 법입니다. 천하의 수많은 도리를 망라하여 구주九疇의 49조목 가운데에 모두 묶었으니, 참으로 천지 사이의 도수度數가 있는 문자라서 저의 얕은 견문으로서는 헤아릴 수가 없습니다"라고 그 규모의 방대함에 감탄하고 있다.

그리고 당시 진행되던 교감에 대해서는 "전적으로 간약簡約하게 하여 크게 요약한다면 본체의 면목과는 전연 같지 않게 될 것"이라고 우려를 표하고 있다. 즉 냉천은 번쇄한 주소 부분을 과감히 간략하게 산삭할 것을 주장했다면, 대산은 이에 대해 반대하는 입장이었던 것이다. 그렇다고 무조건 반대만 하고 있을 수는 없으니, 시간적 여유를 갖기 위하여 "당시의 원본元本과 외조부의 교본校本을 얻어서 근거로 삼지 못하기에 감히 쉽사리 손대지 못하는 것입니다. 만일 그것들을 제가 한 번 볼 수 있다면, 그렇게 한 연후에 가능할 것입니다"라고 비껴가고 있다. 즉 갈암이 찬집한 원본과 밀암이 교정한 원고를 보고 나서 판단하자는 것이다. 대산은 선조들이 찬집하고 교정한 원본에 충실하자는 입장이었다.

다음 해 대산이 냉천에게 보낸 편지[34]를 보면, 아마 냉천이 대산에게 『홍범연의』한 책을 보내 주었던 모양이다. 이를 보고 나서 대산이 냉천에게 편지를 보냈다. 대산은 "이 책은 존재와 갈암이 편찬하고 외조부가 교감하신 만큼 짐작하고 증손增損한 데에는 절로 뜻이 있을 것"이라며 "이미 한 부의 정본을 이루었으니, 미완성의 책이라는 평계로 사람마다 손대어 각각 자신의 뜻에 따른다면 얼마 안 가서 그 본래의 면목을 잃을 것"이라 말하고 있다.

냉천의 입장은 대산의 편지를 통해 간접적으로 유추할 수밖에 없다. 대산은 냉천이 산삭한 것이 대부분 주소注疏인 것에는 그렇게 한 뜻이 있을 것이라고 하면서도, 옛 책의 간결하고 심오함은 주소가 아니면 알 수 없으니 주소 또한 생략할 수 없고, 크게 산삭하여 오직 간약함만 힘쓴다면 나중에 문제가 될 것이라고 주장하고 있다. 그러면서 대산은 "냉천의 뜻이 오직 정밀하고 간약함에 힘쓰고, 번다하고 산만함을 깊이 경계하는 것"이라며, 그 뜻이 좋지 않은 것은 아니지만 "전체 가운데에 머리와 꼬리를 깎아 버리고 정밀하고 간약한 것을 끼워 넣는다면, 문구의 번다하고 간약함은 체재가 상이해져서 전혀 유례類例를 이루지 못하게 될 것"이라고 경계하고 있다. 이를 통해 본다면 냉천은 주소의 번쇄함에 신경을 썼던 모양이고, 이를 대폭 산삭하여 간결하고 조리 있게 정리할 것을 주장했던 것으로 보인다.

3) 1772년 교감의 완성

1772년 임진년에 석천서당이 완공되었다. 석천서당은 1652년 『홍범연의』가 출발했던 곳이다. 이를 기념하여 대산은 「석천서당기石川書堂記」와 「석천문회록소지石川文會錄小識」를 지었다. 이해 1월 석천서당에서 『홍범연의』 교감이 완료되었다. 2월 대산이 지은 「석천서당기」에 따르면 "금년 봄 나는 가서 냉천공을 알현한 다음 물러나와 그 동생인 긍보亘甫[35]와 함께 서당에 들어가 『홍범연의』를 교정 봤다"[36]라고 밝힌 다음 "옛날 존재와 갈암 두 선생이 초당에서 『홍범연의』를 편찬할 것을 논의한 것이 실로 임진년 정월이었다. 지금 교정 보는 일도 정확히 주갑周甲의 세월이니, 우연히 그렇게 된 것이 아니다"라며 하늘이 부여한 세월의 우연이 우연이 아님을 감탄하고 있다. 즉 존재와 갈암이 『홍범연의』 찬집을 시작한 효종 3년(1652)이 임진년이었던 것이다.

「석천문회록소지」에서는 "『홍범연의』는 존재와 갈암 두 선생께서 편집한 책으로, 편질이 매우 커서 교감해 바로잡는 일이 필요하였기에 전후로 대개 세 번이나 본을 바꾸었다. 냉천 내종형과 만옹晚翁 천유天牖[37]가 자주 편지하여 붓 잡고 글 쓰는 일을 돕게 하였는데 허락만 하고 가지 못하다가 금년 봄에서야 겨우 달려가 긍보와 토론하며 13일 만에 끝냈다"[38]고 전후 사정을 밝히고 있다. 이때 마침 석천서당이 완공되어 이런 모임이 있게 되니 실로 우연이 아니라며, 이를 기념하여 이 글을 짓는다고 그 연유를 밝혔다. 그리고 대산은 『홍범연의』 교정을 마치고 나서 냉천에게 시 한 수를 올렸다.[39] 이 시에서 대산은 "몇 천 년 전해 내려온 기자의 홍범구주에 대해 지금 당대에 심오한 말을 부연했다"고 자부하며 "어진 후손들이 이 뜻을 잘 이어 역사에 길이 남기를 바란다"고 당부하고 있다.

하지만 1772년 교감의 완성을 전후하여 안타까운 죽음도 있었다. 1771년 만와 이천유가 갑자기 고인이 되어 버렸고, 1773년에는 교감을 주도했던 냉천 또한 저세상으로 가버렸다. 이들에 대해 대산은 만시를 지어 바쳤다. 만와에 대해서는 "흉금은 드넓어서 속세의 기미 끊어냈고, 용모는 엄숙하여 고고한 기운 깊었다. 이치의 근원에 시선을 높이 두었으며, 홍범구주의 편목에 세심한 마음을 더했다"[40]라며 그의 자질과 품성을 칭찬했다. 그리고 냉천에 대한 만시에서는 이전 세대들의 찬집과 교정에 대해 "홍범의 뜻 부연하여 계도에 힘썼으나, 글자 오류 다 고치지 못하고 교정을 후대에 맡기었네"라고 정리한 다음 "작년의 만남은 다시금 구갑이 돌아왔을 때인데, 향후 책을 다듬는 책무를 아우들에게 맡기고 떠났네"[41]라며 아쉬움을 표하고 있다. "책을 다듬는 책무"란 일단 교정이 끝난 원고를 다시금 말끔히 정서하여 간행하는 작업을 말한 것으로 보인다. 하지만 이때에도 간행은 이루어지지 못했다. 아마 냉천의 죽음이 큰 원인이었던 것으로 보인다.

5. 갈암의 관작 회복과 『홍범연의』 간행

1) 1852년 갈암의 관작 회복

『홍범연의』 간행은 갈암의 신원伸冤 문제와 밀접히 연관되어 있었다. '『홍범연의』=갈암'이었다. 그는 숙종 30년(1704) 78세의 나이로 죽었다. 7년 후인 숙종 37년(1711) 12월 관작을 회복시키라는 명이 내려졌으나 대관臺官의 반대로 무산되었다. 그리고 다시 9년 후인 숙종 46년(1720) 경종이 즉위한 뒤 관작을 회복시키라는 명이 내려졌으나 승정원에서 복역覆逆[42]했다. 또 경종 1년(1721) 6월에는 직첩을 환급하라는 명이 있었으나 조정의 논의가 반대하여 도로 거두어졌다.

정조 8년(1784) 8월에는 갈암의 증손 이중조李重祖[43]의 격쟁 원정이 있었다.[44] 이 원정에서 이중조는 갈암이 억울한 죄를 뒤집어쓰고 백년이 지나도록 신원되지 못하고 있다고 하면서, 『홍범연의』에 대해 다음과 같이 언급하고 있다. 조금 길지만 인용해 본다.

신의 증조가 강학할 때 경국제세經國濟世에 유의하여, 홍범구주는 성왕이 몸을 닦고 세상을 경영하는 대법大法이며, 기자의 팔조는 우리 조선의 만세의 표준이라 여겼습니다. 이에 발휘하고 부연하여 『홍범연의』라 명명하니, 모두 13권이었습니다. 책이 완성되자 송신宋臣 진덕수眞德秀의 『대학연의大學衍義』처럼 성상께 바치고자 했습니다. 그러나 불행히도 중도에 죄망에 걸려들어 올리지 못했습니다. 신의 증조의 평생의 정력이 모두 이 책에 들어 있으며, 국가를 위한 지극한 충정이 죽어서도 사라지지 않고 있습니다. 그러나 한 번 죄명을 받자 이 책마저도 상자에 폐기된 채 매몰될 처지에 놓이고 말았습니다. 그리하여 신의 증조의 경국제세의 초심을 드러낼 길이 없어지고, 구주와 팔조의 유서遺緒도 바칠 길이 없어지고 말았습니다. 선조의 뜻을 생각하며 이 책을 끌어안고 더욱 통탄할 뿐입니다.

그러면서 영조가 갈암의 아들인 이재에게는 장악원 주부를 그리고 이만에게는 영희전 참봉을 제수했으니, 이미 갈암의 억울한 죄가 해명된 것이 아니냐면서 갈암을 신원하여 관작을 복구해 달라고 호소했다. 하지만 형조의 반대로 이 원정은 결국 무산되었다.

『갈암집』의 간행 또한 우여곡절을 겪었다. 문집이 처음으로 간행된 것은 1810년 영해에서 후손 이광진李光振(1751~1833)과 이상채李相采(1787~1854) 등에 의해서였다. 그러나 아직도 신원이 이루어지지 않은 상태였기 때문에, 죄인의 문집을 사사로이 간행했다는 이유로 책판은 수거되어 소각당했고 책은 불태워졌다. 그리고 간행에 관여했던 사람들은 유배되었다. 이광진은 3년간 전라북도 부안군 위도蝟島에 그리고 이상채는 전라남도 화순군 능주에 유배되었다. 이를 '경오판변庚午板變'이라 한다. 『갈암집』의 중간은 순종 2년(1908) 1월 관작과 시호가 완전히 회복된 이후인 1909년에 이루어졌다. 후손인 이회발李晦發(1876~1935)·이수암李壽嵒(1844~1924)·이수악李壽岳(1845~1927) 등이 중간본을 간행했다.[45]

헌종 10년(1844)에는 정와訂窩 김대진金岱鎭(1800~1871)[46]이 도내 유림들을 대신하여 갈암의 관작을 복원시켜 달라는 상소문을 지었다. 여기에서 김대진은 "『홍범연의』 1부 10책은 내성외왕內聖外王의 학문이며 경천위지經天緯地의 도구입니다. 더욱이 기자의 나라에 관한 것입니다"[47]라고 『홍범연의』의 가치를 언급했다. 하지만 이때에도 갈암의 관작은 회복되지 못했다.

갈암의 관작 회복은 철종 3년(1852) 이상성의 격쟁 원정에 따라 이루어졌다. 이 과정은 『소청일록疏廳日錄』에 자세히 기록되어 있다. 이

기록은 재령 이씨 존재 종택에 소장되어 있는 것으로, 전체 63면 분량의 필사본이다. 『소청일록』은 이현일의 6대손인 이상채가 1852년 6월 3일부터 10월 6일까지 쓴 약 4개월간의 일기다.[48]

철종 4년(1853)에는 김대진 등이 단구사丹邱社에 모여 『갈암선생부록』을 편집했다. 지난해 관작이 회복된 후 시호를 청하자는 의논이 있어, 이상성이 장차 상경하려 했다. 저곡楮谷[49]에서 김대진을 초청하여 『부록』을 선사選寫했는데, 문인 김상수金常壽(1819~1906)[50]가 따라가 일을 도왔다.[51] 고종 8년(1871) 3월 '문경(文敬)'이라는 시호를 내렸다. 그러나 고종 10년(1873) 시호가 다시 환수되었다. 그러다가 위에서 언급했다시피 순종 2년(1908) 1월 관작과 시호가 완전히 복구되었다.

2) 1862~1863년 교감

드디어 1852년 갈암의 관작이 복구되었다. 이와 함께 갈암의 저술인 『갈암집』과 『홍범연의』에 대한 간행 준비도 시작되었던 것으로 보인다. 본격적인 『홍범연의』에 대한 교감은 1862년에 있었다. 당시의 상황은 교감에 참여했던 사람들이 남긴 기록과 이후 여러 문집에 나타나는 행장 등을 통해 추론해 볼 수 있다. 우선 어떤 사람들이 교감에 참여했는지부터 살펴보자.

우선 『서산선생문집西山先生文集』과 『시암선생문집時庵先生文集』에 실려 있는 시암時庵 남고南皐(1807~1879)[52]의 행장에 따르면 그는 안동 운대雲臺[53]에서 행한 강회에 참가하여 존재와 갈암이 편찬한 『홍범연의』의 간행을 창의하고 교수했다. 이때의 기록을 옮겨보면 다음과 같다.

임진년 영가永嘉 운대雲臺에 가서 강회에 참석했다. 이때 홍유석학들이 모두 모였다. 공이 오르내리며 논정했고, 다시 이름짓고 서문을 부쳤다. 모인 사람들을 권면하니, 보는 사람들이 감탄했다. 존재와 갈암 두 선생이 편찬한『홍범연의』는 오랫동안 상자에 넣어져 있었는데, 공이 간행할 것을 창의했다. 원근에서 모여 함께 뜻을 다해 교수校讎하니, 백세에 전할 수 있게 되었다.[54]

두 문집에는 이 해가 모두 '임진壬辰'으로 기록되어 있다. 임진년이면 1832년인데 이때는 남고의 나이 26세다. 아주 어린 나이는 아니지만 거기에 모인 홍유석학들을 권면하기엔 너무 일러 보인다. 그리고 임진년에 관한 기록은 이 남고에 대한 것뿐이다. 따라서 다음에 나오는 여러 기록과 비교해 봤을 때 이 '임진'은 '임술壬戌'의 오기가 아닌가 생각된다. 즉 임술년은 본격적인 교감이 이루어졌던 1862년이다. 이때 남고가 단산재중丹山齋中[55]에게 보낸 편지가 있다. 그 내용 중 일부를 옮겨보면 다음과 같다.

생각건대 존재와 갈암 두 선생이 찬집한『홍범연의』1부는 우주 간의 대문자입니다. 아직도 상자 속에 있으니 우리들의 한이 지극합니다. 아! 경오년(1810)의 판변板變은 지금도 우리들의 억울함입니다. 원 문집이 아직도 새로 간행되지 못하여 때를 기다리고 있고,『홍범연의』도 아직 간행되지 못하고 있으니, 또한 때를 기다려 그러한 것입니까? 이것은 일은 거창하나 힘이 미약하다고 핑계 대는 것에 불과합니다. 그러나 미약한 힘으로 큰일을 이룰 수 없음만 알고, 널리 힘을 모아 완공을 도모할 것을 생각하지 않는다면, 어찌 우리들의 책임이 아니겠습니까?[56]

영해 쪽 사람들을 독려하는 내용이다. 아무래도 『갈암집』과 『홍범연의』 간행 실무는 갈암 집안을 위시한 영해 지역 사림들이 중심이 될 수밖에 없었을 것이다. 이때 남고와 함께 교감에 참여했던 김태수, 김맹실, 신필흠[57], 류치유[58], 김흥락[59] 등이 임호서당臨湖書堂[60]에서 『홍범연의』를 교정보다 선창仙倉[61]을 산보하며 각자 시 한 구씩 짓기도 했다.[62] 태수는 김대진의 자이고, 맹실은 김광수金光壽(1801~1871)[63]의 자다.

서산西山 김흥락金興洛(1827~1899)[64]이 지은 신필흠申弼欽(1806~1866)의 행장에는 "철종 13년(1862) 겨울 정와 선생 등과 함께 도연陶淵[65]에 모여 『홍범연의』를 교정 봤다"[66]라고 기록되어 있다. 정와 선생은 김대진을 가리킨다. 그리고 이때 신필흠이 지은 "도연에서 김태수 등 여러 사람과 함께 모여 『홍범연의』를 교정 보다"[67]라는 시가 있다. 물론 김태수는 김대진을 말한다. 김흥락은 신필흠의 역할에 대해 "이때 간행에 대한 의논이 있었다. 선생이 사실에 의거하고 출처를 인용하니, 정확하고 해박하여 바로잡은 곳이 많았다. 드디어 이 책이 완본을 이루게 되니, 선생이 많이 힘썼다고들 했다"[68]라고 높이 평가하고 있다.

허훈許薰(1836~1907)이 지은 권석장權錫璋(1813~1884)[69]의 묘갈명에는 "일찍이 정와 김대진, 천재 신필흠, 역와 류치유와 함께 존재 이선생의 『홍범연의』를 교정 봤다. 또 이수영李秀榮(1809~1892)[70]과 함께 냉천 이공의 유집을 교감하고 간행에 부쳤다"[71]라고 기록하고 있다. 여기서 냉천 이공은 대산 이상정과 함께 『홍범연의』를 교정 봤던 냉천 이유원을 말한다.

위의 기록들을 살펴보면 이때 교감에는 김대진이 주도적 역할을 했던 것으로 보인다. 김대진은 본관이 의성으로 6세에 생부 상을 당하고, 13세에 족부 김복수金復壽의 양자가 되었다. 이때 새어머니가 재령이씨 이우열李宇烈의 딸이었다. 즉 외가가 갈암 집안인 재령 이씨 가문이 된 것이다. 김대진의 연보에 그는 "철종 13년 임술년(1862) 12월 그의 나이 63세에 도연에서『홍범연의』를 교정 봤다.[72] 그리고 그다음 해인 계해년(1863) 정월 백호서당栢湖書堂[73]에서『홍범연의』를 다시 교정 봤다.[74]『연의』는 여러 차례 선배들의 교감을 거쳤지만, 간행을 시작함에 다시 살피고 또 살피지 않을 수 없었다. 12월 도연에 모여 한 번 통독했는데, 오류가 많았다. 이때 다시 모여 다듬는 데 정성을 다했다"[75]라고 기록되어 있다. 즉 1862년 12월 안동 임하 도연에서『홍범연의』를 1차 교정 봤는데 수정할 곳이 많아서 그다음 해인 1863년 1월 청송 진보 백호서당에서 2차 교정 봤다는 것이다. 임하와 진보는 안동으로 흘러 드는 반변천으로 서로 연결되어 있다.

위의 내용들을 정리해 보자. 영양 석보면 원두들이 고향인 시암 남고가 안동 운대 강회에 참가하여 존재와 갈암이 편찬한『홍범연의』의 간행을 창의했다. 원두들은 존재와 갈암의 부친인 석계 이시명이 벼슬을 버리고 들어가 학문 연구와 후학 양성에 전념했던 곳이다. 원두들 앞을 흐르는 개천이 인지천과 화매천이다. 이 천들이 흘러 반변천과 만나고, 반변천은 진보와 임하를 거쳐 안동에서 낙동강과 합류한다. 원두들은 석계고택과 석천서당이 남아 있는 재령 이씨 집성촌이다. 남고는 영해에 있는 단산서원에 편지를 보내『홍범연의』간행을 독려했다. 이때 남고는 임하에 있는 임호서당에서 정와 김대진, 구음 김광수,

천재 신필흠, 역암 류치유, 서림 김홍락 등과 함께 교정을 봤다.

간행을 위한 본격적인 교감은 1862년 12월과 1863년 1월 두 차례 있었다. 이때는 정와 김대진이 중심이 되었다. 그가 가장 연장자이기도 했고, 외가가 재령 이씨 가문이기도 했다. 1862년 12월에는 임하 도연에서 1차 교정을 봤고, 1863년 1월에는 진보 백호서당에서 2차 교정을 봤다. 이때에는 외암 권석장도 참여했다. 이제 간행을 위한 준비는 모두 끝났다.

3) 1863년 간행

김대진의 문인인 김상수는 그의 스승에 대해 "『홍범연의』는 여러 차례 선배들의 교감을 거쳤지만, 편차와 규례에 살펴볼 데가 있었다. 선생은 족숙族叔이신 구음龜陰 공, 신천재 공 등과 함께 두세 차례 교정 보고 완본을 만든 다음 세상에 간행했다"라고 밝히고 있다. 구음은 김광수이고 신천재는 신필흠을 말한다. 그러면서 "홍범은 기자에게서 나왔지만 이 책은 동방에서 간행되어, 팔조의 가르침이 지금 다시 행해짐을 볼 수 있게 되었다"[76]는 김대진의 말을 덧붙였다. 이를 통해 보면 1863년 1월 교감을 마치고 바로 간행이 이루어졌음을 추정할 수 있다.

이수형李壽瀅(1837~1908)[77]이 지은 약파藥坡 이현교李鉉敎(1810~1884)[78]의 묘갈명에는 "약파 이공은 종중의 대소사에서 반드시 중심이 되었다. 가령 『운악집雲嶽集』[79]의 간행, 죽리관竹裏館[80]의 중건, 갈암선생비의 건립, 『홍범연의』의 판각은 모두 공이 힘써 주간한 것이다"[81]라는 내용이 있다. 여기서도 연도는 말하고 있지 않지만 분명히 『홍범연의』의 판각을 언급하고 있다. 아마 김대진을 중심으로 한 여러 지식인들이 원고 교감을 보고 있을 때, 이현교가 중심이 된 재령 이씨 집안에서는 판각을 위한 준비가 이루어지고 있지 않았을까 생각된다.

　서론에서도 잠시 언급했지만, 고종 1년(1864) 7월 18일 '사면된 역적 이현일을 처벌할 것을 청하는 방외의 유생 홍재범 등의 상소'에서 그들은 다음과 같이 주장하고 있다.

> 저 이상성은 점차 발호할 마음을 키워 돌아보거나 거리낌 없이 감히 조상의 악을 덮어서 한 세상을 우롱하고자 했습니다. 방자하게 그 사나운 귀신에게 제사지냈으며, 또 몰래 간행하여 숨겨 두었던 흉악한 문집을 먼저 시골에 퍼뜨려 시험해 보려 했습니다. 그러다가 유생들의 논의가 준엄하게 일어나자 급히 흉악한 문집 이외에 새로 간행한 『홍범연의』를 공공연히 서울 지방에 뿌려서 사람들의 이목을 현혹시키고 속마음을 숨기려 했습니다. 그러나 그『홍범연의』도 흉악한 역적이 편찬한 것이므로, 어찌 감히 간행하여 배포한단 말입니까?[82]

　이 상소를 보면 1864년 7월에는 이미 간행본『홍범연의』가 서울 지역에 배포되어 논란이 되고 있음을 알 수 있다. 지금으로 치면 불온서적이 대량 간행되어 수도 서울에 배포되었던 것이다. 1852년 갈암의 관작은 회복되었지만, 이때에도 여전히 갈암은 요주의 인물이었다. 그렇다면『홍범연의』는 언제 간행되었을까? 1863년 1월 교정이 완료되었음을 감안하고 1864년 7월에『홍범연의』의 유통을 반대하는 상소가 올라온 점을 고려한다면, 1863년에는 간행이 이루어지지 않았을까 생각해 본다.

6. 결론

212년을 달려왔다. 1652년에 시작된 레이스가 1863년에 끝났다. 끝 났다고 다 끝난 게 아니라는 말이 있듯이『홍범연의』는 간행된 후에도 여전히 논란이 되고 있었다. 갈암에게 씌워진 죄명이 사라지지 않는 한『홍범연의』에 대한 경계도 사라지지 않을 것이었다. 그것이『홍범 연의』의 운명이었다.『홍범연의』가 담고 있는 내용에 대해서는 한마 디도 하지 않았다. 솔직히 그건 필자의 능력 밖이다. 내용에 대해서는 여러 학자들이 다양한 관점에서 연구를 진행하고 있다. 다만 책의 운 명은 그 책이 담고 있는 내용뿐만 아니라 그 외 여러 가지 요소에 의해 결정됨을 말하고 싶었다. 인간의 운명이 그 사람의 내면 세계에 의해 서만 결정되는 게 아니듯이.

일단『홍범연의』가 장기 레이스를 펼쳐온 만큼 몇 가지 국면으로 나 누어 정리해 보는 게 좋겠다. 1단계는 17세기 존재와 갈암이 찬집하고 18세기 초반 밀암이 교정 보던 당시다.『홍범연의』는 1652년 영양 석 보면 원두들 석계초당에서 시작되었다. 재령 이씨 가문의 대를 잇는 편찬 작업이었다. 2단계는 18세기 후반 밀암 손자 대의 사업이다. 냉 천 이유원과 대산 이상정 그리고 면운재 이주원과 만와 이인훈이 주인 공이다. 냉천과 면운재 그리고 만와는 재령 이씨이고, 밀암의 외손인 대산은 한산 이씨다. 1772년 석계초당에서 교정의 완성을 보았으나, 1773년 냉천의 죽음으로 간행에는 이르지 못한 것으로 보인다. 3단계 는 19세기 중반『홍범연의』간행으로 가는 길이다. 1862년 안동 운대 강회에서 남고의 창의에 따라 교감은 정와 김대진을 중심으로 구음 김광수, 천재 신필흠, 역암 류치유, 서림 김홍락, 외암 권석장 등이 담당했다. 1차 교감은 1862년 12월 임하 도연에서, 2차 교감은 1863년 1월 진보 백호서당에서 이루어졌다. 판각 실무는 약파 이현교가 중심이 되어 재령 이씨 가문에서 담당했던 것으로 보인다.

　3단계 사업을 추진했던 사람들의 면면을 살펴보자. 우선 남고는『홍범연의』의 고향 원두들 출신이다. 그리고 김대진과 김광수 그리고 김홍락은 의성 김씨 천전파이고, 류치유는 전주 류씨 수곡파다. 신필흠과 권석장은 정재定齋 류치명柳致明(1777~1861) 문하에 출입했던 제자들이다. 정재는 전주 류씨 수곡파로서 당시 퇴계학파를 이끌고 있던 영남 사림의 종장이다. 의성 김씨 천전파와 전주 류씨 수곡파는 16세기 중반부터 혼인 관계로 맺어진 가문들이었다. 수곡파의 입향조 류성柳城(1533~1560)은 청계淸溪 김진金璡(1500~1580)의 맏사위가 되어 안동 임하 수곡에 들어왔다. 그리고 수곡파 후손들은 밀암에게서 퇴계학맥을 이어받은 이상정 문하에서 학문을 닦았고, 그의 손녀들과 혼인 관계를 맺기도 했다. 그리고 묘하게도 정재가 1861년에 죽게 되는데, 그 다음 해인 1862년『홍범연의』에 대한 교감과 간행이 진행된다.

　『홍범연의』의 고향 원두들 앞을 흐르는 개천이 인지천과 화매천이다. 이 개천들은 흘러 반변천과 만나고, 반변천은 진보와 임하를 거쳐 안동에서 낙동강과 만난다. 진보에는 1863년 1월 2차 교정을 봤던 백호서당이 있고, 임하에는 1862년 12월 1차 교정을 봤던 도연과 선창 그리고 임호서당이 있다. 그리고 거기는 의성 김씨 천전파와 전주 류씨 수곡파의 세거지다. 이 모든 지역은 반변천으로 연결되어 있다. 그래서 필자는 마지막으로 이렇게 정리하고 싶다.『홍범연의』는 반변천이 낳은 저술이라고.

참고문헌

『葛庵集』.

『石溪先生文集』.

『石溪先生文集附錄』.

『恒齋先生文集』.

『密菴先生文集』.

『霽山先生文集』.

『頤齋集』.

『眠雲齋集』.

『古溪文集』.

『舫山先生文集』.

『大山集』.

『江左集』.

『訂窩先生文集』.

『訂窩先生文集附錄』.

『西山先生文集』.

『時庵先生文集』.

『泉齋先生文集』.

『曉山文集』.

『承政院日記』.

『日省錄』.

174

김홍수, 「『洪範衍義』의 편찬과 간행」, 『민족문화논총』 57, 2014.

송정숙, 「『대학연의』가 朝鮮朝 統治理念書 편찬에 미친 영향-『中庸九經衍義』와 『洪範衍義』를 중심으로」, 『서지학연구』 12, 1996.

송찬식, 「홍범연의 해제」, 『한국학논총』 5, 1983.

한국고전종합DB(https://db.itkc.or.kr/).

유교넷(www.ugyo.net).

1   송찬식, 「홍범연의 해제」, 『한국학논총』 5, 1983, 98쪽.

2   송정숙, 「『대학연의』가 朝鮮朝 統治理念書 편찬에 미친 영향–『中庸九經衍義』와 『洪範衍義』를 중심으로」, 『서지학연구』 12, 1996, 195~196쪽.

3   김홍수, 「『洪範衍義』의 편찬과 간행」, 『민족문화논총』 57, 2014, 45~48쪽.

4   김홍수, 위 논문, 47쪽.

5   『葛庵集』 부록 권1 「年譜」.

6   『石溪先生文集』 권1 「七言絶句」, "第二兒方草洪範衍義 遂書一絶以示之 千重綠樹擁幽居 上有鳴禽下有魚 欲識此中眞簡樂 茅堂長日玩圖書."

7   『葛庵集』 부록 권1 「年譜」.

8   『葛庵集』 권26 「行狀」.

9   『葛庵集』 권22 「祭亡子檥文」.

10   『葛庵集』 부록 권1 「年譜」.

11   『葛庵集』 권1 「詩」.

12   『葛庵集』 권17 「書」.

13   『恒齋先生文集』 권1 「詩」 '七言小詩', "存齋兄曾撰洪範衍義 未就而沒 葛庵兄欲續成之 感念二絶 因以見意云 東韓倫敍自封箕 疇衍于今更是奇 珍重存齋思撰述 無終有始使人悲 禹疇箕範緖茫然 蔡註丁寧儘闡傳 萬事就中包括盡 零星湊合恐成偏."

14   『葛庵集』 권20 「序」.

15   석담石潭 권대운權大運(1612~1699)을 말한다.

16   『葛庵集』 권17 「書」.

17   김홍수, 위 논문, 44쪽.

18   『密菴先生文集』 권23 「行狀」 '密菴自序', "先人嘗編洪範衍義 且將梳洗頭面 迫憂患未暇 及疾既病 語不肖孤曰此書粗成頭緖 惟是註疏繁文 未盡釐正 汝其念哉 栽頫首流涕日不敢忘 至是稍芟正 以從簡約."

19   『密菴先生文集』 권24 「附錄」 '年譜', "三年癸卯 先生六十七歲 夏著密菴自序 (…) 校洪範衍義 始存齋先生撰集洪範衍義 未及卒業 葛庵先生續成之 註疏繁文 猶有未盡是正者 至是先生以葛庵遺命 稍加釐正焉."

20   『霽山先生文集』 권16 「行狀」 '通德郞掌樂院主簿密菴先生李公行狀', "先生嘗因存齋先生所編洪範衍義而續成之 未及釐正 公遵遺命 旣讎校譌謬 又刪其註疏之繁複者 以成完本."

21   『頤齋集』 권12 '密菴先生墓碣銘幷序', "勘定兩先生所編洪範衍義 皆羽翼斯文 而有補於後學者也."

22   이유원 : 본관은 재령, 자는 굉보宏甫, 호는 냉천이다. 대산에게는 외가 쪽으로 형이 된다. 대산이 그의 행장을 지었다.

23   이주원 : 본관은 재령, 자는 긍보亘甫, 호는 면운재眠雲齋다. 이유원의 동생이다.

24   이인훈 : 본관은 재령, 자는 천유天牖, 호는 만와晩窩다. 밀암의 문인이다.

25   『眠雲齋集』 권4 「祭文」 '祭伯氏冷泉公文'.

26 『頤齋集』권12「墓碣銘」'冷泉李公墓碣銘幷序', "其追先也整理先世兩大集 或繕書或鋟行勘討 洪範衍義 朱書刊補成完本."

27 『古溪文集』권7「行狀」'眠雲齋李公行狀', "存齋葛庵兩先生所纂洪範衍義 書其凡例註疏 未及釐正 公從冷泉晩窩諸公 逐條梳剔 又與大山李先生對同勘正 克成完裝."; 『舫山先生文集』권20「丘墓文」'眠雲齋李公墓碣銘幷序', "存齋葛庵兩先生 纂洪範衍義凡例註疏 未及釐正 公從冷泉及族兄守窩諸公 逐條梳剔 又與大山李先生 對同勘閱 克成完書 有功於斯文大矣."

28 이희도李希道 상원象遠은 밀암의 손자다.

29 강좌江左 권만權萬(1688~1749)을 말한다. 『홍범연의』를 빌려 볼 수 있게 해 달라고 청했다. 닭실은 충재沖齋 권벌權橃의 자손들이 사는 경북 봉화군 유곡리酉谷里를 말한다.

30 냉천 이유원을 말한다. 인리는 재령 이씨의 집성촌인 경북 영해의 인량리仁良里를 가리킨다.

31 『大山集』권20「書」'答李希道 癸亥'.

32 『江左集』권5「與李欽甫猷遠」.

33 『大山集』권20「書」'答李欽夫 丙戌'.

34 『大山集』권8「書」'答李欽夫 丁亥'.

35 이주원李周遠(1714~1796)으로, 긍보는 그의 자다.

36 『石溪先生文集附錄』권2「附錄」'石川書堂記', "今年春 余往謁于冷泉公 退而與其弟亘甫入書堂 校洪範衍義."

37 이인훈으로, 천유는 그의 자다. 『眠雲齋集』卷5에 '晩窩李公行錄'이 실려 있다.

38 『大山集』권45「跋」'石川文會錄小識'.

39 『大山集』권3「詩」'洪範衍義校訖偶得一律奉呈冷泉李內兄'.

40 『大山集』권3「詩」'挽李天牖 仁壎'.

41 『大山集』권3「詩」'挽李內兄 猷遠'.

42 승정원에서 임금의 명령이 그르다고 판단되면 그 부당성을 지적하면서 접수를 거부하고 임금에게 되돌려 주었는데 이를 '복역覆逆'이라고 한다.

43 이중조李重祖(1737~1806) : 초명은 복원馥遠이다. 본관은 재령, 자는 유문幼聞, 호는 장와藏窩로 영해에 거주했다. 채제공과 교유하고 선조 이현일의 신원을 위해 일생을 바쳤다. 정조가 조상을 중히 여긴다 하여 '중조'란 이름을 하사했다.

44 『葛庵集』'己甲辛癸錄'; 『日省錄』정조 8년 갑진(1784) 8월 19일(임인); 『日省錄』정조 14년 경술(1790) 2월 14일(을축); 『日省錄』정조 14년 경술(1790) 9월 21일(무술).

45 한국고전종합DB 『葛庵集』해제 참조.

46 김대진 : 본관은 의성, 자는 태수泰叟, 호는 정와訂窩·유계酉溪·유산酉山이다. 금시술, 이진상, 이돈우, 이만각, 권연하 등과 교유했다.

47 『訂窩先生文集』권2「疏」'請葛庵先生復官爵疏', "至所謂洪範衍義一部十冊 乃内聖外王之學 經天緯地之具 而尤有關於父師之邦者也."

48 유교넷(www.ugyo.net) 일기류 『소청일록疏廳日錄』해제 참조.

49 현재 영덕군 창수면 오촌리에 편입되어 있는 닥실마을이다. 여기에 존재가 '명서冥捿'라는 서재를 짓고 학문을 강론하며 살았다.

50 김상수 : 본관은 의성, 자는 계항季恒, 호는 지려芝廬이며, 안동 지례에 살았다. 김굉운金宏運의 아들이다. 서원철폐령이 내려지자, 영남 사림에게 이 일의 부당함을 역설하는 한편 상소하여 반대했다. 도산서원 원장 및 호계서원 수임을 역임했다. 을미사변이 일어나자 의병을 일으켜 항거했다.

51 『訂窩先生文集附錄』권1「年譜」, "四年癸丑 先生五十四歲 秋會丹丘社 繼輯葛庵先生附錄 自前年復官後 有講論之議 李相聖將上京 自楮谷邀請先生 選寫附錄 常壽從往助役."

52 남고 : 본관은 영양, 자는 중원仲元, 초휘는 택환宅煥, 호는 시암時庵·둔암遯庵·노백당老栢堂이다. 영양 원두들에서 태어났으며, 영덕 축산에 대둔정사를 짓고 강학했다. 정재 류치명의 문인이다. 남상교, 류치호, 김대진, 권연하, 이종상 등과 교유했다.

53 지금 안동시 태화동에 있는 서악사西嶽寺로 보인다. 통일신라 때 도선이 창건한 것으로, 창건 당시에는 구름이 머무르는 누대와 같은 절집이라 해서 운대사雲臺寺라 했다고 한다. 후에 안동부 사악四嶽의 하나인 서악에 위치한다 하여 서악사로 개칭했다. 『서악사기西嶽寺記』와 「태화산운대사상량기문太華山雲臺寺上樑記文」이 있다.

54 『西山先生文集』권23「行狀」'成均生員時庵南公行狀', "壬辰赴永嘉雲臺 觀參講會 時鴻碩齊會 公旣上下訂論 復以題名帖序 陳勉會席 觀者嗟歎 存葛兩先生所編洪範衍義 久滯巾衍 公倡剞劂之議 與遠近具眼 極意讎校 得以公傳百世." 이 글은 『時庵先生文集』권15「附錄」'行狀[金興洛]'에도 실려 있다.

55 단산재는 영해에 있는 단산서원을 가리키는 것으로 보인다. 우탁이 영해의 사록司祿이 되어 나갔을 때 민심을 현혹하는 요신妖神의 신당을 철폐하였는데, 그곳 사람들이 그의 공로를 잊지 못하여 단산서원을 세워 추모했다.

56 『時庵先生文集』권6「書」'與丹山齋中 壬辰', "伏念存葛兩先生所撰洪範衍義一部 卽宇宙間大文字也 尙在巾衍 吾黨之慨恨極矣 噫 庚午板變 至今爲吾黨之抑鬱 則元集之姑未改鋟 蓋有所待 而是書之尙未刊行 則亦有待而然歟 此不過謏之以事鉅力綿 然徒知綿力之不可竣大事 而不思所以廣力以圖竣事 則豈非吾黨之責哉."

57 신필흠申弼欽(1806~1866) : 본관은 평산, 자는 백한伯翰, 호는 천재泉齋다. 류휘문柳徽文의 문인이다. 류치명, 이정실, 김대진, 권연하 등과 교유했다.

58 류치유柳致游(1811~1871) : 본관은 전주, 자는 소유小游, 호는 역암櫟庵이다. 아버지는 수정재壽靜齋 류정문柳鼎文이고 형은 만산萬山 류치엄柳致儼이다. 류치명의 문하에서 수학했다. 사마시에 합격했으나 평생 도학에 전심했다. 후진 양성에 성심으로 전력하여 제자들을 많이 길러냈다.

59 김홍락金弘洛(1817~1869) : 본관은 의성, 자는 공백恭伯, 호는 서림西林·천서川西다. 아버지는 김진곤金鎭坤이다. 류치명의 문인이다. 류치엄, 권연하, 이만각 등과 교유했다. 과거를 단념하고 후진 계몽으로 낙을 삼았다.

60 안동시 임하리에 있는 서당이다.

61 신암愼庵 이만각李晩慤(1815~1874)이 지은 「東遊十小記」는 임하현 일대의 백운정白雲亭, 임천臨川, 사빈泗濱, 송석松石, 선창仙倉, 석문石門, 도연陶淵, 표옹유허瓢翁遺墟, 선유정仙遊亭, 상선암上禪庵 등 열 곳을 유람하고 나서 적은 기문인데, 여기에 선창이 나온다. 송석에서 상류로 5리를 거슬러 올라간 지점에 있었는데, 여러 가지 형상을 한 돌들이 시냇가에 가득 펼쳐져 있는 굽이였다.

62 『時庵先生文集』권2「詩」'與金泰叟 金孟實 申伯翰弼欽 柳少游致游 金恭伯弘洛 校洪範衍義 於臨湖書堂 散步仙倉 呼韻聯句', "偶扶藜杖出 探勝到仙倉 泰叟 猿點醉茅酒 羊眠起華陽 孟實 詭奇難盡狀 磨嚙見彌剛 伯翰 澎汃奔如競 鑱剟巧似佯 仲元 鋪圍含變化 爲德斯尖方 少游 起拜仍成句 豪情勝米章 恭伯."

63 김광수金光壽(1801~1871) : 본관은 의성, 호는 구음龜陰이다. 맹실은 그의 자다. 아버지는 김범운金範運이다. 류치명의 문하에서 수학했다. 류치명이 귀양살이를 마치고 돌아오자 이

후로는 출사할 생각을 버리고 오로지 독서에만 전념했다.

64 김흥락金興洛(1827~1899) : 본관은 의성, 자는 계맹繼孟, 호는 서산西山이다. 학봉 김성일의 주손이며, 류치명의 제자다. 이황, 이상정, 류치명으로 이어지는 영남학파의 주요한 학통을 계승했다.

65 임하댐 건설로 사라져 버린 도연폭포를 말한다.

66 『西山先生文集』 권13 「行狀」 '成均進士泉齋申公行狀', "壬戌冬 與訂窩諸公會陶淵 校洪範衍義 蓋是書卽存葛二先生之所推衍九疇者 編衰浩穰 條目纖悉 屢經先輩是正 而尙有未盡勘定處 公考據事實 援引出處 精切該博 多所釐正."

67 『泉齋先生文集』 권2 「詩」 '陶淵與金泰叟諸人 會校洪範衍義', "龜背玄文蘊百王 儒宗手裏待鋪張 六官制作參元聖 三禮編修祖紫陽 讎對政期靑汗就 公傳堪與漆書長 仁賢世遠君休恨 左海彝倫賴以光."

68 『泉齋先生文集』 권8 「附錄」 '行狀[金興洛]', "壬戌冬 與訂窩諸公會陶淵 校洪範衍義 蓋是書卽存葛二先生之所推衍九疇者 而我東方經世之大典也 編衰浩穰 條目纖悉 屢經先輩是正 而尙有未盡勘定處 至是議方入梓 公考據事實 援引出處 精切該博 多所釐正 是書之得成完本 多公之力云."

69 권석장權錫璋(1813~1884) : 본관은 안동, 자는 주서周瑞, 호는 외암畏庵이다.

70 이수영李秀榮(1809~1892) : 영양군 석보면의 학자로 호는 좌해左海다. 본관은 재령으로, 이시명과 이숭일의 후손이다. 그의 독서당인 여산재廬山齋가 석보면 원동리에 남아 있다.

71 『舫山先生文集』 권21 「丘墓文」 '處士權公墓碣銘幷序', "嘗與金訂窩岱鎭 申泉齋弼欽 柳櫟窩致游 共校存齋李先生洪範衍義 又與李公秀榮 勘整冷泉李公遺集 以付剞劂."

72 이때 지은 시가 있다. 『訂窩先生文集』 권2 「詩」 '陶淵會校洪範衍義有韻', "父師玄訓範皇王 留待眞儒更磔張 才擬顔生聞禮樂 道該姬典理陰陽 嵩河騰頌風休邈 關洛聯徽事業長 繕取巾箱公海內 小華千載藉爲光."

73 현재 청송군 진보면 반변천 가에 있는 서당이다. 『九思堂集』 권8에 실려 있는 '柏湖書堂記'에 따르면 존재 이휘일이 현의 서북쪽 작약산芍藥山 아래의 승경을 사랑하여 대를 쌓아 표지하였더니, 존재가 세상을 떠난 뒤에 문인인 김공金公 형제가 이곳을 잘 보호하였다. 존재의 증손자 이유원이 한천漢川 가에 우거하며 마을의 수재를 가르치자, 현의 부로들이 학생들이 공부할 서당을 지으려고 했다. 김공의 손자 김광언金光彦이 말하기를 "선현이 머문 땅이 매몰된 지 오래되었소. 지금 서당을 지으면서 어찌 다른 곳을 찾으리오. 유적을 표시하고 후학을 일으킨다면 의리에 있어 둘 다 부합할 것입니다" 하여, 이곳에 서당을 짓게 되었다. 그 땅에 백암柏巖이라는 곳이 있고 그 앞에 호수를 이룬 냇물이 있기 때문에 백호서당이라 이름 했다고 한다.

74 이때도 시를 지었다. 『訂窩先生文集』 권2 「詩」 '柏湖亭重校洪範衍義', "先師遺躅此精廬 擕到先師手輯書 文藻江山經怯後 蠹魚箱帙埽塵餘 有會衝牛征邁造 不揆蠡管測窺疎 少償函筵陪畢研 百年斯境感何如."

75 『訂窩先生文集附錄』 권1 「年譜」, "十三年壬戌 先生六十三歲 十二月 校洪範衍義于陶淵 十四年癸亥 先生六十四歲 正月 重校洪範衍義于栢湖書堂 衍義書屢經先輩契勘 而梓役營始 不容不更審一審 臘月會于陶淵 通讀一過 而尙多訛漏 至是又會 極意梳洗."

76 『訂窩先生文集附錄』 권2 「遺事」, "洪範衍義 屢經先輩勘校 而編次規例 猶有可商者 先生與族叔龜陰及申泉齋諸公 再三釐校 以成完本 刊行于世 乃曰洪範發於父師 而是書行于東方 庶見八條遺敎復行於今也."

77 이수형 : 본관은 재령, 자는 사징土澄, 호는 효산曉山, 초명은 요응堯應이다. 장복추와 허전의 문인이다. 이종기, 허훈 등과 교유했다.

78 이현교 : 본관은 재령, 자는 태응台應, 호는 약파藥坡다.

79 『雲嶽集』은 이함李涵(1554~1632)의 문집이다. 이함은 본관이 재령, 자는 양원養元, 호는 운악雲嶽이다. 영해 인량리仁良里 출신이다. 광해군 때 혼란한 조정을 보고 벼슬을 그만두었다. 향리로 돌아가 종가를 지키며 학문과 후진양성에 힘써 훗날 명문가로서의 기틀을 다졌다. 아들이 석계 이시명이고, 손자가 갈암이다.

80 이함의 거처였다.

81 『曉山文集』권6「墓碣銘」'藥坡李公墓碣銘並序',"藥坡李公諱鉉敎字台應 載寧人也 宗中大小大事 無不須公正錘 如刊布雲嶽集 重建竹裏館 豎葛庵先生碑 鋟洪範衍義 皆公之所力幹也."

82 『承政院日記』고종 1년 갑자(1864) 7월 18일 기사,"彼相聖 漸益跳踉 無復顧忌 敢欲掩蓋祖惡 愚弄一世 肆然俎豆其厲鬼 又以凶集之盜刊暗藏者 先布於鄕曲 以爲嘗試之計 及其儒論峻發 則急急以凶集外 所謂洪範演義之新刊者 公傳于都下 欲以眩惑耳目 遮攔情跡 然雖其洪範之演義 係是凶逆所纂 則亦何敢刊布乎?"

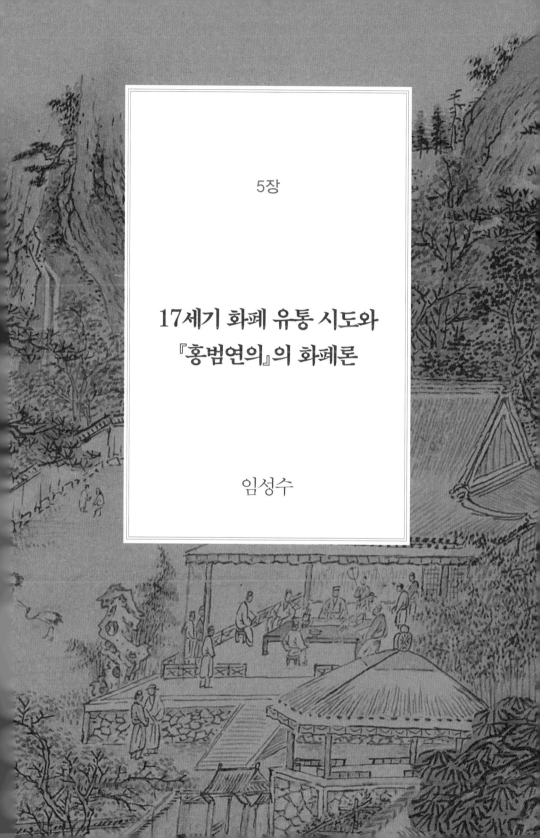

5장

17세기 화폐 유통 시도와
『홍범연의』의 화폐론

임성수

1. 머리말

화폐는 한 국가의 경제를 이해하는 핵심 요소다. 화폐는 교환의 편의, 가치의 척도와 저장, 지불수단, 국가 재정 확충과 빈민구휼 등 다양한 목적으로 사용되었다. 중국에서 화폐는 이미 선진先秦 시기부터 등장하였고, 우리나라에서는 고려 때 처음으로 주화의 형태인 화폐가 만들어졌다. 조선은 건국 초부터 고려의 제도를 계승하여 저화楮貨를 사용하였지만, 저화는 주로 서울에서 통용되고, 발행량도 많지 않아 전국적인 통화로 기능하지는 못하였다. 조선의 본격적인 화폐 사용은 왜란과 호란이 한참 지난 숙종 4년(1678)부터 시작되었다.

조선에서 주화 형태의 화폐가 300여 년간 통용되지 않은 가장 큰 이유는 화폐의 필요성이 그만큼 절실하지 않았고, 화폐를 통용할 사회경제적·제도적 기반이 마련되지 않았기 때문일 것이다. 동전이 통용되기 전까지 조선에서는 쌀과 포목 등과 같은 현물이 각종 교환과 경제 활동에 주로 사용되었다. 농업 중심 경제 구조에서 주식이던 쌀은 가장 신뢰할 수 있고 사용가치가 높은 재화였고, 포목은 상대적으로 가벼운 무게로 교환에 편리하고 품질에 따른 차이에도 불구하고 사용가치를 가졌기에 실물화폐로서 기능할 수 있었다.

실물화폐를 대신할 새로운 명목화폐의 필요성은 임진왜란 이후 본격적으로 제기되었다. 화폐의 일반적 기능이 상품 교환의 편리성 제공이라는 점을 고려하면 오랜 전쟁으로 경제적 여건이 나빠진 상황에서 화폐 발행 논의가 제기되었다는 점이 부자연스러운 측면이 있다. 당시 화폐 발행 논의는 정부가 유통경제의 활성화보다는 부족한 재정을 확충하려는 의도가 강했다. 하지만 정부의 구상과는 달리 숙종 4년(1678) 이전까지 추진한 화폐 발행 정책은 모두 실패하였다.

17세기 화폐 발행 논의와 그 추진 과정은 각각의 시기별 정부의 재정 상황과 사회경제적 배경을 이해하는 중요한 단서를 제공한다. 『홍범연의』는 존재 이휘일과 갈암 이현일 형제가 효종 3년(1652)부터 집필을 시작하여 숙종 12년(1686)에 완성한 책이다.[1] 두 형제가 책을 집필하던 시기는 조선에서 동전 발행 논의가 가장 활발하게 일어나고 실제 추진되었던 시기와 거의 일치한다. 집필 당시 시대적 상황에 영향을 받았는지는 알 수 없지만, 『홍범연의』에는 화폐에 관한 내용이 풍부하게 담겨 있다. 특히 조선 왕조의 몇 차례 통화 정책이 실패한 요인과 성공한 배경을 짐작할 수 있는 다양한 역사적인 사례를 소개하고 있다. 역대 고전을 두루 모아놨다고는 하지만, 수많은 고전 중 저자의 사상과 의도에 따라 취사선택되었다는 점을 생각했을 때 『홍범연의』에 그들의 화폐관이 녹아 있다고 보는 것도 큰 무리는 아닐 것이다.

책의 내용으로 미루어 볼 때 형제는 새로운 화폐의 유통에 긍정적인 생각을 가졌던 것으로 짐작된다.

따라서 『홍범연의』의 화폐론을 분석하는 것은 당시 화폐 유통에 적극적이었던 조정 대신들의 주장과 정책저 고민을 간접적으로나마 짐작해 볼 수 있는 흥미로운 작업이 될 것이다. 이 글에서는 임진왜란 이후 화폐유통론이 등장한 배경과 화폐 정책의 추진 과정, 실패의 요인, 성공의 비결 등을 연대기 사료와 『홍범연의』의 저술을 비교해 가며 살펴볼 것이다. 이는 17세기 조선의 재정 정책과 화폐 발달사를 이해하는 또 하나의 사례가 되리라 기대한다.

2. 『홍범연의』 속 화폐의 유용성

화폐는 교환의 편의를 극대화하고, 상품의 가격을 결정하며, 잉여가치를 저장하는 효율적 수단이다. 중국에서 화폐는 이미 진나라 이전부터 사용되어 경제 활동에 일부분이 되어 있었지만, 조선에서는 그렇지 않았다. 명목화폐가 가져다주는 편의성에도 불구하고 조선의 왕과 신하들은 부정적인 인식이 강하였다. 동전 유통을 시도했던 인조와 효종 모두 동전 발행의 효과에 대해 의구심이 컸다. 동전 유통이 이루어지고 있던 영조는 즉위 초반 강력한 폐전론을 주장하기도 하였다. 이는 동전이 지닌 실물가치가 떨어지고, 무용한 물건이라는 생각이 강했기 때문이다. 동전에 대한 많은 사람의 불신에도 불구하고 왜란 이후에 조선에서는 꾸준히 동전을 유통해야 한다는 논의가 제기되었다. 17세기 이후 조선에서 동전의 어떠한 유용성이 당대인들에게 필요했는지 살펴보자.

『홍범연의』에는 중국의 역대 왕조에서 화폐를 사용한 사례와 그와 관련된 다양한 논의가 실려 있다. 전체적인 내용을 종합할 때, 이휘일·이현일 형제는 금속화폐의 유용성과 필요성은 충분히 인정하면서도 화폐로 인해 발생할 수 있는 다양한 문제를 최소화하여 정부와 백성이 화폐의 장점만 취하는 방향으로 화폐 정책을 구상하였다. 중국 북위北魏의 임성왕任城王 원징元澄이 효명제에게 진언한 내용은『홍범연의』의 화폐관을 종합적으로 정리하고 있다.

> "하夏나라와 은殷나라 때의 화폐제도는 전국[九州]에서 공물로 받아들인 금으로 다섯 가지 화폐의 등급을 제정하였고, 주周나라에서도 그 옛 제도를 따랐습니다. 그러다가 태공太公이 구부九府의 법을 확립하고 나서는 환圜이라는 전폐를 사용하기 시작하여 수銖와 양兩이라는 중량의 표준을 확정하였습니다. **제齊나라 환공桓公도 이 제도를 그대로 따랐기에 여러 제후국 중에서 패권을 잡을 수 있었습니다.** 그 후 진秦나라 시황제와 한나라 효문제孝文帝 때에 이르러서 그만 전폐의 중량을 가볍게도 하고 무겁게도 하였습니다. 그러다가 효무제 때에 와서 오수전을 만들었습니다. 그 중간에는 주조한 전폐를 없애기도 하고, 때에 따라서는 고쳐 만들기도 하였습니다. 그래서 전폐에 크고 작은 종류를 두게 된 것입니다. **삼가 태화오수전[太和五銖]을 생각해 보면, 효문제께서 주의를 기울여 제정한 것으로서 나중에는 오수전과 함께 통용되었으니, 이것은 없앨 수 없는 제도입니다.** 그런데 지금 그 전폐가 통행되지 못하도록 법률에 명확

한 조문을 두고 있습니다. 그리고 그것을 가리켜 아안전[鵝眼]과 환착전[鐶鑿]이라고 부르면서 다시 그 금지령을 해제하지도 않고 있습니다. 또한 하북 지방의 주州나 진鎭에서는 새로 전폐를 주조하는 일이 없을 뿐만 아니라, 다시 전일前日 사용하던 전폐까지도 금지하고 있습니다. 오로지 홑실로 짠 비단과 성글게 짠 포布만 전폐로 사용하고 있습니다. 그러나 이것들은 폭이 좁고 길이도 짧아서 통상적인 규정에도 맞지 않습니다. 그런데도 포의 온 필을 찢어 자투리로 만들어서 물화를 유통시켰습니다. 지금에 이르러 많은 사람들이 길쌈하는 수고를 하고서도 배고픔과 추위의 고통을 면하지 못하고 있습니다. 이것은 모두 포나 비단을 찢어서 쓰고 전폐의 유통을 막았기 때문이니, 진실로 주리고 헐벗은 자를 구제하고 백성들을 자식처럼 소중히 기르는 의도가 아닌 것입니다." 원징은 또 이렇게도 말하였다. "태화오수전은 바로 영원히 변치 않는 전폐의 모범입니다. 어찌 서울에서만 사용되고 나라 전체에는 유통되지 못하겠습니까? 무릇 포나 비단은 한 자 한 치씩 찢어서 쓸 수 없으며, 곡식은 메고 지고 다녀야 하는 어려움이 있습니다. 그러나 돈을 사용하는 데는 노끈[鎠]으로 서로 잇기만 하면 되니, 말[斗]이나 섬[斛]과 같은 기구를 빌릴 필요가 없으며, 저울로 달고 자로 재는 수고를 들일 필요가 없습니다. 세상을 구제할 적합한 것으로 참으로 편리합니다. 바라건대, 각 지방의 주와 진에 하달하여 신구新舊의 전폐 가운데 안팎으로 온전하고 좋은 것은 모두 유통하게 하십시오. 아안전과 환착전 그리고 규격에 맞지 않는 것들은 법률에 의거하여 금지하게 하십시오. 만약 전폐를 몰래 사사롭게 주조하는 자는 통상의 법보다 더 중하게 처벌하게 하십시오. 물품의 시세를 균일하게 하려면 시장의 상인들이 잘 따르게 해야 할 것이니, 만약 엄격한 법으로 통제하지 않는다면 그들의 간계를 제지하지 못할 것입니다."[2]

하은주 시대부터 사용된 금속화폐는 국가를 운영하는 중요한 요소였다. 전국시대 제齊나라 환공桓公은 화폐제도를 이어받아 제후국 중 패자가 되었고, 진秦나라와 한漢나라에서도 화폐제도는 계속되었다. 원징은 북위 시대에 와서 화폐를 금지시키면서 백성이 어려움을 겪게 되었다고 주장하였다. 금속화폐 대신 사용된 포나 비단은 한 자 한 치씩 찢어서 쓸 수 없으며, 곡식을 메고 지고 다녀야 하는 불편함이 있기 때문에 화폐로 적절하지 않았기 때문이다. 금속화폐는 노끈으로 서로 묶기만 하면 편하게 소지할 수 있는 장점이 있었다. 백성의 원활한 경제 활동을 위해서는 교환을 위해 금속화폐가 반드시 필요하다고 본 것이다.

당唐나라 덕종과 헌종을 모신 두우杜佑는 금속화폐가 필요한 이유를 상세히 정리하였는데, 요지는 곡식이나 비단이 교역의 수단이 된다면, 수레에 실어서 끌고 다녀야 하거나 찢어져 버리는 폐단이 있을 뿐만 아니라, 무게를 달거나 치수를 재어서 써야 하는 것 때문에 어려움을 겪게 된다. 즉 화폐의 필요성이 교환의 편의에 있다면 금속화폐는 휴대성과 세밀한 가격 계산에서 강점이 있었다. 다만, 금이나 은의 경우에는 기명器皿과 장식물을 만드는 데 사용되는 물품이었기 때문에 금속화폐의 재료로는 적절하지 않다고 보았다.[3] 즉 금은보다 사용가치가 떨어지면서도 금속화폐로서의 기능성은 충족할 수 있는 구리나 철을 가장 적당한 재료로 판단하였다. 또한 곡식이나 비단은 본래 먹고 입는 기능을 담당하던 것이었기 때문에 화폐로 사용하는 자체가 경제적 손실이었다. 이에 더해 전량前凉의 태부참군太府參軍 색보索輔는 비단 같은 견직물은 여자들의 노력을 헛되게 한다는 점을 들어 화폐로 사용하는 것을 반대하였다.[4] 이러한 이유로 화폐 사용 초기인 진나라 때부터 이미 전폐를 만들어 실물화폐를 대체했던 것이다. 실물화폐는 본래의 기능에 충실하게 하고, 통용하는 화폐를 사용가치가 떨어지는 물건으로 만드는 것이야말로 각각의 물품의 기능을 극대화하여 정부와 백성이 모두 부유해지는 방법이었다.

「홍범」의 팔정八政 중 화폐는 먹는 문제[食] 다음에 위치할 만큼 물건을 교역하는 바탕으로서 화폐의 용도는 매우 중요했다. 하지만 하은주 시대부터 화폐를 만든 이유는 교역을 활성화하여 상업을 성장시키기 위해서가 아니었다. 오히려 국가의 근본이자 먹는 문제를 해결하는 농업을 장려하기 위함이었다. 송宋나라 시기 공자의 27대손 공림지孔琳之는 다음과 같이 말하였다.

> 만약 백성들로 하여금 화폐를 만드는 데 품을 들이게 한다면, 이는 생업인 농사를 짓는 데 방해가 될 것이다. 그러니 화폐 만드는 일을 금지하는 것이 옳다. 이제 농민들은 마땅히 곡식을 생산하는 데 힘쓰고, 장인들은 도구를 만드는 데 힘을 써서 각자가 자기의 직업에서 수고하고 있으니, 어찌 화폐를 만드는 일에 수고를 들이겠는가? 그렇기 때문에 어질고 지혜로운 임금들은 쓸모없는 화폐를 제정하여 쓸모 있는 물품들을 유통하게 하였다. 전폐는 부서지거나 낡아서 해지는 낭비가 없을 뿐만 아니라 물품을 운송하는 수고도 덜어 준다. 이 같은 점 때문에 화폐는 귀갑龜甲과 패갑貝甲이 하던 화폐의 역할을 대신하며 대대로 이어져 내려오면서도

없어지지 않은 것이다. 곡식이나 비단은 본래 먹고 입는 일을 담당하던 것이다. 그런데 이제 본분이 화폐가 되는 것이라면, 손실을 초래함이 아주 많을 뿐만 아니라, 장사꾼들의 손에 훼손되고 잘리고 끊어 쓰는 것으로 인해 소모되고 버려질 우려가 있다. 이 같은 폐단이 눈앞에 드러나는 것이다. 그래서 종요鍾繇가 말하기를 "교활한 사람들은 다투어 곡식을 습하게 하여 부당하게 이익을 취하고, 엷은 비단을 만들어서 화폐를 불리려 했다"라고 하였다. 엄혹한 형벌로 이 같은 일을 제재하였지만 금지시킬 수가 없었다. 이런 까닭에 사마지司馬芝는 "전폐를 사용하게 되면, 비단 나라를 풍요롭게 할 뿐만 아니라 형벌을 덜 쓰게도 된다"라고 하였던 것이다. 또한 지금까지의 사례에 근거해 보면, 전폐를 쓰는 곳이라 하여 가난해지는 것도 아니며, 곡식을 화폐로 쓰는 곳이라 하여 부유해지는 것도 아니다. 위魏나라 명제明帝 때에 전폐를 폐지하고 곡식을 화폐로 사용한 것이 40년이 지났다. 그것이 사람들에게 불편을 끼치자 곧 다시 전폐를 사용해야 한다고 하였다. 하부에서는 다른 마음을 가진 사람이 없고, 조정에서는 다른 의견을 가진 사람이 없었다. 저들이 오히려 곡식을 화폐로 사용하는 것을 포기하고 전폐를 사용한 것은 곡식이나 비단을 화폐로 쓰는 것의 폐단이 이전의 경계警戒에서 드러났다는 것이 명백하다. 그러므로 나는 이런 폐단을 구제할 수 있는 방안이 전폐를 폐지하는 데 있지 않다고 하는 것이다.[5]

공림지는 농민들은 곡식을 생산하는 데 힘쓰고, 장인은 물건을 만드는 데 힘써서 각자 자기의 직업에 충실하게 만드는 것이 통치의 시작이라고 보았다. 나라에서 화폐를 만드는 것은 백성이 본인의 직업을 소홀히 한 채 화폐를 제작하기 위해 시간을 낭비하는 것을 방지하기 위함이었다. 또한 화폐는 당장에 쓰임이 없는 물건으로 만들어 쓸모 있는 물건을 교역하게 하는 것이 지혜로운 임금의 역할이라고 보았다. 금속화폐는 부서지거나 낡지 않아 장기간 사용할 수 있고 교역에도 유리하면서도 실생활에서 쓰임이 급한 것은 아니었기 때문에 역시 화폐로 쓰기에 적합하다고 판단하였다. 곡식이나 옷감을 화폐로 사용하게 되면 교활한 자들이 곡식을 물에 불리거나 얇은 비단을 만들어 부당하게 이익을 취하는 경우가 발생하는데, 화폐를 사용하면 나라를 풍요롭게 할 뿐 아니라, 백성의 불법 행위도 막을 수 있기 때문에 형벌을 줄일 수 있는 장점도 있었다.

교환 못지않게 중요한 화폐의 기능은 물가 조절이었다. 『주례周禮』에는 "나라에 흉년이 들거나 역병으로 사망하면, 시장에서 세금을 걷지 않고, 화폐를 만들어 유통시킨다"라고 하였다. 이 이유를 『홍범연의』에서는 재해가 있으면 물건값이 비싸게 되니 시장에서 세금을 걷지 않는 것은 백성의 빈곤을 위하려는 것이었고, 금과 구리에는 흉년이라는 것이 없기 때문에 물건값이 비싸지면 돈을 많이 주조해서 백성을 풍족하게 해 주었다.[6] 금속은 풍흉과 무관하게 생산량을 유지할 수 있기에 곡식이나 옷감이 비싸지면 금속을 활용하여 돈을 많이 만들어 물가를 낮춰 백성을 이롭게 해 주었다는 것이다. 흉년에 따른 농산물 생산의 부족은 화폐의 증발로 해결할 수 있는 문제가 아니었지만, 물가를 낮추는 것만으로도 약간이나마 도움이 된다고 판단한 듯하다. 다만, 흉년에 화폐가 많아지면 곡식이나 비단을 교역에 사용하지 않고 오로지 먹고 입는 데에만 사용할 수 있었기 때문에 물품의 사용 가능

수량을 극대화하는 효과가 있었다.

『홍범연의』에서는 제齊나라의 사상가이자 재상으로서 환공을 섬기며 부국강병을 이끌었던 관자管子의 말을 인용하여 금속화폐의 물가 조절 기능을 다음과 같이 설명하였다.

관자가 말하였다. "성탕成湯 7년의 큰 가뭄과 하우夏禹 5년의 홍수로 인해 백성 가운데 먹을 것이 없어서 자식을 파는 사람들도 있었다. 성탕은 장산莊山의 금으로 화폐를 만들고, 하우는 역산歷山의 금으로 화폐를 만들어서 곤궁에 처한 사람들을 구해 주었다. 대체로 세 가지 화폐[三幣]라고 하는 것이 그것을 쥐었다고 해서 몸이 따뜻해지고 배가 부르는 데 도움이 되는 것이 아니며, 그것을 버렸다고 해서 배가 고프고 몸이 추워지는 것이 더해지는 것도 아니다. 그러나 옛날 현명한 임금들은 화폐를 활용하여서 모든 재물을 간수하고, 세상에서 벌어지는 모든 일을 통제하여 국가를 다스렸다. 그렇기 때문에 화폐를 저울[衡]이라고 명명하였으니, 저울이라는 것은 물건을 올리기도 하고 내리기도 하여 고정되지 않게 한다는 것이다. 또한 말하기를, "물자가 많으면 값이 싸지고, 적으면 값이 비싸지고, 풀어놓으면 값이 떨어지고 거두어들이면 값이 올라간다. 임금이라고 하는 사람은 그런 사실을 잘 알고 있다. 그렇기 때문에 나라의 물자가 넉넉한지 부족한지를 살펴서 나라의 화폐와 물자를 통제한다. 즉 곡식의 값이 싸면 화폐로써 식량을 사들이고, 포백布帛의 값이 싸면 화폐로써 옷감을 사들인다는 것이다. 이렇게 물자의 값이 싼지 비싼지를 살펴서 화폐와 물자를 통제하는 표준으로 삼으니" 이것을 물자의 값이 싼지 비싼지를 꿰뚫고 있는 저울[권權, 즉 물가 조절 정책]이라고 한다.[7]

금속화폐는 비단과 같이 몸을 따뜻하게 만드는 물건도 아니었고, 곡식과 같이 배를 부르게 하는 물건도 아니었지만, 현명한 임금들은 화폐를 활용하여 모든 재물을 간수하고, 나라에서 일어나는 일을 통제하였다. 즉 화폐를 통해 곡식과 비단을 실제 목적에 맞게 사용할 수 있는 환경을 만들었고, 물가를 조절하여 백성을 편하게 했다는 의미다. 물건의 값을 올리기도 하고, 내리기도 하는 물가 조절 기능으로 인해 화폐를 저울[衡]이라고 부르게 된 것이다. 온 나라에 유통되는 물품의 수효를 계산하여 화폐의 발행량을 조절함으로써 물가와 유통량을 함께 통제할 수 있었다. 곡식이나 비단의 값이 싸면 정부에서 화폐로 사들이고, 흉년에는 반대로 하면서 화폐와 물품의 균형을 유지하는 방법으로 백성의 경제 활동을 돕는 것이 화폐의 역할이었다.

다만, 상기한 것처럼 화폐는 백성이 실생활에 필요한 곡식과 비단의 실제 수량을 늘릴 수 있지는 않았다. 이러한 화폐의 본질을 동래 여씨는 꿰뚫고 있었다. 다음은 동래 여씨가 화폐에 대해 설명한 내용이다.

화폐의 개념은 바로 재화의 유통을 왕성하게 하려는 물건인 것이지, 선대의 임금들이 재부의 근본으로 삼으려 했던 것은 아니었다. 옛사람들이 물화를 논할 때는 다만 9년간의 축적을 말하지, 처음부터 축적된 것이 몇만, 몇 천 꿰미[緡]라고 말한 적은 없다. 그것은 무슨 까닭인가? 농사짓고 길쌈하는 것이 입고 먹게 할 수 있는 재화를 생산하는 근본이며, 전포錢布는 재화를 유통시키기 위하여 적당하게 만들어 놓은 방편에 지나지 않을 뿐이기 때문이다. 먼저 곡식이 있어야 화폐라는 방편이 비로소 시행될 수 있는 것이다. 만약 그 근본이 없다면, 비록 쌓아 놓은 돈 꿰미가 아주 많다고 하더라도 찼다가 비어 가는 곡식의 수효를 어떻게 보충할 수 있겠는가? 그렇기 때문에 3대三代 이전에는 재정과 부세를 말할 때는 모두 곡식을 근본으로 삼았고, 화폐는 재화의 값을 높이거나 낮추어 백성에게서 취하는 방도에 불과했다.[8]

화폐는 재화의 유통을 왕성하게 하려는 물건일 뿐, 선왕들이 재화의 근본으로 삼은 것은 아니라고 동래 여씨는 단언하였다. 농사를 짓고 길쌈하는 것이 입고 먹게 할 수 있는 재화를 생산하는 근본일 뿐, 화폐는 그 자체로는 먹을 수도 입을 수도 없는 물건이었다. 오직 유통을 위해 적당히 편리하게 만든 방편에 불과했기 때문에 화폐가 존재의 가치를 가지려면 우선 백성이 반드시 필요로 하는 곡식과 비단이 생산되어 있어야만 했다. 따라서 화폐만 다량 만들어 놓는 것은 아무런 의미가 없었다. 화폐의 기능은 오직 물가 조절에만 있다고 본 것이다. 이는 『홍범연의』의 팔정八政에서 화폐에 관한 모든 논의를 관통하는 저자의 인식이다. 이휘일·이현일 형제는 화폐, 그중에서도 금속화폐가 필요하다고 생각하였지만, 그 역할은 안정적 물가 조절을 통해 백성의 의식을 풍족하게 하는 것으로 제한되었다. 산업의 근본인 농업을 저해하는 수준의 화폐 유통에는 분명히 반대하였고, 임금과 관청이 동전을 활용하여 이익을 얻는 것도 경계하였다. 하지만 조선에서의 동전은 저자의 생각과는 다른 배경에서 유통 논의가 시작되었고, 다른 방향으로 활용되었다.

3. 17세기 조선의 화폐 발행 논의와 한계

　17세기 조선 왕조의 경제체제에서 가장 큰 변화는 단연 동전의 발행이었다. 조선 초기에는 저화楮貨가 통화通貨로서 사용되기도 하였지만 전국적인 유통에는 실패하였고,9 이후 시장에서는 줄곧 쌀이나 면포가 교환수단으로 사용되었다.10 숙종 4년(1678) 발행된 동전은 전국적인 유통에 성공한 조선 최초의 금속화폐. 조선 개국 후 300여 년이 지난 시점에 동전을 사용하게 된 이유는 무엇일까? 동전 유통이 시작된 배경에 대해서는 지금까지 많은 논의가 진행되었다.

　한 연구에서 소개된 동전 유통의 10가지 배경을 정리하면 다음과 같다. 첫째, 명목화폐를 법화로 유통시키기 위한 고려시대와 조선 전기의 제반 화폐 유통 정책이 선험적 경험으로 활용되어 화폐경제의 성장 발전을 가능하게 하였다. 둘째, 조선 왕조의 전통적인 화권재상貨權在上 원칙론이 조선 후기에도 준용되어 민중이 지배하는 포布와 미米 등 물품화폐 유통 체제를 극복하고, 동전을 법화로 주조 유통함으로써 화폐에 대한 일체의 지배권을 장악하고자 하였다. 셋째, 대동법의 실시로 상품교환경제 발전이 촉진됨에 따라 빈약한 농업 생산에 기반을 두고 있던 당시 유통계에서 주요 통화 기능을 발휘한 미米·포布 등 물품화폐아 칭량은화의 한계를 극복하고 상품교환경제 내지 사회 생산력을 증진시키기 위해 동전 유통의 필요성이 증대되었다. 넷째, 왜란 이후 위기에 직면한 국가 경제 재건의 필요성에 부응해서 국가 재정 보완과 농민 생활 안정을 위한 재원 확보의 응급성에 비추어 가장 짧은 시일 내에 많은 재화를 마련하기 위해 명목화폐인 동전을 주조 유통하는 것이 최선의 방법으로 논의되었다. 다섯째, 개성 지방에서 원활히 유통되던 동전의 선례가 당시 화폐 문제에 대해 관심을 가지고 있던 지식 계층에게 국내의 다른 지방에서도 동전이 유통될 수 있을 것이라는 신념을 갖게 하였다. 여섯째, 조선 후기 개경학이나 실학이 공통적으로 중시한 이용 후생의 실천 방안의 하나로서 은광 개발·대동법 등과 함께 동전 주조 유통이 시도되었다. 일곱째, 중국에서 일찍부터 화폐경제가 발달되고 있다는 사실은 당로자들이 국내에서도 화폐 유통이 가능하리라는 신념을 가지게 하였다. 여덟째, 대청 교역을 통해 직간접적으로 관계를 맺고 있던 각 계층의 화폐 가치 인식이 심화되었고, 사치품 중심의 중국 수입품은 국내 유통계를 자극하여 명목화폐의 수용을 위한 잠재력을 증진하였으며, 대일 무역을 통해 화폐 원료인 동銅이 대량 수입되어 화폐 정책 운용 내지 화폐경제 발전에 크게 기여하였다. 아홉째, 왜란 중 조선군에서 칭량은화를 군사비로 사용하게 됨으로써 왕조 초기 이래 통용을 금지했던 칭량은화의 국내 유통이 허용되었고, 유통계에 널리 보급되어 동전이 법화로서 유통 기반을 이루는 데 기여하였다. 열째, 양란 이후에 인구 급증 현상은 전통 조선 사회의 제반 사회 생산력을 증진시키는 동시에 증가된 인구를 수용하기 위해 무본억말務本抑末적인 중세적 생산 양식을 비판 극복하는 요인이 되었다.[11]

상기한 것처럼 17세기 동전은 다양한 사회경제적 배경이 복합적으로 작용하여 발행 논의가 시작되었고, 몇 차례 시행착오를 거쳐 유통 성공에 이르게 되었다. 다만, 조정에서 동전 발행을 처음 제안한 신하들에게는 조금 더 직접적이고 분명한 목적이 있었을 것이다. 왜란이

종식된 지 얼마 지나지 않은 선조 36년(1603) 호조에서는 화폐貨幣의 필요성을 제기하였다. 다음 사료는 현물 중심 경제체제에서 동전이 필요했던 이유를 자세하게 보여 준다.

무릇 국가가 있으면 통용되는 화폐가 있었습니다. 3대三代 이후 시대마다 각각 명칭은 달랐지만, 화폐를 사용하려는 뜻은 똑같았습니다. 대체로 미포米布는 사람들이 입고 먹는 것인데, 만일 별도로 화폐가 없고 입고 먹는 것으로 화폐를 삼는다면 부자들이 많이 쌓아 놓고서 이익을 독차지하게 되어 가난한 사람들은 입을 수도 먹을 수도 없게 될 것입니다. 공사公私가 모두 곤궁한 것은 오로지 이 때문입니다. 만일 입고 먹는 것 이외에서 별도로 이른바 화폐란 것이 행용行用한다면 화폐는 공사 간에서 모두 비축하고, 미포는 사람들이 단지 입고 먹는 데에만 사용하게 될 것입니다. 이는, 즉 산에서 주전鑄錢하는 것이 부국을 위한 첫 번째 일이거늘 어찌하여 유독 우리나라에서만 그것을 의심한단 말입니까? 비록 평시라도 재물을 만드는 방도를 깊이 강구해야 하는데, 하물며 지금같이 큰 난리를 겪어 공사가 바닥나고 재용財用이 탕갈된 때이겠습니까? 지금 다방면으로 관청에서 주전鑄錢하여 나라 안에 유포시킨다면 진실로 무에서 유를 만드는 것이니 백성을 넉넉히 하고 나라를 풍족하게 하는 것도 이로 인해 이루어질 것입니다. 국가 재정[府庫]이 탕갈된 문제는 말할 필요도 없게 될 것입니다.[12]

인용문은 호조판서 성영成泳의 발언 내용이다. 우선 화폐의 필요성이 대두되었던 당시 정부의 상황을 이해하면 발언의 의도를 분명히 파악할 수 있을 것이다. 오랜 전쟁으로 토지가 황폐해지고 경작할 농민들이 감소하면서 정부 운영에 필요한 세입이 급감한 상태였다. 하지만 전쟁 이후 토지조사가 제대로 진행되지 않아 정부는 과세 가능한 토지를 정확히 파악하지 못하였고, 농민들도 과세 형평성에 대한 불만이 고조되어 있었다. 이러한 상황에서 정부의 수입만을 고려한 과도한 토지세 부과는 자칫 민심 이반으로 이어질 수 있었기 때문에 신중한 입장이었다. 호조는 종전 직후부터 양전을 최우선 과제로 요청하였지만, 선조 33년(1600) 이후에서야 구체적 논의가 시작되어 일부 지역별 양전이 진행되었다.[13] 이에 따라 여전히 정부재정은 극도로 어려운 상태를 벗어나지 못하고 있었다. 성영의 화폐 유통 발언은 이러한 상황에서 나온 것이다.

주전의 가장 직접적인 목적은 긴급한 재정 확충에 있었다. 성영은 서두에서 화폐의 필요성을 역사적 사례를 통해 설명하였다. 3대 이후 시대마다 화폐가 존재했는데, 쌀과 포목과 같이 실생활에 필요한 물품을 화폐로 삼으면 부자들의 재산 축적으로 가난한 자들이 먹고 입을 것이 부족해질 수밖에 없다는 논리였다. 즉 쌀과 포목 외의 새로운 화폐를 만들면 쌀과 포목은 본래의 목적 그대로 먹고 입는 데에만 사용할 수 있어서 시중에 유통되는 양이 늘어나고, 정부와 백성 모두가 혜택을 입을 수 있었다.『홍범연의』에서도 화폐의 필요성에 대해『서경書經』을 인용하여 재화가 많이 있는 곳에서 없는 곳으로 옮기고, 중요한 것과 그렇지 않은 것을 헤아려서 재화를 유통하게 하여 백성의 생활을 넉넉하게 하는 것이라고 밝히고 있다.[14] 실생활에 필요한 물품은 한곳에 모아두지 않고 부족한 곳으로 유통되어야 한다는 의미에서 성영의 생각과 크게 다르지 않다고 할 수 있다.

　다만, 성영이 동전을 만들어 유통하려 한 진짜 이유는 다른 곳에 있었다. 그는 전쟁으로 국가 재정이 모두 바닥난 상황에서 주전이 부국을 위한 첫 번째 일이라는 점을 강조하였다. 주전이 무에서 유를 만드는 것이라고 표현한 것은 의식이 불가능한 구리로 미포를 마련할 수 있다는 의미였다. 성영은 주전을 하면 부자들이 동전을 저축하고 미포는 모두 사용하게 될 것으로 판단하였다. 국가 재정이 부족한 상황에서 저축 중인 모든 미포를 끌어 낼 방법이 주전이었다. 『홍범연의』에서 경계했던 국가의 재정 확충을 위한 주전을 계획하였던 것이다.

　긴급한 재정을 고려하여 선조는 주전을 허락하였고, 조정에서는 구체적인 동전 발행 논의가 진행되었다.[15] 관련 도감都監을 설치하기로 하고 적극적으로 추진하던 주전은 약 한 달 뒤 2품 이상 관원을 모은 회의에서 갑자기 취소되었다. 영의정 이덕형李德馨은 궁핍한 국가 재정과 군량을 위해 찬성했지만, 좌의정과 우의정이 모두 재료 수급 문제로 부정적인 입장이었다. 결국 찬성 14인 대 반대 17인으로 입장이 크게 갈리면서 선조도 반대로 돌아섰다.[16] 궁핍한 재정 상황에도 불구하고 주전을 중단한 데에는 그동안 논의만 이뤄지던 양전量田이 마침 실행되었던 것도 이유가 되었다. 양전을 마치고 세입이 늘어나자 주전 논의는 완전히 수면 아래로 가라앉았다.[17] 결국 당시에 동전 유통의 목적이 재정 확충에 있었다는 사실을 알 수 있다. 왜란 이전까지 조선에서 동전 발행 논의가 크게 제기되지 않은 것은 나라의 재정 운영에 큰 문제가 없는 상황에서 국가경제에 큰 반향을 일으킬 동전을 굳이 유통시킬 이유가 없었기 때문이다. 전쟁이라는 국가 존망의 위기를 겪으면서 수백 년간 지켜왔던 명목화폐가 무용하다는 인식이 변화하기 시작한 것이다.

당시 조정의 논의는 이후에 벌어지는 주전 요청 과정에서도 유사하게 반복되었다. 특히 이권利權을 정부가 갖고 통행通行하면 재정을 넉넉히 할 수 있을 것이라는 이덕형의 주장은 주전과 유통 권한을 쥐고 재정을 확충하던 18세기 정부의 모습과 같았다. 전한前漢 문제文帝 때에 가의賈誼는 정부가 돈의 가치를 조절하는 방식으로 모든 재화의 수요와 공급을 통제할 수 있으면 잉여의 재화를 거두어 정부재정을 부유하게 할 수 있다고 주장한 바 있다. 돈이란 쓸모가 없는 물건이지만 임금이 그 권한을 갖고 잘 활용하면 정부재정과 백성의 부귀를 바꿀 수도 있다는 것이다.[18]

동전 발행은 기존 현물재정이 가진 제한된 한계를 극복하는 계기가 되었다. 현물재정 체계에서는 농업 생산량의 급격한 증감 없이는 재정 규모도 변함이 없었다. 그러나 국가운영에는 다양한 변수가 발생했으며, 풍흉과 대내외적인 변수에 따라 급변하는 재정 수요를 효율적으로 충당할 방안이 필요했다. 현물재정 체계를 고수하던 조선에서는 이에 대비한 것이 저축이었다. 그런데 저축으로도 긴급한 재정 수요를 감당할 수 없는 상황에서는 지출을 줄이거나, 추가 징수를 감행해야만 했다. 두 가지 상황이 모두 실현된 시기가 바로 17세기다. 특히 전쟁 이후 흉년과 세입 감소로 저축이 점차 줄어드는 상황에서 획기적인 재정 대책의 필요성은 더 크게 부각되었다. 동전은 농산물과 달리 풍흉과 무관하게 필요한 수량을 조달할 수 있었기에 유용한 방법으로 거론되었다. 『사기』에는 "전錢은 본래 천泉이라고 불렀는데, 재화가 유통되는 것이 마치 샘물과 같다는 말이다"라고 전의 어원을 정리하고 있다.[19] 조선에서는 농업 생산물을 대체하여 무한의 재원을 만들어 내고 유통할 수 있는 것이 바로 동전이었다.

지속적인 과세 대상지의 감소와 예고 없이 찾아오는 흉년은 정부의 재정 운영에 가장 큰 불안 요소였다. 흉년이나 불시의 지출에 대처하려면 재정수지를 여유 있게 설정하여 평시에 저축이 이루어져야 했지만, 17세기에 설정된 빠듯한 수지 구조로는 현실적으로 불가능했다. 재정 부족은 이미 일시적인 현상이 아니라, 구조적인 한계에서 비롯된 문제였다. 숙종 11년(1685) 영의정 김수항金壽恒의 발언은 당시 재정 운영의 문제를 잘 보여 준다.

> 우리나라 세입은 본래 매우 적어 국가의 경용經用도 양입위출量入爲出할 수 없습니다. 비록 평시라도 1년 거두는 것이 1년 쓰임에 부족합니다. 올해는 모든 도가 흉년을 맞아 허다한 급재給災를 계산해 제외하니 실결實結이 크게 줄었습니다. 전세田稅·수미收米로 상납하는 수도 반드시 수만 석에 불과할 것이니 결코 지용支用할 방도가 없습니다. 진실로 답답한 마음입니다.[20]

당시에는 세입이 적어 양입위출量入爲出이 불가능한 상황이었기 때문에 흉년을 당하면 마땅히 손쓸 방법이 없었다. 이 같은 재정 구조에서 정부는 흉년과 불시 지출에 대비한 대비책을 마련해야 했다. 흉년에는 세입 감소에 더해 피해 지역의 진휼까지 지원해야 하는 재정적 부담이 있었다. 세액 감소에 따른 경상비 부족분과 진휼에 필요한 재원을 모두 마련해야 하는 상황에서 정부는 기존 부세체제를 최대한 유지하면서도 새로운 재원 마련 방안을 고심하였다.

정부가 찾은 방법은 동전 발행이었다. 선조 연간에 무산되었던 동전 발행 논의는 인조 3년(1625) 활발하게 제기되었다. 인조와 신하들의 대화는 당시 동전 인식을 잘 보여 준다.

> 윤방尹昉이 말하길, "예부터 나라를 소유하면 모두 통화通貨를 보존하였습니다. 그러므로 중원中原 및 일본은 모두 사용하는 것이 있으나, 오직 우리나라만 홀로 그러한 일이 없습니다. 이전에 전錢을 통행하려는 논의도 중간에 정지되어 시행되지 않았습니다. 개성開城에서 동행기銅行器를 사용하고, 지금은 남령초南靈草도 사용하는데 어찌 유독 전은 사용할 수 없겠습니까? 우선 시험 삼아 전을 사용하여 통화의 도구로 삼는 것이 좋을 듯합니다." 상이 말하길, "전을 사용하는 일은 재작년에 이미 결정하였으나, 백성이 사용하려 하지 않는다고 한다. 그래서 다시 정지한 것이다." 윤방이 말하길, "국가가 우선 녹봉 등의 일에 사용해야만 시행될 수 있습니다." 상이 말하길, "해조該曹에 말하여 착실히 시험적으로 써보게 하라." (중략) 특진관 김대덕金大德이 말하길, "신이 호조참의를 할 적에 처음에는 김진국金盡國이, 뒤에는 이서李曙가 모두 전을 사용하고자 하여, 우선 국가가 미포米布를 사용하는 곳에 시험하고자 하였습니다. 국계國計가 궁핍함이 이같이 지극한데, 전부터 사용한다면 나라가 어찌 넉넉해지겠습니까? 지금 주전鑄錢을 하려는 것은 필히 관官부터 시작되었습니다. 무릇 여러 입역자立役者와 하인들에게 지급할 값을 만약 돈으로 계산해 준다면 반드시 받으려 하지 않을 것이고, 미포를 마련해 낼 방법도 없습니다. 반

드시 먼저 미포를 갖추어 국계國計를 넉넉히 만든 뒤 주전하여 통화를 시행해야 효과가 있을 것입니다."21

인조 3년(1625) 동전 사용이 제기된 배경에는 극심한 재정 부족이 있었다. 세입이 감소하여 경비지출도 버거운 상황에서 '이괄의 난'이 발생하자 정부가 저축했던 곡식도 바닥이 났다. 난을 진압한 공신들에게 제대로 된 보상을 할 수 없는 상황에서 제향과 어공도 모두 절감하였다.22 관료들의 녹봉도 월급의 형태인 산료로 변경되었지만, 그마저도 정상 지급할 곡식이 부족한 실정이었다. 최악의 재정 상황에도 불구하고 광해군 대에 징수하던 각종 부가세가 반정反正의 명분이었다는 점에서 재정 문제를 이유로 임시세를 징수하기도 어려웠다. 특히 '이괄의 난'으로 민심이 동요하는 상황에서 과외 징수는 더욱 조심스러웠다. 백성에게 직접적인 부담을 주지 않으면서도 당장에 경비를 지출할 방안으로 동전 발행을 제기된 것이다.

동전 발행은 전에도 추진되었지만, 성공하지 못한 결정적 이유는 통행의 주체가 되어야 할 백성이 사용하려 하지 않았기 때문이다. 동전 발행이 경제적 효과를 거두려면 정부에서 주조한 동전이 백성이 가진 물화와 원활히 교환되어야만 했다. 그러나 당장 생계가 급한 백성의 처지에서는 굳이 동전 소유의 필요를 느끼지 못하였다. 이는 동전이 화폐로서 기본적으로 갖추어야 할 '가치'가 없었기 때문이다. 동전은 금화金貨·은화銀貨와 같이 실물가치가 높은 화폐가 아니었고, 그렇다고 발행 주체인 정부가 태환을 보장할 수 있는 명목화폐도 아니었다. 중국과 같이 오랜 역사 속에서 백성이 사용하며 자연스럽게 가치를 인정받은 화폐와 달리 조선은 전에 없던 통화를 만드는 것이었고, 빠른 시일에 가치를 부여하여 재정적인 목적에 활용할 계획이었기 때문에 무턱대고 성공을 기약하기 어려웠다.

특진관 김대덕金大德은 이 점을 분명히 지적하였다. 주전을 원하는 곳이 미포가 부족한 관청이라는 점을 전제하고, 이들이 본래 미포로 지급할 영역에 동전을 준다면 백성이 받으려 하지 않을 것이고, 정부도 미포를 마련해 줄 방도가 없다고 하였다. 정부가 지급한 동전을 백성이 찾아와 미포와 교환을 요구했을 때 정부에서 해 줄 수 없다면 동전 발행은 불가능하다는 주장이다. 그는 동전 발행이 실효를 거두려면 정부가 교환에 필요한 충분한 미포를 사전에 반드시 확보해야만 한다고 보았다. 실제로 태환성을 갖추지 못한 상태에서 발행한 동전이 통행에 실패한 사례가 얼마 뒤 벌어졌다. 다음은 인조 12년(1634) 상평청에서 동전 사용과 관련하여 보고한 내용이다.

> 동전은 쓸모없는 기물입니다. 추위도 입을 수 없고, 배고파도 먹을 수 없습니다. 그러나 천하의 재화를 유통할 수 있으므로 '화천貨泉'이라 부르는데, 그것은 근원이 있어 널리 유포될 수 있기 때문입니다. 지금 상평청에서 주조한 동전으로 삼수군 급료의 1/10을 지급하는데, 애초에 백성에게 부과하는 령令이 없었기 때문에 동전을 받은 삼수군이 모두 상평청으로 오고 있습니다. 상평청의 미米는 한계가 있어 전부 사들이지 못하자, 사람들은 모두 "동전은 쓸 수 없다"고 합니다. 국가가 동전을 부과하는 제도는 설치하지 않고 단지 민간에 전매轉賣하게만 하니 어리석은 백성이 믿지 못하는 것도 당연한 일입니다.[23]

인조 12년(1634) 훈련도감 군병의 급료 지급이 어려워지자 조정에서는 동전을 주조하여 급료 일부를 지급했다. 그러나 동전을 받은 군병들이 시장에서 곡물과 교환할 수 없자 상평청으로 찾아가 쌀과 교환을 요구하는 문제가 발생하였다. 정부가 쌀이 부족해 동전을 지급한 상황에서 상평청도 이들의 동전을 쌀과 교환해 줄 여력이 없었다. 정부에서 태환을 보장하지 못하자 동전은 곧장 소유자들에게 신뢰를 잃고 가치를 상실하였다. 결과적으로 동전 유통은 실패했고, 정부는 다시 곡물로 급료를 지급해야만 했다. 위 사료에서는 동전을 부과하는 령令이 없었기 때문에 동전 사용이 원활하지 못했던 것으로 파악하였다. 국가에서 동전을 부과하는 제도를 시행했다면 동전을 받은 삼수군이 판매할 통로가 있었겠지만, 이것을 만들지 않고, 일방적으로 민간에게 전매轉賣시키면서 공신력을 잃은 것이다. 동전 발행이 성공하려면 국가의 제도적 개입이 필요하다는 점을 신하들도 인지하고 있었다.

　　동전 발행이 실패한 원인은 동전의 가치를 부여할 방법을 고려하지 않고 일방적으로 만들어 유통하였기 때문이다. 앞선 사료에서 윤방은 동전의 공신력을 높이기 위해 녹봉이나 급료 등 국가의 핵심 경비에 동전을 사용해야 한다고 주장하였다. 관료 집단이 동전을 사용하면 가치가 자연히 부여될 것이라는 기대였다. 그러나 동전 가치는 국가의 경비 지출이나 유력자의 사용과 같이 간단한 방법으로 만들어지는 것이 아니었다. 동전을 실생활에서 사용하는 백성이 언제든지 필요한 물품과 교환할 수 있는 실질적 가치를 지녀야만 동전 유통이 성공할 수 있었다. 상평청에서는 각종 세금을 동전으로 징수하는 방안을 제시하였다. 백성이 세금 납부를 위해 동전을 반드시 구매해야만 하는 조건

이어야만 동전이 안정적 가치를 얻고, 통용될 수 있다고 본 것이다.

하지만 인조 초반 동전 발행을 논의하는 과정에서는 동전을 부세에 활용하는 단계까지는 고려하지 않았다. 부세제도 개정은 백성에게 매우 민감한 사안이었기 때문에 혼란을 최소화하기 위해 그보다 소극적인 방법으로 동전 유통을 활성화하고 공신력을 확보하고자 하였다. 인조 4년(1626) 호조판서 김신국金藎國은 동전 사용의 활성화를 위해 경복궁 앞길의 좌우 행랑 앞에 사람을 모집해 점포를 열게 하고, 관官에서 술과 음식에 필요한 물품을 지급하면 그들이 만들어 사람들에게 판매하는 방안을 건의하였다. 이때 점포 주인에게 다른 물화는 못 받게 하고, 오로지 동전만 취급하게 하면 동전으로 급료를 받은 관리들이 점포에서 사용할 것이라 예상하였다.[24] 정부는 물품을 지급한 대가로 본전本錢을 회수하여 계속해서 동전을 급료로 줄 수 있어 부족한 곡물을 절약할 수 있었다. 더불어 상인은 이윤을 얻고, 동전을 사용해 본 관리는 동전의 정가定價를 알게 되면서, 동전은 점포에서 정한 가격을 통해 자연스럽게 가치를 부여받아 유통이 확대될 수 있었다. 이 제안은 국왕의 승인을 받았지만, 이후 실제 운영이 되었는지는 확인할 수 없다. 시장거래를 통해 자연스럽게 가치를 부여받고 유통을 점진적으로 활성화시키는 것은 동전이 화폐로 자리매김하는 가장 이상적인 방법이었지만, 동전 발행이 정부의 필요에 따라 갑작스럽게 추진한 정책이었던 만큼 한계가 있었으리라 추정된다.

주화가 통화가치를 얻으려면 실물가치를 지니거나 국가가 태환을 보장해야 했지만, 조선의 여건에서는 양자 모두 실현하기 어려웠다. 실물가치를 지닌 금은으로 주화를 만들기에는 원재료의 한계가 분명했고, 어려운 재정 상황을 타개하기 위해 주화를 발행하려는 입장에서 태환은 불가능했다. 이 상황에서 선택할 수 있는 유일한 방안은 국가 공권력으로 동전 사용을 강제하는 것이었다. 호조는 국가에서 백성에게 징수하는 각종 명목의 비용을 동전으로 징수하는 제도를 제안하였다.

> 동전을 사용하는 법은 반드시 국가가 징수하는 규정이 마련된 이후에야 공사公私 간에 통행될 수 있습니다. 지금 주전鑄錢한 것이 많지 않은데, 만일 책납責納할 길을 넓게 열면 백성은 (은을) 구할 곳이 없게 되어 그 폐단이 반드시 몰래 주전하는 데 이르게 될 것입니다. 지금은 우선 형조·한성부·사헌부 등 징속徵贖하는 아문으로 하여금 『대명률大明律』의 속동전贖銅錢 규정에 따라 징수해 사용하게 하는 것이 마땅합니다. 또 동전銅錢의 값은 예와 지금이 달라 만약 율문의 수효에 따른다면 납속納贖하는 자가 반드시 원망할 염려가 있습니다. 지금의 절가折價에 따라 전錢 1문文을 미米 1승升으로 계산하여 형조로 하여금 참작해 마련하게 하고, 정식定式하여 징수하는 것으로 승전承傳을 받들어 시행하게 하소서.[25]

호조는 만약 징수하는 명목이 한꺼번에 많아지면 주전량이 적어 백성들이 동전을 구하지 못할 것을 우려하여 징속徵贖을 위해 납부하는 비용에만 동전을 징수하도록 하였다. 속贖을 위한 비용은 본래 미포米布로 납부해야 했으나, 물종을 동전으로 변경한 조치였다. 이 경우에 속贖을 해야만 하는 백성은 동전의 가치나 본인의 의지와 무관하게 발행된 동전을 구매해 납부할 수밖에 없었다. 다만, 속贖에 필요한 동전은 수효가 적어 주전량이 많지 않은 초기에는 유용했지만, 장기적으로 주전이 이어질 경우 동전의 가치를 지켜내기 어려웠다. 또한, 속續은 수요가 매년 일정치 않았기 때문에 안정성을 보장하기에는 한계가 있었다.

인조 4년(1626) 동전 제조가 시작되었지만, 이듬해부터 사용하라는 전교가 내려졌다. 임금은 동전 발행에 신중했고, 신하들도 실제 통행을 확신하지 못하였다. 특진관 김신국은 국초에 동전이 폐지된 이유를 설명하며 백성이 국법國法을 불신하여 동전을 많이 구매하려 하지 않기 때문에 동전이 귀하지 않았고, 마침내 사용도 어려웠다고 하였다.[26] 행전行錢을 성공하려면 동전 가치를 확고히 하여 백성의 신뢰를 얻는 것이 중요했지만, 임금조차 부작용을 우려하여 행전에 신중한 상황에서 언제 폐지될지 모를 동전을 백성이 신뢰할 리 없었다. 결국 이듬해에도 행전은 실패했다. 정묘호란이 발발하며 군사적 긴장감과 재정적 위기감이 최고조인 상황에서 호조판서 김신국은 군량 마련을 위해 재차 동전 발행을 건의했지만, 인조는 받아 주지 않았다.[27]

인조 11년(1633) 북방 지역의 군사적 긴장이 고조되면서 군량 마련이 시급한 현안이 되자 재정 대책이 분주하게 논의되었다. 조정에서는 평안도의 공물과 노비신공을 쌀로 바꿔 군량에 보태고,[28] 공명첩을 내려 보내며,[29] 전세를 비축하는[30] 등의 대책을 내놓았다. 국가 재정이 평안도 방어에 집중되면서 중앙정부는 손실을 감수해야 했다. 호조는 위급한 상황에서 부족한 경비를 메우기 위해 다시 주전鑄錢을 꺼내 들었다. 관청을 설치하여 주전을 시작했고, 사주私鑄를 막기 위해 강력한 처벌 규정도 마련하였다. 이때도 삼사三司에서 거두는 속속贖贖과 함께 각사各司 작지作紙를 동전으로 징수하도록 강제하였다. 또 시중에서 구매하는 각종 물품과 포상으로 내려 주는 물품도 원래 수효를 참작하여 동전으로 계산해 주도록 했다. 동전의 절가折價는 이전에 정한 전 1문 당 미 1승에서 1문당 미 반승으로 낮추었다.[31] 전가錢價를 인조 4년보 다 절반이나 내려 백성이 동전 구입에 적극적으로 나서도록 유도한 것 이다.

인조 12년(1634) 동전 발행이 실현되었지만, 결과는 실패였다. 『인 조실록仁祖實錄』에서 사관은 "전화錢貨가 유행流行되지 않아 동전을 쓴 다는 명목만 있고, 실효는 없었다"라고 동전 발행의 성과를 평가하였 다.[32] 곧이어 호조는 각사의 노비신공을 이듬해부터 동전으로 대납하 게 하여 동전이 통행하는 길을 넓힐 것을 제안하였다.[33] 이로 미뤄 볼 때, 호조는 동전 발행의 실패 요인을 백성에게 동전 사용을 강제하는 동전 대납의 범위가 좁았기 때문이라고 판단한 듯하다. 즉 규모가 큰 국세國稅에는 전납錢納을 시행하지 않고, 속전贖錢과 작지作紙에만 동 전납을 강제하면서 이를 대납하는 데 필요한 동전량이 시중에 발행된 동전량을 감당하지 못한 것이다. 결국 속전과 작지를 위해 동전을 구 매하는 백성이 적으면서 수요가 줄었고, 동전 가치도 함께 추락하였 다. 호조는 이를 개선하기 위해 국세까지 동전납을 시도하였지만, 중 앙재정에 근간인 미곡 수입을 유지하기 위해 전세·삼수미는 건들지 않고 노비공에만 동전납을 확대하였다. 그러나 갑술양전으로 수입이 증가하여 일시적으로 재정이 안정되자 이 제도 역시 시행되지 않았다. 설사 시행되었더라도 노비공을 동전으로 받는 정책은 오래 지속하기 어려웠다. 노비공은 호조의 몇 안 되는 포목布木 수입원이었기 때문에 다른 물종으로 쉽게 변경할 수 없었기 때문이다.

동전 논의는 효종 즉위 후 다시 제기되었다. 영중추부사 김육金堉은 자신이 진위사로 청에 다녀오면서 사온 동전 15만 문文을 평양과 안주에 나눠 주고 시범 사용할 것을 건의하였다.[34] 효종은 승인하였지만, 이후 여러 신하들이 김육이 제안한 대동법大同法과 전폐법錢幣法을 반대하면서 채택되지 않자 김육은 벼슬을 버리고 내려갔다.[35] 효종 2년 (1651) 비변사는 의주·안주·평양 등지의 관향곡을 각각 1천여 석씩 내어 동전을 구매하여 통행시키는 방안을 제안해 승인받았다.[36] 같은 해 4월에는 상평청에서 동래부東萊府의 구리로 주전하여 서울에도 동전을 유통시킬 것을 제안하였지만, 효종은 우선 양서兩西에서의 결과를 보고 점차적으로 시행할 뜻을 밝혔다.[37] 5월에는 중국에서 사온 동전을 평안도와 황해도에 시험 유통하였다. 효종은 미포는 쉽게 바닥나는 데 비해 동전은 두루 유통되더라도 고갈되지 않는 점을 장점으로 평가했는데, 사행을 통한 동전 구입이 수요를 충당하지 못할 경우 주전할 계획도 갖고 있었다.[38]

마침내 효종 2년(1651) 10월 서울에도 동전 유통이 결정되었다. 동전 값은 양서와 같이 쌀 1승당 동전 3문으로 정하였다. 인조 11년(1633)의 동전 1문당 쌀 반승보다도 떨어진 값이었다. 이전과 같이 동전 사용을 강제하기 위해 속전贖錢을 거두게 하는 한편, 허통許通·면천免賤·노직老職·공명첩空名帖 등도 모두 동전납을 허용했다.[39] 이듬해 선혜청은 동전 사용을 확대한다는 명분으로 경기의 대동미를 동전으로 받는 방안을 건의하였다. 그러나 동전이 수량이 적고 서울 시민市民들이 대부분 소유하고 있어 대동미를 낼 시기에 시민들이 시가보다 높게 동전을 팔 경우, 경기 백성이 피해를 볼 수 있다는 우려로 채택되지 않았다.[40]

당시 정언 이만웅李萬雄이 올린 상소에는 백성이 여전히 '동전이란 물건은 배고파도 먹을 수 없고 추위도 입을 수 없는데, 어찌하여 기필코 사용토록 하는가'라고 의심하며 시장에서 거의 교역이 이루어지지 않는다는 상황을 전하였다.[41] 백성은 조정에서 동전을 발행하는 의도에 의혹을 품고 있었다. 그것은 곧 동전이 지닌 가치에 대한 불신이었다. 조정에서는 동전 사용을 강제하는 조치들을 취했지만, 그 범위가 제한적이었고 태환이 보장되지 않는 한계도 여전했다. 더불어 가격이 고정되지 않고 변동성이 커질 수 있는 위험 요소가 있었기 때문에 경계심을 거두지 못하였다.

　　그 결과 동전은 거의 도성 내에 시민市民들에게만 통용되는 상황이었다. 그마저도 쌀이 귀한 시기에는 시민 역시 동전을 사려하지 않았다. 좌의정 김육은 강화도의 비축미 수천 석을 상평청에 옮겨 동전 사용을 확대시킬 것을 제안하기도 하였다.[42] 상평청에서 쌀을 다량 보유하면 도성 내 쌀값이 안정되어 동전의 구매력을 높일 수 있었고, 동전을 가진 사람들이 필요에 따라 언제든 상평청에서 쌀과 바꿀 수 있었기 때문에 태환력을 갖출 수 있었다. 동전 가치를 제고하고 안정시킬 수 있는 방안이었지만, 그대로 실현되지는 못한 듯하다.

　　효종 7년(1656) 국왕은 10년간의 행전이 해로움만 있고 보탬은 없으며, 분촌分寸의 효과도 없었다고 혹평하며 혁파를 지시하였다. 효종은 "통·행하는 재화로는 백금白金만 한 것이 없는데도 역시 향촌에서는 사용되지 않는데, 하물며 동전이 되겠는가"라고 물으며 동전의 본질적인 한계를 지적했다.[43] 이 발언은 백금과 같이 가치가 있는 재화도 화폐로 통용되지 못하는데, 동전이 유통되지 못하는 것은 당연하다는 인식의 표현이었다. 결국, 다양한 정책과 공권력을 동원하여 사용을 장려했음에도 동전 가치를 부여하지 못한 것이 실패의 원인이었다. 임금과 신하들도 의구심을 갖는 재화를 일반 백성이 신뢰하여 소중한 곡물을 주고 구매할 리 없었다. 결국 행전 논의는 효종 대 끝까지 제기되지 않았다.

결과적으로 동전 발행은 실패하였고, 이후 한동안 다시 추진되지도 않았다. 이는 김육과 같은 적극적인 논자가 없었기 때문일 수도 있지만, 기존 재정 구조 안에서 동전이 가진 본질적 한계를 극복할 방안을 마련하지 못한 것도 주요한 요인이었다. 대부분의 백성은 여전히 동전의 필요성을 깨닫지 못하였고, 조정에서도 전처럼 재정 확보 수단으로서 동전의 유효성을 절감하지 못하였다. 대청 관계가 점차 안정됨에 따라 칙행 빈도가 눈에 띄게 줄어든 이유도 있었지만, 한동안 심한 흉년이 들지 않으면서 일정한 세입이 유지되었던 것도 중요한 이유였다. 정부는 미곡 수입이 일정하게 유지되는 한, 굳이 많은 문제를 야기할 수 있는 동전 사용을 추진할 이유가 없었다. 백성의 사정도 마찬가지였다. 한 끼 먹고 살기 급급한 농민에게 동전은 구매할 능력도, 필요도 없는 물건이었다. 자급자족 경제체제에서 가장 중요한 재산은 가족을 먹여 살릴 수 있는 곡물이었다. 시장거래에서도 여전히 곡물은 가장 확실한 교환수단이었기에 백성은 동전의 필요를 느끼지 못하였다. 휴대의 편의성이 강조되기도 하지만, 조선 후기 상거래에서 일반 농민이 휴대가 불편할 만큼의 재화를 들고 물건을 구매할 일이 얼마나 되었을까? 매우 특별한 일이 아니라면 일상적인 거래는 미포로 충분히 가능했을 것으로 추정된다. 조정에서도 굳이 백성이 동전을 소유하거나 사용할 필요가 없다는 사실을 알고 있었기 때문에 각종 국가 영역에서 동전 사용을 강제하는 정책을 폈던 것이다.

행전책行錢策이 추진된 시기는 공통적으로 국가 재정이 큰 어려움에 빠져 재원 마련이 절실한 때였다. 동전 발행의 표면적 이유는 전화錢貨를 유통하여 백성을 편히 한다는 것이었지만, 부족한 재원을 동전으로 채우려는 재정적인 목적도 크게 작용했을 것으로 보인다.[44] 동전 발행은 결과적으로 실패하였다. 그 원인에는 여러 가지가 있을 테지만, 동전 가치를 부여하는 데 실패하여 공신력을 얻지 못한 것이 가장 큰 이유였다고 생각된다. 가치 없는 동전을 백성이 구매할 리 없었고, 정부도 사용할 이유가 없었다. 정부는 행전책의 일환으로 녹봉과 급료 등에 동전을 사용했지만, 얼마 지나지 않아 본래의 방식으로 돌아왔다. 호조 입장에서는 재정이 위급한 상황이 아닐 시에는 동전이 크게 필요하지 않았고, 경비 지출도 언제나 미포를 중심으로 이루어졌다. 민간에서도 필요성을 느끼지 못하는 건 마찬가지였다. 도성 내 상인을 제외하면, 일반 백성에게 동전은 없어도 되는 물건이었다. 이러한 배경에서 동전은 국가의 강제력에도 불구하고 민간의 구매욕을 자극하지 못하였고, 효종 7년(1656) 공식적으로 행전책이 중단되었다.

4. 상평통보의 발행과 성공 요인

현종 말부터 숙종 전반까지 혹독한 흉년을 맞아 과세 대상 토지가 큰 폭으로 감소하면서 세입도 정부 운영이 불가능한 수준으로 급감하였다.[45] 극단적인 사례로 현종 12년(1671)에는 대기근으로 백성이 굶어죽자 경기·하삼도·강원·황해 등 6도의 전세를 모두 본도에 두고 구휼에 쓰도록 하였다.[46] 양계兩界 지역에서는 이전부터 전세를 상납하지 않았다는 점을 고려하면 사실상 전국의 전세를 모두 받지 않은 것이다. 조정에서는 전세 수입을 대체하기 위해 강화미江華米 3만 석과 관서미關西米 5만 석 등 8만 석의 비축곡을 활용했다.[47] 그러나 비축곡의 태반은 소미小米였고, 수량도 크게 부족하였기 때문에 전반적인 경비 감축을 거친 뒤에야 지출이 이루어졌다. 현종 13년(1672)에는 경비 지출이 14만 석에 달할 것으로 예상되었지만 수입은 겨우 절반에 불과한 7만 석에 그쳤고,[48] 숙종 즉위년(1674)에도 흉년을 맞아 전세의 절반을 줄여 주었다.[49]

애초부터 세입이 적어 양입위출量入爲出이 불가능했기에 심한 흉년을 당하면 마땅히 손쓸 방법이 없었다. 재정 문제는 조선 왕조가 유지되던 내내 일상적으로 제기된 사안이긴 하였지만, 17세기 후반 국가 재정 문제는 조금 더 특별했다. 특히 현종 11년(1670)과 12년(1671) 두 해 동안 발생한 이른바 '경신대기근'에는 사망자가 백만 명에 이른다는 상소가 올라왔고[50] 우역으로 죽은 소가 보고된 수만해도 4만여 두에 달했다.[51] 진휼만으로도 재정 운영이 버거운 상태였지만, 부세 감면의 여파로 정부재정은 바닥을 드러냈다.

이와 같은 배경에서 병조판서 김좌명金佐明은 주전을 요청하였고, 현종은 곧바로 승인하였다.[52] 그러나 이듬해 3월, 김좌명이 사망하면서 주전은 중단되었다.[53] 대기근의 피해는 극심했다. 농민과 농우農牛가 급감하면서 농업 생산이 정상화되기까지는 많은 시일이 필요했다.

전국적으로 비축곡이 소진된 것도 재정 운영에 큰 부담이었다. 정도가 조금 약해졌을 뿐, 숙종 초반까지도 간헐적으로 흉년이 이어졌고, 현종 말부터 시작된 재정 부담은 점차 누적되었다. 임금이 앞장서 어공御供을 줄이고, 관료의 녹봉祿俸도 산료散料의 형태로 변경해서 지급하였다.[54] 곡식을 마련할 방법이 없자 청淸에서 쌀을 빌리자는 의견도 올라왔다.[55] 숙종 2년(1676)에는 재정 고갈로 호조가 지급하던 하급 관리의 삭포朔布도 병조에서 대신 지급하였다.[56] 산성山城의 군향곡이 부족하여 각지의 곡식을 옮겨 저장하려던 계획도 재정 문제로 조정이 불가피했다.[57] 숙종 3년(1677)에는 팔도에 흉년이 들었다. 특히 국가 재정을 지탱하던 하삼도下三道의 피해가 심각하여 막대한 세입 감소가 우려되었다.[58] 이 해의 흉년이 현종 말 대기근과 비견될 만큼 심각하다는 보고가 올라오자 전년의 세입도 많지 않아 재고가 부족한 상황에서 녹봉을 비롯하여 지출 전반에서 큰 폭의 감축을 단행하였다.[59]

진휼청당상 오정위吳挺緯는 진휼곡을 만들어 낼 방법이 없다는 점을 호소하였다. 우선 각사노비 면천免賤·교생면강校生免講·공명첩空名帖 발행 등 이전부터 시행해 오던 방법으로 곡식을 모으도록 하였다.[60] 그런데 더 큰 문제는 다음해였다. 재실분등災實分等으로 출세실결出稅實結이 정해지면 세입 규모가 확정되고, 해당 세곡稅穀은 이듬해 봄부터 서울에 도착하여 재정에 투입되었다. 즉 숙종 3년 흉년은 숙종 4년(1678) 재정 운영의 난관을 예견하는 사건이었다. 큰 폭의 세입 감소를 앞둔 정부는 세곡이 올라오기 전에 미리 대책을 마련해야만 했다.

이러한 상황에서 숙종 4년 1월, 전격적으로 주전이 결정되었다.[61] 주전의 명분은 "물화物貨가 통하지 않으니 모두가 행전行錢을 원한다"

는 것이었다. 근래에 은이 통화가 되었지만, 은은 우리나라의 산물이 아니고 사람마다 얻을 수 있는 것이 아니었기 때문에 동전을 발행해야 한다는 이유도 더해졌다. 이 논의만 보면 동전 발행이 원활한 통화를 목적으로 추진된 것처럼 보이지만, 당시 상황을 살펴보면 주된 목적이 재정 확충에 있었다는 점을 어렵지 않게 파악할 수 있다. 이날 조정에서 전후로 논의된 사안도 대부분 농민 구휼과 관련된 내용이었다. 국가 경제가 최악의 위기에 빠진 상황에서 뜬금없이 물화의 유통을 위해 동전 발행을 주장하는 것은 이해하기 어려운 부분이다. 사실 이때까지만 해도 신하들은 재정을 위해 주전을 하자는 표현을 극히 삼갔다.[62] 농업을 적극적으로 장려하고, 양입위출量入爲出을 재정 이념으로 삼던 조선에서 모리謀利를 조장하고 '무중생유無中生有'하는 기물奇物인 동전을 발행해 나라가 앞장서 이익을 챙기는 것은 극히 지양할 방향이었고, 설사 부득이한 경우라도 드러내놓고 재정을 명분으로 삼을 수는 없었다. 물론 신하들이 내세운 명분이 완전한 거짓은 아니겠지만, 현실을 고려할 때 재정 확충에 더 큰 의도가 있었다고 보는 것이 합리적이다. 숙종 4년 동전 발행을 주장한 영의정 허적許積은 효종 6년(1655) 호조판서로서 동전 발행을 책임졌던 인물이고, 좌의정 권대운權大運도 현종 대 호조판서를 하며 재정 확충을 고심한 경험이 있었다. 누구보다 호조가 처한 상황과 동전 발행 이익을 잘 이해하는 자들이었다.

주전은 호조戶曹·상평청常平廳·진휼청賑恤廳·정초청精抄廳·사복사司僕寺·어영청御營廳·훈련도감訓鍊都監 등이 맡았고, 같은 해 4월 1일부터 동전 유통을 시작할 계획으로 주전에 착수했다. 3월 중순에는 행전行錢에 필요한 각종 사목의 초안도 마련되었고,[63] 3월 말에 이르면 동

216

구분	미米	전錢	은銀
1석石	인조 4(1626)	1兩 5錢(150文)	–
	인조 11(1633)	3兩(300文)	–
	효종 6(1655)	6兩(600文)	1兩
	숙종 4(1678)	6兩(600文)	1兩 5錢
1두斗	인조 4(1626)	1錢(10文)	–
	인조 11(1633)	2錢(20文)	–
	효종 6(1655)	4錢(40文)	–
	숙종 4(1678)	4錢(40文)	1錢
1승升	인조 4(1626)	1文	–
	인조 11(1633)	2文	–
	효종 6(1655)	4文	–
	숙종 4(1678)	4文	1分

전거 : 『仁祖實錄』권14, 인조 4년 8월 2일(신축);『仁祖實錄』권28, 인조 11년 11월 4일(임진);『孝宗實錄』
권15, 효종 6년 12월 13일(계해);『備邊司謄錄』34책, 숙종 4년 윤3월 24일.

전 1천관貫의 주조가 완료되었다.[64] 동전 발행에 있어 가장 중요한 조건은 동전 가치를 설정하고 백성들의 사용을 강제하는 일이었다. 이미 두 차례 발행에 실패한 경험이 있는 조정에서는 동전 가치를 안정적으로 부여하고 유지하기 위해 다양한 제도적 장치를 마련하였다.

동전 가치는『대명률』의 규정과 개성의 시세를 기준으로 은 1냥당 동전 400문文으로 결정되었다. 이를 환산하면 은 1전錢은 동전 40문,

은 1문은 동전 4문이었다. 미가米價는 풍흉에 따라 달라지기 때문에 일정한 기준가를 정할 수 없었지만, 우선은 당시 시가에 따라 미米 1승升당 동전 4문으로 정하였다.[65] 동전 기준가는 인조 4년(1626) 1석당 동전 150문에서 인조 11년(1633) 1석당 300문으로 절반이 감가되었고, 다시 효종 6년(1655) 절반이 감가되어 1석당 600문이 되었다. 숙종 4년에는 효종 6년의 기준가에 비해 은값은 떨어졌지만, 동전과 쌀의 교환 비율은 같게 책정되었다. 인조 4년과 비교하면 숙종 4년의 동전값은 1/4이나 떨어진 수준이었다. 원활한 교환과 유통을 위해 기준가를 가능한 한 낮게 설정한 것이다. 동전값은 이듬해 1월 은 1냥당 200문으로 2배 절상됐지만, 시장의 혼란과 백성들의 기피로 인해 같은 해 9월에 본래대로 돌아왔다.[66]

발행 초기에는 활발한 동전 구매를 유도하기 위해 주전매작鑄錢賣爵이 추진되기도 하였다. 동전을 받고 공명고신空名告身을 판매하려던 계획은 시독관 이담명李聃命의 건의로 철회되었다. 숙종은 일이 구차하지만 부득이한 상황에서 나온 것이라며 강행할 의지도 있었지만, 사직 유혁연柳赫然도 폐지에 동조하면서 이미 발매된 물량까지도 전량 환수가 결정되었다.[67]

발행 초기 마련된 통용 정책은 절목에 자세하다. 우선 각아문各衙門에서 주조한 동전을 시전市廛에 나눠 주어 교역에 사용하도록 하고, 이자 없이 3년 후에 본전本錢만 돌려받도록 했다. 그 대신 시전에서 물건을 팔 때 반드시 동전을 받도록 하였다. 이렇게 하면 정부는 시전에서 구매하는 물건 비용을 동전으로 결제할 수 있었고, 백성은 시전을 이용하기 위해 정부로부터 동전을 구매해야만 했다. 형조·사헌부·한성부·의금부 등에서 거두는 각종 속목贖木도 동전으로 받게 하였다. 이 조치는 인조·효종 대와 같은 정책이었다. 정부는 속목만으로 동전 사용을 촉진하기는 부족하다고 판단하고 진휼청의 환곡도 동전으로 대신 받을 수 있게 하였다.[68]

초기 마련된 행전책은 대부분 서울에서만 통용하는 정책이었고, 비록 환곡이 추가되었지만, 여전히 동전 구매와 사용을 활성화하기에는 한계가 있었다. 그 결과 많은 주전량에도 불구하고 동전 유통은 서울을 벗어나지 못하였다. 동전의 전국적 유통과 사용을 강제하려면 일반 농민들도 피해 갈 수 없는 국세 영역에도 동전 대납을 시행해야만 했다.

이듬해인 숙종 5년(1679) 군병과 각사서리의 신포身布, 내수사·각사 노비의 신공身貢, 내시환관內侍宦官·악공樂工·악생樂生의 보포保布 등을 동전으로 대납하는 규정이 마련되었다. 논의 초반에는 대동목大同木의 대전납代錢納도 추진되었지만, 최종 결정에서는 제외되었다.[69] 국세의 핵심이라 할 수 있는 전세·삼수미·대동미는 모두 빠지고, 포목布木으로 징수하는 신역身役만 포함된 것이다. 동전 구매를 강제하면서도 쌀 수입 감소는 피하려는 의도였다. 이로써 서울을 중심으로 설정되었던 대전납代錢納 지역은 전국으로 확대되었다. 조정에서는 군현에서 동전으로 내지 않고, 서울에서 방납防納하는 부작용을 막기 위해 징수할 때 수령이 반드시 동전인지 확인하도록 하였다. 만약 방납을 할 경우 해당 수령도 중죄로 처벌한다는 점도 강조하였다.[70] 〈표2〉는 숙종 5년(1679)에 마련된 대전납 시행 규정이다.

동전과 포목의 절가折價는 기보병 번포番布와 서리들에게 삭료로

〈표2〉 숙종 5년(1679) 대전납의 시행 규정

세목	규정
병조兵曹 기보병騎步兵 등 1인당 2필 납부자	원수元數 중 절반 동전 납부
충찬위忠贊衛 등 1인당 1필 납부자	희망에 따라 목木이나 동전 납부
공조工曹·선공감繕工監·상의원尙衣院·군기사軍器寺·교서관校書館의 창준장인唱准匠人과 각아문各衙門 제원諸員으로 2필 납부자	원수 중 절반 동전 납부
의정부議政府 서리書吏·호조류조戶曹留曹 서리書吏로 1인당 2필 납부자	모두 동전 납부
호조戶曹 소속 사노비寺奴婢와 종친부宗親府·의정부議政府 등 제상사諸上司 각아문各衙門의 직공노비直貢奴婢로 공목貢木 2필, 1필 1반, 1필 납부자	모두 동전 납부
내수사內需司 노비奴婢로 공목 1필 반 납부자	내수사內需司가 참작하여 결정(양계兩界의 사노비寺奴婢와 내사노비內司奴婢로 공주포貢紬布를 바치던 자는 제외)
내시환관보솔內侍官保率 1인당 2필 납부자와 장악원악공掌樂院樂工·악생樂生 등의 보保	희망에 따라 목木이나 동전 납부
내시부內侍府 노비奴婢의 공목	각사노비各司奴婢의 예에 따라 모두 동전 납부

· 전거 : 『備邊司謄錄』 35책, 숙종 5년 4월 9일; 『承政院日記』 269책, 숙종 5년 4월 13일(정축).
· 이후 군포와 노비신공의 錢納 비율이 1/3로 조정.

주는 포목의 경우 본래 필당 5냥으로 정했지만, 5냥으로는 삭료를 받는 자들이 살아갈 수 없다는 의견을 반영해 필당 6냥으로 변경되었다. 6냥도 당시 쌀값이 높아 겨우 3두를 살 수 있는 수준이었지만, 일단은 그렇게 정해졌다.[71] 동전의 기준가를 높게 책정하면 포목 대신 동전으로 삭료를 받는 자들에게는 유리했지만, 반대로 포목 대신 동전을 내는 농민에게는 불리했다. 중간 지점에서 절충이 이루어진 것으로 보인다. 호조 및 각사 직공노비의 공목貢木은 동전으로 대납할 때 1필당 절가가 6냥으로 책정되었다. 다만 상의원의 공목은 전부터 품질이 좋았다는 이유로 필당 7냥으로 정해졌다.[72]

한꺼번에 대전납을 시행하면 포목 수요에 차질이 생길 수 있다는 우려도 있었다. 병조만 해도 흉년으로 경기·충청도의 기보병의 가포價布를 감면한 것이 135동이나 되었고, 돈대역사墩臺役事에도 50동을 옮겨주어 평안 병영에 있는 포목 70동을 가져다 쓰는 형편이었다.[73] 결국 대전납의 비율을 조정하여 각종 군포와 노비공목은 1/3만 동전으로 받도록 변경하였다.[74] 전액 혹은 절반을 동전으로 징수하던 수준에서 큰 폭의 조정이었다. 그러나 이마저도 그대로 추진되지 못하였다. 호조에서 쓰는 명주는 오로지 양서兩西의 노비공주奴婢貢紬에 의존하고, 하삼도의 노비공목도 이전부터 작미作米하여 별고別庫의 경비로 삼았다는 호조판서 목래선睦來善의 주장에 따라 하삼도 산군山郡을 제외한 모든 지역의 노비공목 대전납이 취소되었다.[75] 요컨대 동전 발행 초기의 행전책은 크게 시전市廛을 통한 유통 강제, 속목贖木 대전납, 군포와 노비신공 대전납 등이 시행되었다. 동전에 대한 공신력을 높이면서 백성에게 강제적으로 동전을 구매하게 하려는 것이 정부 정책이 핵심이었다. 결과적으로 숙종 4년의 행전책은 성공하였고 조선은 이때부터 금속화폐를 통용하게 되었다. 하지만 정부의 필요에 따라 급하게 추진한 행전책은 시간이 갈수록 여러 가지 문제를 불러왔다.

5. 화폐 정책의 문제와 『홍범연의』의 논의

1) 동전 가치의 불안정과 국가 재정 활용

조정의 기대만큼 동전 유통은 활발하게 진행되지 못하였다. 초기 계획과는 달리 대전납의 범위가 대폭 축소되고, 행전行錢이 시작된 지 얼마 지나지 않아 전가錢價가 개정되면서 동전 가치와 정책에 대한 불신을 키웠다.[76] 거듭된 동전 가치의 하락은 불안을 키웠고, 주전을 정지하여 동전 가치를 올려야 한다는 주장도 제기되었다.[77] 심지어 중앙아문에서도 경비는 동전으로 지출하고, 징수는 은이나 포로만 하면서 백성의 불신은 깊어졌다. 다음은 동전 불신의 원인을 지적한 우의정 민정중閔鼎重의 발언이다.

도성 백성의 원망은 행전에 있으니 반드시 시급히 변통해야만 민원民怨을 조금이라도 누그러뜨릴 수 있습니다. 대저 물화物化의 유행流行에는 흐름에 따라 귀천貴賤이 있는 것이 사물의 이치입니다. 예컨대, 은과 미米는 때에 따라 오르고 내림이 있어 본래 일정한 가격이 없습니다. 그러나 유독 전문錢文에 대해서만 조가朝家에서 때에 따른 귀천貴賤을 묻지 않고 단연히 일정한 제도를 만들어 어기는 자가 있으면 번번이 중형에 처하니 어찌 백성이 원망하지 않겠습니까? 동전 역시 장차 유행할 수 없을 것입니다. 또 각아문各衙門에서 징봉할 때는 오로지 은銀과 포布만 사용하고, 전문錢文은 받지 않습니다. 이러니 또 백성들이 법을 믿지 않습니다. 지금 만약 명을 내려 백성으로 하여금 한때의 제도에 구애받지 말고, 때에 따라 오르고 내림을 일체 시가市價에 따르게 한다면 동전은 유행될 것이고,

백성들은 원망이 없을 것입니다.[78]

동전은 조정에서 정한 기준가가 시세 변동과 무관하게 고정되면서 문제가 되었다. 정부가 동전값을 고정한 것은 동전 가치를 일정하게 유지하려는 의도였다. 자칫 가치를 상실하면 어렵게 추진한 행전行錢에 실패할 수 있었고, 주전 이익도 보장할 수 없었기 때문에 조정에서는 여러 가지 문제에도 불구하고 동전값을 고정할 수밖에 없었다. 그러나 정부에서도 정해진 동전을 징수하지 않고 꺼리는 상황에서 백성이 신뢰할 리 만무했다. 이에 영의정 김수항은 이미 많은 물력을 소비하여 동전을 만들었기 때문에 행전을 혁파할 수 없으니, 동전도 시세에 따라 가격을 조정하는 방안을 건의했지만 채택되지는 못하였다.

동전 가치가 불안하고 백성이 불신하는 근본적인 요인은 동전 가치가 확실하게 보장되지 않았기 때문이다. 또한 동전이 전국으로 확산되지 못하고 서울을 중심으로만 유통되면서 공신력은 더 떨어질 수밖에 없었다. 주조한 동전이 도성에 풀릴 때마다 발행량이 소화되어야만 동전의 과남過濫을 막을 수 있었지만, 시장 거래와 일부의 대전납代錢納만으로는 연이은 주전량을 전부 소화하기에는 역부족이었다. 정부 정책 중 전국적인 유통을 기대할 수 있었던 군포軍布와 신공身貢도 대전납이 취소되거나 축소되면서 동전 판매는 더욱 감소하였다. 따라서 도성 내 시장 거래에서 사용할 만큼의 동전이 충족된 이후에는 동전이 발행될수록 가치가 떨어지는 구조였다. 정부도 이를 모르지 않았지만 현물 중심의 재정 구조에서 대전납을 확대하면 그만큼의 현물이 줄었기 때문에 무턱대고 대전납을 강행할 수도 없었다. 발행 초기 대전납

범위를 국세가 아닌 속목과 행정 비용에만 허용했던 것도 이미 마련된 재정체제를 흔들지 않기 위해서였다. 이때까지 동전은 화폐의 가치도, 기능도, 성격도 온전히 갖추지 못한 정부에서 만들어 낸 불완전한 상품에 불과했다.

『홍범연의』에서 화폐의 기능은 철저하게 물가를 조절하여 교역을 원활히 하는 것에 국한되어 있다. 즉 동전의 가치를 정부가 고정하는 방식이 아니라 물건의 가격을 동전 유통량을 조절하여 높이고 낮추는 것이 동전의 역할이었다. 따라서 동전의 상대적 가치는 농산물의 생산량에 따라 언제든 바뀔 수 있었다. 조선에서 동전의 가치를 고정한 이유는 정부가 동전의 가치를 유지할 확실한 방법이 없었기 때문이기도 하였지만, 주전 이익을 안정적으로 확보하기 위한 목적도 크게 작용하였다. 다음은 『홍범연의』 속 동래 여씨의 주장이다.

> **화폐의 개념은 바로 재화의 유통을 왕성하게 하려는 물건인 것이지, 선대의 임금들이 재부의 근본으로 삼으려 했던 것은 아니다.** (…) 우리 송宋나라 초기에는 개원통보를 표준으로 삼았는데, 그 화폐들이 오래도록 사용할 만한 것들이었다. 그런데 장제현張齊賢이 주조하는 규정을 바꾼 뒤로는 화폐의 수량이 비록 많아지기는 했지만, 너무 얇고 질이 나빠서 쓸 수 없었다. 이것은 당시에 화폐의 수량을 많게 하는 데만 힘을 쓰고 화폐로서 갖추어야 할 근본을 고려하지 않았기 때문이다. **대체로 나라에서 화폐제도를 개설한 목적은 그것으로써 재화의 가치를 높이고 낮추며, 그 근본과 지엽을 조절하는 데 있지, 어떤 이익을 취하는 데 있지 않았다.** 그런데 나라의 재정을 관리하는 데 정통하지 못한 자들은 단지 화폐를 주

조하여 들어오는 것이 많은 것을 이익이 된다고 생각한다. 이것은 주조한 화폐가 비록 많다고 하더라도 이익이 적으며, 권한을 관가官家에 귀속시키는 것이 이익이 크다는 것을 알지 못하는 것이다.[79]

동래 여씨는 화폐의 목적이 재정 확충에 있는 것이 아니라는 점을 분명히 하였다. 시장의 재화 가치를 조절하여 백성의 삶을 편안히 하면 자연히 나라도 부강해진다고 판단하였던 것이다. 정부가 발행한 동전을 계획한 가격에 판매하고 싶던 조선에서는 생각할 수 없는 화폐 활용법이었다. 이후에도 조선에서 동전은『홍범연의』의 논의와 달리 국가의 재정적 상황에 따라 발행되었다. 정부의 재정 위기 상황마다 동전을 추가 발행하여 재정을 충당하던 방식은 한동안 성과를 거두었지만, 전국적으로 동전이 충분히 퍼진 시점에서는 극심한 물가 상승과 경제적 혼란을 야기하는 결정적 원인이 되었다.

2) 대전납의 확대와 농민 부담의 가중

조선은 시전市廛을 통한 유통 강제, 속목贖木 대전납, 군포와 노비신공 대전납 등의 정책을 통해 동전 유통을 확대하려 하였다. 하지만 동전 발행량이 늘어나자 기존의 정책만으로는 발행 물량을 소화하기 어려운 상황이 되었다. 이에 정부는 그동안 미곡 수입을 유지하기 위해 대전납을 허용하지 않던 전세와 대동세에도 대전납을 확대하였다. 다만, 주로 쌀 대신 포목을 납부하던 산간 지역에 대전납을 허용하여 곡물 수입 감소를 최소화하면서 동전 사용 범위를 늘려나갔다. 그러나 이러한 정부 정책은 동전을 만들지 못하는 백성에게 큰 부담이 되었다.

농사의 풍흉과 관계없이 농민들은 매년 일정 수량의 동전을 구매하여 세금을 납부해야 했다. 동전 구매를 강제하는 부세 방식은 동전 부족이 극심한 상태인 전황錢荒을 불러왔다. 영조 전반 전황이 발생한 곳은 대부분 경외京外 지역이었다. 정부가 동전을 유통시킨 방식은 각 감영에 주전한 동전을 내려 보내는 형태였다. 동전이 계속해서 그 지역 내에서 유통된다면 동전은 부족할 일이 없었다. 그러나 동전 유통의 구조상 지방의 동전은 매년 일정량이 대전납의 형태로 서울로 상납되었다. 문제는 주전을 시행하지 않으면서 서울로 상납된 동전을 다시 지방으로 분배할 방법이 없었다는 점이다. 물론 상업 물류와 개인적 교환이 있었지만, 그 물량으로 매년 대규모로 상납되는 작전作錢 규모를 감당하기 어려웠다. 이전에는 부상富商·대가大賈가 배에 동전을 싣고 가서 곡식과 무역하여 지방의 농민들이 손쉽게 동전을 구할 수 있었지만, 이때에는 이 길마저 막힌 상황이었다.[80] 그 결과 매년 세금 납부 시기가 되면 지방에서는 동전을 구하기 위한 소동이 벌어졌다. 민간에 남아 있는 동전의 수량이 제한적이었기 때문에 동전값은 치솟았고, 농민은 기존의 현물납체제보다 더 큰 비용을 부담해야 했다. "곡식이 천천賤하기가 흙과 같아서 한 명의 신역身役 비용이 조租 5석에 이르렀지만, 곡식을 가지고 시장에 나가도 종일토록 팔지 못하고 돌아온다"[81]는 당시의 진술은 대전납에 따른 동전 구득求得의 폐해를 극명하게 보여 준다.

납세의 의무는 매년 반복되었기 때문에 민폐民弊를 조금이라도 줄이려면 지방의 동전 부족과 대전납 문제를 빠르게 해결해야만 했다.

영조 10년(1734) 신하들의 말을 들어보자.

① 부제학 이종성李宗城이 말하길, 민간에서는 진실로 전화錢貨가 나올 곳
이 없습니다. 만약에 풍년을 맞아 곡식이 천해지고, 동전이 귀해지면
동전을 바꾸어 관아에 납부할 때에 그 폐단이 무궁합니다. 지금 만약
동전 상납을 허용하지 않는다면 그 폐단을 줄일 수 있을 것입니다.[82]
② 대사간 김시형金始炯이 말하길, 포布는 비록 오르더라도 값이 항상 전
錢 2냥을 넘지는 않습니다. 그러나 동전은 비록 1, 2전이라도 백성은
그것을 매우 애석하게 여깁니다. 포는 스스로 짤 방법이 있지만, 동전
은 나올 곳이 없기 때문입니다.[83]

이종성은 민간에서 동전이 나올 곳이 전혀 없기 때문에 대전납을 중
단해야 한다는 입장이었다. 풍년에 쌀값이 떨어지면 동전값이 올라 농
민들의 피해는 더 커지는 상황이었다. 김시형은 주로 포목을 대전납하
던 상황을 언급하며, 포는 비록 값이 올라도 동전 1, 2전에 불과하지만,
백성은 그조차도 애석하게 여긴다고 말하였다. 포는 스스로 짤 수 있
지만, 동전은 만들어 낼 방법이 없었기 때문이다. 즉 전황의 가장 큰 원
인은 동전을 만들 수 없는 향촌에서 동전으로 부세를 내야 하는 제도
에 있었다.

이 같은 상황에서 봉조하 이광좌李光佐는 모든 대전납의 폐지를 건
의하였다.

병오丙午(영조 2년, 1726)·정미丁未(영조 3년, 1727) 연간에 고故 상신相臣 홍치

중洪致中이 모든 상납 물종을 동전으로 받지 말게 하는 일을 정탈 받았습니다. 이는 근래에 새로운 령令 가운데 가장 좋은 것이었으나, 끝내 시행하지 못하였으니 매우 한탄스럽습니다. 지금 이 법을 시행하여 신역身役과 부세賦稅를 모두 동전으로 받지 않는다면 궁민窮民들은 동전이 급하지 않을 것입니다. 시장에 가서 동전을 찾는 자가 적어지면 동전값은 자연히 경감輕減될 것이니, 백성에게 이익이 있을 뿐 아니라 백성의 조세租稅도 줄어들 것입니다. 대개 백성의 조세를 줄이면 단지 부민富民만 은혜를 입고, 결부結負가 적은 궁민窮民은 은혜를 받지 못하기 때문입니다. 또 생각건대, 그때 동전을 받지 않은 령은 이미 팔도에 반포되었습니다. 오래 지나지 않아 다시 동전을 받은 것은 단지 당년當年에 포布가 귀하고, 동전이 천했기 때문이니, 이름 하여 '백성을 위해 개정한 것[爲民而改之]'이었습니다. 올해는 연사年事가 조금 나아져, 동전이 갑자기 귀해졌습니다. 설령 신이 말처럼 영영 받지 않을 수는 없다 하더라도, 진실로 위민의 뜻이 있다면 동전이 귀해진 뒤에는 다시 받지 않는 것이 필연적 이치입니다. 지금은 동전이 귀해진 뒤인데, 제사諸司가 일제히 동전을 요구하고, 혹은 순전純錢을 독봉督捧하는 데 이르렀으니, 어찌 그것이 위민이겠습니까?[84]

이광좌는 신역身役과 부세賦稅를 동전으로 받지 않으면 농민이 동전을 급히 구할 이유가 없다는 점을 강조하였다. 달리 말하면, 대전납이 아니면 농민은 동전이 필요하지 않다는 의미다. 농민이 동전을 찾지 않으면 자연히 동전값도 떨어질 것이니 백성에게 이익이 될 것이라 보았다. 감세減稅를 하면 농지가 많은 부민富民에게나 혜택이 돌아갈 뿐, 궁민窮民에게는 큰 영향이 없었다. 그래서 흉년에 대전납을 시행하여 모두에게 직접적인 혜택을 주었던 것이다. 행전行錢 초기에는 주전으로 동전을 발행하면서 동시에 대전납을 시행하였기 때문에 동전값이 저렴하여 혜택이 되었으나, 이제는 동전값이 올라 대전납이 오히려 백성에게 피해를 주는 상황이었다. 이에 '위민'을 위해 대전납을 시행했던 것이니, 지금은 '위민'을 위해 대전납을 폐지해야 한다는 것이 이광좌의 논리였다.

영조 연간에 발생한 동전 문제와 제기된 진단은 대부분 『홍범연의』에서 이미 예견한 문제들이었다. 『홍범연의』에서는 세금을 동전으로 거두거나 정부 지출에 동전을 적극적으로 사용하는 방법에는 대체로 부정적인 입장이었다. 다음은 당나라 덕종德宗 때에 육지陸贄가 세금을 포백布帛으로 징수할 것을 요청한 내용이다.

곡식과 비단이라는 것은 사람이 만들어 내는 것이고, 전화錢貨라는 것은 관청에서 만들어 내는 것입니다. 사람이 만들어 내는 것이기 때문에 그것을 조세租稅로 취합니다. 관청에서 만들어 내는 것이기 때문에 세금을 징수할 때는 그것을 사용하지 않습니다. 이리하여 나라의 조정에서는 법령으로 밝혀서 조租는 곡식으로 내고, 용庸은 비단으로 내며, 조調는 수놓은 비단[繪]·솜[纊]·포목[布]·삼베[麻]로 내도록 하였으니, 어찌하여 일찍이 사람들에게 전錢을 주조하여 전으로 부세를 내는 것을 금지하였겠습니까? 그런데 지금의 양세兩稅는 유독 옛날의 법과 다르며, 토지의 구체적인 정황에 의거하여 나라에 바칠 세금을 정하는 공통된 도리를 어기고, 엽전[緡]으로 계산하는 하등의 방법을 본받은 것입니다. (…) 바라건대 여러 주州에서 처음 양세를 바칠 때 매년 내야 할 비단과 포목[絹布]을 면밀히 조사하여 결정하십시오. **납품할 물품의 가격은 지금의 시가時價에 비추어서 정하시되 값이 쌀 때는 양을 더하게 하고 비쌀 때는 양을 줄이게 하여 그 적정한 것을 참작해서 취하되 세금을 합한 전錢을 전체적으로 헤아리고, 시가의 수數에 맞먹도록 하여 용庸·조調의 옛날 법을 따르도록 하십시오. 각각 그 고장의 토질에 합당한 것에 따라 세금으로 비단과 포목을 얼마나 내야 할지를 정하고, 거친 비단과 고운 비단, 그 밖의 여러 가지도 또한 거기서 산출되는 것에 따라서 종류를 확정하고, 다시 돈으로 계산을 해서 세수税數로 삼는 일을 하지 마십시오.** 이와 같이 하면 관부官府에서는 일정한 제도를 두게 되고, 백성들도 일정하게 납부해야 할 것이 있다는 것을 알게 됩니다. 그렇게 되면 백성들이 한마음으로 자기의 본업에 전력을 기울일 수 있습니다. 각자가 가업으로 내려오던 기술을 닦아 값이 싸도 팔아야 하고 비싸도 사야 하는 낭비가 없어지게 되니, 사납게 징수하거나 급하게 마련해야 하는 폐단이 없어지게 됩니다. 그리고 물건이 아무리 싸도 사람들이 내야 할 양은 증가하지 않고, 물건이 아무리 비싸도 관아에서 거두어들이는 양은 줄어들지 않습니다. 이로 인해 집안의 형편은 넉넉해지고, 나라의 쓰임새도 풍족해지니, 일의 처리는 치우침이 없게 되고, 법은 무리 없이 집행될 것입니다.[85]

육지는 곡식과 비단은 일반 백성이 만들고 전화錢貨는 관청에서 만들기 때문에 세금은 사람이 만드는 곡식과 비단으로 징수한다고 보았다. 백성이 만들지 않는 전화로 세금을 계산하면 시가 변동에 따라 내야 할 양이 너무 많아 백성이 납부할 수 없거나, 양이 너무 적어 관청이 거두는 양이 줄어드는 상황이 벌어진다는 것이 주된 이유였다. 즉 농산물은 매해 풍흉에 따라 생산량이 결정되기에 시가 변동에 따라 그 양을 조절해서 거두면 큰 손익이 발생하지 않지만, 전화로 관청에서 생산량을 늘리거나 줄일 수 있기 때문에 풍흉과 무관하게 농산물의 가치 등락을 일으킬 수 있었다. 따라서 전화를 기준으로 세금의 양을 정하게 되면 농민이나 관청 모두 불합리한 손익이 발생할 수 있었다. 이 경우 납세자인 농민이 더 큰 피해를 볼 수 있었기에 경계한 것이다. 『신당서新唐書』의 「식화지」를 통해서도 이에 대해 설명하였다.

건중建中 연간에 양세법兩稅法을 정립하면서부터 물품의 값은 싸지고 돈의 가치는 높아져서 백성들이 이것을 근심으로 여겼다. 목종穆宗은 백관百官에게 조서를 내려 그 폐단을 개혁할 수 있는 의론을 내어놓으라고 하였다. 한유韓愈가 이에 대해 다음과 같은 의론을 내었다. "돈[錢]의 가치가 높고 물품의 값이 싼 문제를 해결하는 방법에는 네 가지가 있습니다. 첫째는 각지의 토산품을 공물로 바치게 하는[物土貢] 것입니다. 대체로 오곡과 면직물이나 견직물은 농민이 생산하거나 수공업자가 제조할 수 있는 것입니다. 백성들은 화폐[錢]를 주조할 수 없는데도 그들로 하여금 면직물이나 견직물과 미곡을 팔아서 화폐를 관가에 납부하게 합니다. 이 때문에 물가는 갈수록 더 싸지고, 화폐의 가치는 갈수록 더 올라가게 되는 것입니다. 지금 만약 면직물을 생산하는 지방에다 조세를 모두 면직물로 납부하게 하고, 면화나 비단을 이용해서 온갖 물품을 생산하는 지방에다 모두 면화나 비단을 이용해서 만든 물품들로 조세를 납부하게 합니다. 그리고 서울에서 백 리 떨어진 곳에서는 모두가 건초를 생산하고, 3백 리 떨어진 곳에서는 모두가 곡물을 생산하니, 5백 리 이내 지역과 황하나 위수渭水를 통해 배로 운반해 올 수 있는 곳에서 건초나 곡물로 조세를 납부하고자 할 경우 모두 허가해 주십시오. 그렇게 하면 백성들은 갈수록 농사에 힘쓰게 되어서 화폐의 가치는 갈수록 떨어지고, 미곡과 면직물이나 견직물의 가격은 갈수록 오르게 될 것입니다. 둘째는 빈틈을 막아서 새어 나가는 것이 없도록 하는 것입니다. 백성들이 구리로 기물이나 식기를 만들지 못하도록 금지시키고, 구리로 불탑이나 불상 그리고 종鐘이나 경磬 따위를 주조하는 것을 금하게 하며, 집에 비축된 구리가 일정 이상의 근斤을 초과하는 자나 주조된 화폐를 다른 물건으로 만드는 자는 모두 사형에 처하고 사면해 주지 않아야 합니다. 그리고 화폐가 오령五嶺 너머로 반출해 가지 못하도록 금지하며, 매매는 모두 은銀을 사용하도록 하고, 부당한 방법으로 화폐를 오령 너머로 반출하거나 법령을 위반하고 구리를 매매하는 자는 모두 사형에 처하도록 해야 합니다. 오령의 옛 화폐를 백성들이 수레에 실어 반출해 나가겠다면 허락하십시오. 이와 같이 하면 화폐의 가치는 반드시 떨어질 것입니다. (…) 이 네 가지 방법이 실행되게 되면 화폐는 반드시 그 가치가 떨어질 것이고, 미곡과 면직물이나 견직물은 필시 그 값이 비싸질 것이며, 백성들은 반드시 그 혜택을 골고루 입게 될 것입니다."86

『신당서』의 「식화지」에서는 동전의 값이 오르는 문제를 해결하는 방법은 해당 지역에서 산출되는 물품으로 조세를 징수하는 것이라고 보았다. 동전으로 세금을 거두게 되면 백성이 만들 수 없는 물품을 구해야 하는 것이기에 가격이 오를 수밖에 없다고 본 것이다. 더불어 동전을 녹여 다른 물품을 제조하는 것을 엄금하고 개인이 집에 구리를 일정 수량 이상 비축하는 것도 금지하고자 하였다. 동전의 수량이 인위적으로 줄어들어 가치가 오르는 상황을 차단하려는 조치였다. 하지만 조선에서는 민간에 꾸준히 동전을 공급할 대책을 마련하지 않으면서 대전납은 꾸준히 유지하였기 때문에 동전의 급격한 가치 상승과 품귀 현상을 막을 수 없었다. 이와 반대로 이후에는 동전을 대량 발행하는 상황에서 동전 가치를 유지할 정책을 고려하지 않으면서 경제적 혼란을 불러왔던 것이다.

3) 동전을 활용한 축재蓄財와 빈익빈부익부貧益貧富益富

동전은 숙종 4년(1678) 통용이 시작되고 동왕 23년(1697)까지 주전을 이어가며 유통량을 늘려 나갔다. 동전은 유통되자마자 농민들의 경제생활에 많은 변화를 가져왔다. 정부는 동전을 발행하면서 판매와 사용을 강제하기 위해 각종 부세의 대전납代錢納을 시행하였고, 농민들은 자연스럽게 동전 사용을 시작해야만 했다. 성공적인 동전 발행은 국가 재정에 큰 도움이 되었고 민간에는 통화通貨의 편의를 제공했지만 부작용도 적지 않았다. 행전行錢 초기 동전이 가진 근본적인 문제는 동전이 아무나 소유할 수 없는 물건이었다는 점이다. "민간에는 진실로 동전이 나올 곳이 없다"라는 말이나,[87] "포布는 스스로 짤 방법이 있지만, 동전은 나올 곳이 없다"라는 말은[88] 기존 재화들과 구분되는 동전의 특징을 잘 대변해 준다.

신규 공급이 중단된 상황에서 수량이 한정된 동전은 시간이 갈수록 정부에 집중되었다. 대전납으로 인해 일정량의 동전이 매년 정부로 납입되었기 때문에 정부에서 세금으로 받은 동전을 전부 시중에 풀지 않는 이상, 시중의 동전은 줄어들 수밖에 없는 구조였다. 특별한 조치가 취해지지 않는다면 자연스럽게 농민들의 동전 구입은 점점 어려워지는 상황이었다. 주전을 중단한 지 10여 년이 지난 숙종 34년(1708) 9월 전前 지평 홍호인洪好人은 동전이 백성을 가장 힘들게 하는 폐해라고 상소하였다. 부호富戶들과 군문軍門·각사各司 등 정부기관에서 채전債錢을 운영하며 백성에게 큰 피해를 주는 것이 문제였다. 즉 동전을 가장 많이 보유한 관청에서 불법적으로 동전을 대출하며 이익을 얻고 있었고, 재력 있는 부호富戶들도 동전을 활용한 이자놀이에 동참하였다. 또한 상인들도 관아에서 동전을 빌려 채전을 하면서 가난한 백성들만 고통이 가중되었다.[89] 같은 해 7월에도 공주의 한량閑良 윤필은尹弼殷이 동전의 폐해가 한량없다고 호소하며 그 사례의 하나로 동전 고리대가 3배의 갑리甲利로 운영된다는 점을 지목한 바 있다.[90] 부호군 이상건李尙建은 동전으로 인해 백성들은 궁핍해지고, 도둑은 늘었다고 주장하며 오직 유해有害하고 무익無益한 동전을 녹여 화기火器를 만들 것을 주장하기도 하였다.[91]

경종 3년(1723) 진사 조덕희趙德禧는 강력하게 폐전廢錢을 주장하는 상소를 올렸다. 그는 동전은 추위도 입을 수 없고, 배고파도 먹을 수 없는 무용지물無用之物임에도 백성들에게 고통만 더해 주고 있다는 이유로 동전의 완전한 소멸을 주장했다. 그의 상소에는 전폐錢弊의 원인과 수익 구조가 상세히 정리되어 있다.

근래에 수재水災·한재旱災·풍재風災·박재雹災가 없는 해가 없어 흉년이 이어지고 기근이 거듭되었습니다. 매번 춘궁기에는 곡식이 귀하고 동전은 천하여 1냥 값이 불과 미米 12두였지만, 의지할 곳이 없는 빈민들은 이 때를 당하여 굶주림에 허덕이는 고통이 더욱더 심하고, 모내기도 점점 늦어지니 부득이하게 저축을 쌓아둔 부유한 집에 애절하게 호소하여 빚을 내니, 그사이에서 조종操縱하여 피곡皮穀 3~4두를 동전 1냥으로 계산하고, 미곡米穀 1~2두 역시 값을 1냥으로 계산하여 전채錢債로 서로 납부하니, 빈민들은 그 원통함과 분함을 잘 알면서도 굶주림에 몰려 어쩔 수 없이 받아먹습니다. 이와 같은 것이 한 차례 봄 동안 한두 번에 그치는 것이 아닙니다. 그런즉, 빈민의 생활과 농사가 전부 전채이고, 본래부터 두속斗粟을 서로 빌려 주는 방식은 없습니다. 추수할 때에 이르면 곡식이 천하고 동전이 귀해지니 봄가을의 값이 서로 크게 차이가 납니다. 기읍畿邑은 갑절이 되기도 하고, 원도遠道는 3~4배가 됩니다. 이에 부유한 집에서 빈민에게 자모子母의 이자를 갚도록 책응하니 자모가 갑리입니다. 미米로 계산하면 봄철에 1두의 값이 5~6두에 이르고도 부족하니 이것으로 미루어 말하면 빈민은 비록 1년 동안 경작한 것을 다 털어도 빚진 동전을 갚기에 넉넉하지 않습니다. 이는 경외京外의 공통된 근심이니 가난한 자는 더욱 가난해지고, 부유한 자는 더욱 부유해집니다. 이것은 진실로 백성을 병들게 하는 큰 폐단입니다.[92]

동전의 수익 구조는 계절별 시세 차익과 특정 집단의 독점적인 동전 소유에 기반을 두었다. 연이은 재해로 생계가 막막해진 농민들은 굶주림을 벗어나기 위해 부유층에게 곡식을 빌려야만 했다. 보통 춘궁기에는 동전 1냥당 쌀 12두의 시세가 형성되어 있었지만, 부유층들은 시세를 조종하여 동전 1냥의 값으로 피곡 3~4두나 쌀 1~2두를 책정하여 빌려 주고, 동전이 비싼 가을에 가서 곡식 대신 동전 1냥과 이자를 받았다. 농민들은 봄철에 시세보다 터무니없이 적은 곡식을 받으면서 일차적인 손해를 보았고, 가을에 동전으로 징수하면서 또다시 시세 차이로 인한 피해를 보았다. 만약 곡식으로 상환한다면 추수한 곡식이 있기에 그나마 부담을 덜 수 있었지만, 가을에는 값이 오른 동전으로 갚아야 했기 때문에 실질적인 비용이 더 커진 것이다. 또한 농민들이 상환을 위해 동전을 구매하는 과정에서도 이미 동전을 다수 보유한 부유층들은 이익을 볼 수 있었다. 말 그대로 동전으로 인해 빈익빈부익부가 심화될 수밖에 없는 조건이었다. 조덕희는 이 때문에 쓸모없는 동전이 공사公私에서 모두 중요한 보물이 되었다고 비판하였다. 그가 제시한 해결책은 3년을 기한으로 정해 동전을 완전히 혁파한 뒤 그것으로 그릇을 만들어 민간에 판매하는 방안이었다. 혁파가 최선이지만, 혹 그럴 수 없다면 쌀이나 기타 곡식과의 환산가를 분명하게 정해 시세차익을 차단하는 차선책도 제안하였다. 그러나 결국 그의 제안은 어느 하나도 채택되지 못하였다.

『홍범연의』에서는 동전을 수익 수단으로 악용하는 문제를 상세히 언급하였다. 다음은 당나라 헌종憲宗 원화元和 12년(817)에 내린 칙령의 내용과 그에 대한 해설이다.

> 헌종은 원화 12년(817)에 다음과 같은 칙령을 내렸다. "문무 관직에 있는 자부터 아래로 양반과 평민, 상인과 여행자, 사찰과 도관道觀, 상점들에 이르기까지 사적으로 모아두고 있는 현금은 모두 오천 관貫을 넘을 수 없다. 만약 이 액수를 초과한 자가 있으면, 다른 물건을 구매하여 저장하는

것을 허락한다. 기한이 찼는데도 이를 위반하는 자는 관직이 없는 사람이면 사형에 처하고, 관직이 있는 사람이면 임금에게 아뢰어 좌천의 징벌을 하도록 한다." 당시 서울, 향촌, 시가市街들에 쌓아 둔 것은 대부분 절도사節度使들의 돈이었다. 그래서 다투어 땅이나 집을 사서 돈을 다른 형태로 바꾸었다. 그리고 재물이 아주 많은 거상巨商들은 좌우군左右軍을 등에 업고 관청의 돈이라고 이름을 붙였기 때문에 부府나 현縣에서 이를 철저히 규명해 처리할 수 없어서 결국은 칙령대로 실행하지 못하였다.

마단림馬端臨이 이렇게 말하였다. "후세의 국왕들이 되는 자들은 백성의 재산을 제어하여 빈부를 고르게 하지 못하고, 다만 법령을 설정하여 권세를 가진 자들 중 강제로 겸병하는 무리들을 제지하려 하였다. 백성이 이름을 감추고 농토를 점유하는 것을 제한하는 것은 오히려 괜찮다고 할 수 있으나, 그들이 화폐를 축적하는 것을 제한하는 것이야말로 또한 잘못된 것이 아니겠는가. 토지를 사들이는 자는 그 목적이 남의 토지까지 아울러 삼키려는 데 있기 때문에 반드시 윗자리에 있는 사람들은 법령을 수립하여 소유하는 면적을 제한해야 한다. **화폐를 축적하는 자는 그 목적이 물품을 유통하게 하는 데 있었기 때문에 처음에는 윗자리에 있는 사람들이 번거롭게 법령을 수립하여 그 돈을 다른 것으로 바꾸도록 하지 않아도 되었다. 그렇지만 지금은 돈의 가치가 높고 물품의 값이 싸기 때문에 돈의 축적을 제한하는 법령을 수립하는 것이다. 그러나 돈의 가치가 높고 물품의 값이 싼 것은 이익을 쫓는 자들이 가장 듣기를 원하는 소식이다.**"[93]

당나라에서는 문무관직에 있는 자부터 평민에 이르기까지 사적으로 소유할 수 있는 동전의 규모를 법으로 제한하였다. 이들은 법령 위반을 피하기 위해 가지고 있던 돈으로 토지나 집을 구매하였다. 힘이 있는 권력자들은 계속해서 동전을 다량 소유하며 부를 축적하였다. 조선과는 사정이 다르기는 하지만, 동전을 다량 보유해서 그 이익을 특정인이 취했다는 점에서는 유사했다. 화폐를 특정인이 독점하여 가치를 올리고, 이를 악용하여 부를 축적하는 방식은 동전의 가치가 유통량에 따라 결정되던 조선과 중국에서 동일한 문제였다. 정부가 동전의 유통량과 사적인 소유를 통제할 수 없었기 때문에 이러한 문제가 발생했지만, 조선에서는 이를 해결할 마땅한 제도적 장치가 이후에도 마련되지 않았다. 일부 부호들에 의해 동전의 가치가 좌우되는 상황에서 세금을 동전으로 납부해야 했던 농민들은 계속해서 피해를 볼 수밖에 없었다. 여기에 주전까지 중단되며 그나마 정부로부터의 동전 공급이 끊기자 동전을 다량 비축한 자들의 수익은 급격히 늘었고, 농민들의 부담은 더욱 커져 갔다. 빈익빈부익부가 심화되는 결과를 가져온 것이다.

6. 맺음말

지금까지 『홍범연의』 속의 동전에 관한 논의와 17세기 이후에 조선의 동전 발행 정책을 비교하여 살펴보았다. 『홍범연의』는 조선에서 화폐 발행 논의가 본격적으로 제기되는 시점에 집필을 시작하여 여러 시행착오를 거쳐 상평통보 발행에 성공하고 유통이 확산되던 때에 완성되었다. 책을 집필하는 과정에서 조선의 상황을 충분히 인지할 수 있었기 때문에 책에 수록된 화폐에 관한 역대 사례는 저자의 관점이 강하게 투영되어 취사선택되었을 가능성이 높다. 실제 『홍범연의』에서 화폐에 관한 내용은 17세기 조선에서 치열하게 고민하던 문제들이었다.

『홍범연의』에서 저자는 화폐에 관해 우호적 입장을 일관되게 유지하고 있다. 다만, 실물화폐보다는 금속화폐를 사용하는 것이 백성에게 유리하다고 판단하였다. 곡식이나 옷감을 화폐로 사용할 경우, 실생활에 먹고 입어야 할 물품이 부족해져 농민들의 삶이 궁핍해질 수 있었다. 또한 각종 병장기나 농기구에 주재료로 사용되는 철보다는 상대적으로 활용 범위가 좁은 구리가 동전에 적합하다고 보았다. 동전은 화폐로 사용되지만, 그 사용 목적은 철저히 교역의 편의를 제공하고, 물가를 조절하는 기능에 국한되었다. 흉년이 들어 농산물의 가격이 급등했을 때 정부가 가진 동전을 다량 방출하여 물가를 낮춰 농민 부담을 줄여 주는 것이 동전의 역할이라고 본 것이다. 따라서 개인이 동전을 다량 소유하여 이익을 취하거나 정부가 부세제도를 통해 수익을 창출하는 행위는 경계하였다.

『홍범연의』의 논의와 달리 17세기 조선 왕조가 동전을 발행하려는 주된 목적은 정부재정의 확충에 있었다. 왜란과 호란으로 국가의 경제적 기반이 취약해진 상황에서 이를 타개할 방법으로 화폐 발행을 계획하였다. 확실한 목적을 갖고 추진한 동전 발행이었기 때문에 정부는 빠르게 동전을 경제 구조에 안착시켜야 했다. 하지만 동전에 대한 백성의 불신과 가치의 불안은 몇 차례의 발행 실패로 귀결되었다. 이에 국세를 동전으로 징수하는 방식을 적용하면서 농민들에게 동전 구매와 사용을 강제하는 정책을 추진하였고, 상평통보는 성공적으로 전국에 유통될 수 있었다. 국세를 동전으로 징수하는 것은 『홍범연의』에서 경계하는 방식이었지만, 재정 상황이 급한 조선에서는 부득이한 선택이었다.

화폐로 세금을 거두는 이른바 대전납代錢納이 시행된 이후 조선 사회에서는 화폐로 인한 문제가 끊임없이 진화하며 발생하였다. 가장 큰 문제는 화폐를 일부 상인 집단이나 부호가 독점적으로 소유하면서 가격을 높여 판매하거나 농민들에게 고리로 대출해 주는 것이었다. 농민들은 대전납이 아니라면 굳이 동전을 구매하거나 사용할 이유가 없었지만, 정부가 만든 제도로 인해 어쩔 수 없이 큰 비용을 지불하고 동전을 구매해야 하는 입장이었다. 설상가상으로 정부가 동전 발행을 장기간 중단하면서 민간에 동전을 품귀현상을 보였고, 동전을 소유한 일부 계층의 수익은 극대화되었다. 『홍범연의』에서 우려했던 상황이 18세기 조선에서 그대로 재현된 것이다.

결과적으로 조선은 동전 발행과 유통에 성공하였고, 화폐경제는 조선 말까지 유지되었다. 다만, 조선의 화폐 정책은 『홍범연의』에서 정리한 중국의 역대 사례와는 많이 다른 방향으로 진행되었다. 이는 중국의 화폐사와 대비되는 조선만의 특징이라고 볼 수도 있다. 조선 왕조의 화폐 정책은 19세기 이후 급격한 물가 상승과 각종 사회적 문제를 불러온 측면이 있지만, 조선 왕조의 통치 이념과 사회경제적 상황, 정부의 의지에 따라 화폐를 재정 정책에 적극적으로 활용하고 고유한 화폐사의 사례를 이루었다는 점에서 역사적인 의의를 갖는다고 하겠다.『홍범연의』는 방대한 중국의 화폐 논의와 저자의 현실인식에 따른 화폐관을 일목요연하게 정리하여 조선의 화폐 정책이 갖는 독자성을 드러내고, 18세기 이후에 펼쳐질 동전으로 인한 각종 사회적 문제를 예견해 주었다는 점에서 조선 후기 화폐사를 이해하는 중요한 저술이라 할 수 있다.

참고문헌

『『朝鮮王朝實錄』

『備邊司謄錄』

『承政院日記』

김덕진, 『대기근 조선을 뒤덮다』, 푸른역사, 2008.

김문기, 「17세기 중국과 조선의 재해와 기근」, 『이화사학연구』 43, 2011.

김성우, 「17세기의 위기와 숙종대 사회상」, 『역사와 현실』 25, 1997.

송찬식, 「李朝의 貨幣」, 『春秋文庫』 9, 한국일보사, 1975.

송재선, 「16世紀 綿布의 貨幣機能」, 서울대학교 국사학과 석사학위논문, 1985.

오인택, 「朝鮮後期 癸卯·甲戌量田의 推移와 性格」 『부대사학』 19, 1995.

유현재, 「16세기 麤布 유통과 그 성격」, 『한국사론』 52, 서울대학교 국사학과, 2006.

원유한, 『조선 후기 화폐사』, 혜안, 2008,

이상하 · 김홍수 옮김, 『국역 홍범연의』, 한국국학진흥원, 2017.

임성수, 「조선 후기 祿俸制 연구」, 『동방학지』 169, 2015.

_____, 「癸卯·甲戌量田의 시행과 田稅 운영 변화」 『진단학보』 132, 2019.

_____, 「17~18세기 銅錢 발행과 作錢制의 시행」, 『한국문화』 93, 서울대학교 규장각한
  국학연구원, 2021,

田壽炳, 『朝鮮初期 貨幣政策에 관한 研究』, 충남대학교 사학과 박사학위논문, 1992.

주

1   이완재, 「홍범연의 해제」, 『국역 홍범연의』 1, 한국국학진흥원, 2017, 12~15쪽.

2   이완재, 위의 논문, 2017, 420~421쪽.

3   이완재, 위의 논문, 2017, 451쪽.

4   이휘일·이현일, 김홍수 외 옮김, 『국역 홍범연의』 1, 한국국학진흥원, 2017, 415쪽.

5   이완재, 위의 논문, 2017, 440~441쪽.

6   이완재, 위의 논문, 2017, 433~434쪽.

7   이완재, 위의 논문, 2017, 438~439쪽.

8   이완재, 위의 논문, 2017, 453쪽.

9   전수병, 『朝鮮初期 貨幣政策에 관한 硏究』, 충남대학교 사학과 박사학위논문, 1992.

10 송찬식, 「李朝의 貨幣」, 『春秋文庫』 9, 한국일보사, 1975; 송재선, 「16世紀 綿布의 貨幣機能」, 서울대학교 국사학과 석사학위논문, 1985; 유현재, 「16세기 麤布 유통과 그 성격」, 『한국사론』 52, 서울대학교 국사학과, 2006.

11 원유한, 『조선 후기 화폐사』, 혜안, 2008, 36~42쪽.

12 『宣祖實錄』 권162, 선조 36년 5월 23일(무인).

13 오인택, 「朝鮮後期 癸卯·甲戌量田의 推移와 性格」, 『부대사학』 19, 1995; 임성수, 「癸卯·甲戌量田의 시행과 田稅 운영 변화」, 『진단학보』 132, 2019.

14 이휘일·이현일, 김홍수 외 옮김, 위의 책, 2017, 406쪽.

15 『宣祖實錄』 권162, 선조 36년 5월 23일(무인); 같은 책, 선조 36년 5월 29일(갑신).

16 『宣祖實錄』 권163, 선조 36년 6월 24일(기유).

17 임성수, 「17~18세기 銅錢 발행과 作錢制의 시행」, 『한국문화』 93, 서울대학교 규장각한국학연구원, 2021, 209~211쪽.

18 이휘일·이현일, 김홍수 외 옮김, 위의 책, 2017, 412~413쪽.

19 이휘일·이현일, 김홍수 외 옮김, 위의 책, 2017, 408쪽.

20 『承政院日記』 307책, 숙종 11년 1월 23일(계미).

21 『承政院日記』 7책, 인조 3년 6월 19일(을미).

22 『仁祖實錄』 권5, 인조 2년 3월 27일(신사).

23 『仁祖實錄』 권29, 인조 12년 2월 20일(정축).

24 『仁祖實錄』 권13, 인조 4년 윤6월 18일(무오).

25 『仁祖實錄』 권14, 인조 4년 8월 2일(신축).

26 『仁祖實錄』 권14, 인조 4년 9월 20일(기축).

27 『仁祖實錄』 권16, 인조 5년 4월 20일(병진).

28 『仁祖實錄』 권28, 인조 11년 11월 6일(갑오).

29 『仁祖實錄』 권28, 인조 11년 11월 9일(정유).

30 『仁祖實錄』 권28, 인조 11년 12월 25일(계미).

31 『仁祖實錄』 권28, 인조 11년 11월 4일(임진).

32 『仁祖實錄』 권30, 인조 12년 11월 1일(계축). "始行錢 錢貨不得流行 雖有用錢之名 而無用錢

之實."

33 『仁祖實錄』권30, 인조 12년 11월 22일(갑술).

34 『孝宗實錄』권4, 효종 1년 6월 25일(정미).

35 『孝宗實錄』권5, 효종 1년 11월 13일(계해).

36 『孝宗實錄』권6, 효종 2년 3월 10일(정해); 같은 책, 효종 2년 3월 13일(경인).

37 『孝宗實錄』권6, 효종 2년 4월 24일(경오).

38 『孝宗實錄』권6, 효종 2년 5월 13일(기축).

39 『孝宗實錄』권7, 효종 2년 10월 29일(계유); 같은 책, 효종 2년 11월 13일(정해).

40 『孝宗實錄』권8, 효종 3년 2월 1일(계묘).

41 『孝宗實錄』권8, 효종 3년 4월 1일(임인).

42 『孝宗實錄』권11, 효종 4년 10월 3일(을축). "錢貨幾行 而今年米貴 市民無買之者 請移江華
    米數千石於常平廳 以開用錢之路 仍以田稅米充其數."

43 『孝宗實錄』권17, 효종 7년 9월 25일(경오).

44 『孝宗實錄』권10, 효종 4년 3월 4일(경오).

45 17세기 흉년에 대해서는 김성우, 「17세기의 위기와 숙종대 사회상」, 『역사와 현실』25,
    1997; 김덕진, 『대기근 조선을 뒤덮다』, 푸른역사, 2008; 김문기, 「17세기 중국과 조선의 재
    해와 기근」, 『이화사학연구』43, 2011 참조.

46 『顯宗改修實錄』권23, 현종 12년 1월 20일(임신).

47 『承政院日記』223책, 현종 12년 3월 28일(기묘).

48 『顯宗改修實錄』권26, 현종 13년 11월 17일(무자).

49 『承政院日記』243책, 숙종 즉위년 12월 25일(갑인).

50 『顯宗改修實錄』권25, 현종 12년 12월 5일(임오).

51 김덕진, 위의 책, 149~152쪽.

52 『顯宗改修實錄』권23, 현종 11년 12월 3일(병술).

53 김덕진, 위의 책, 272쪽.

54 임성수, 「조선 후기 祿俸制 연구」, 『동방학지』169, 2015, 123~124쪽.

55 『肅宗實錄』권4, 숙종 1년 7월 27일(계축).

56 『承政院日記』255책, 숙종 2년 7월 15일(을미).

57 『承政院日記』251책, 숙종 2년 2월 21일(계유).

58 『承政院日記』261책, 숙종 3년 8월 24일(무진).

59 『承政院日記』261책, 숙종 3년 9월 22일(병신).

60 『承政院日記』262책, 숙종 3년 11월 13일(병술).

61 『承政院日記』263책, 숙종 4년 1월 23일(을미).

62 상평통보가 발행되기 전가지는 鑄錢의 재정적 목적에 대해 발언을 자제했지만, 영조 이후가
    되면 주전의 목적이 경비 마련에 있다는 사실을 분명하게 드러내고, 적극적으로 주전을 요
    청하였다.

63 『承政院日記』264책, 숙종 4년 윤3월 16일(병진).

64 『備邊司謄錄』34책, 숙종 4년 윤3월 24일.

65 『備邊司謄錄』34책, 숙종 4년 윤3월 24일.

66 송찬식, 앞의 책, 83~89쪽.

67 『承政院日記』264책, 숙종 4년 4월 20일(기축).

68 『備邊司謄錄』34책, 숙종 4년 윤3월 24일.

69 『備邊司謄錄』35책, 숙종 5년 4월 9일.

70 『備邊司謄錄』35책, 숙종 5년 4월 20일.

71 『備邊司謄錄』35책, 숙종 5년 3월 27일.

72 『備邊司謄錄』35책, 숙종 5년 6월 4일.

73 『備邊司謄錄』35책, 숙종 5년 4월 13일.

74 『承政院日記』269책, 숙종 5년 4월 13일.

75 『承政院日記』270책, 숙종 5년 5월 22일(을묘).

76 숙종 4(1678)~6(1680)년 사이 錢價 변화 과정은 송찬식, 앞의 책, 78~91쪽 참조.

77 『承政院日記』272책, 숙종 5년 8월 6일(무진).

78 『承政院日記』276책, 숙종 6년 5월 18일(병오).

79 이완재, 앞의 논문, 2017, 453~455쪽.

80 『承政院日記』713책, 영조 6년 11월 12일(정축). "以三南言之 古則富商大賈 載錢送船 而貿穀於各道 故鄕民以穀易錢 能備身役矣 今則此路永塞 船隻斷絶 公私運穀之難 已爲大患."

81 『承政院日記』713책, 영조 6년 11월 12일(정축). "穀賤如土 一身役所費 幾至五石租 而持穀出市 終日不售而歸云."

82 『承政院日記』787책, 영조 10년 9월 24일(병신).

83 『承政院日記』787책, 영조 10년 9월 24일(병신).

84 『承政院日記』785책, 영조 10년 8월 20일(계해).

85 이휘일·이현일, 김홍수 외 옮김, 앞의 책, 2017, 470~471쪽.

86 이완재, 위의 논문, 2017, 449~450쪽.

87 『承政院日記』787책, 영조 10년 9월 24일(병신). "民間錢貨 實無出處."

88 『承政院日記』787책, 영조 10년 9월 24일(병신).

89 『承政院日記』444책, 숙종 34년 9월 11일(갑신).

90 『承政院日記』443책, 숙종 34년 7월 8일(임오).

91 『承政院日記』446책, 숙종 35년 1월 15일(정해).

92 『承政院日記』554책, 경종 3년 5월 26일(갑진).

93 이완재, 위의 논문, 2017, 447~448쪽.

홍범연의

1판 1쇄 발행 2023년 12월 8일

지은이 · 이근호 송치욱 김정철 김방울 임성수
펴낸이 · 주연선

(주)은행나무
04035 서울특별시 마포구 양화로11길 54
전화 · 02)3143-0651~3 | 팩스 · 02)3143-0654
신고번호 · 제1997-000168호(1997. 12. 12)
www.ehbook.co.kr
ehbook@ehbook.co.kr

ISBN 979-11-6737-379-3 (93910)